차례

PART 01 바로 인공지능 이해하기 — 010

01 궁금해요! 인공지능 • 012
- 인공지능이란 무엇일까요? ······ 012
- 인공지능 기술에 대해 알려 주세요! ······ 012
- 인공지능은 어떻게 학습을 할까요? ······ 014
- 인공지능은 어떻게 활용되나요? ······ 017

02 바로 도와주는 챗GPT • 019
- 점점 발전하는 놀라운 생성형 인공지능 ······ 019
- 챗GPT(ChatGPT), 우리의 새로운 친구 ······ 020
- 챗GPT를 시작해 볼까요? ······ 022
  - 바로 쓰는 AI_Plus⁺ 한국형 챗GPT 'Wrtn(뤼튼)'
- 챗GPT에 대해 좀 더 알아보아요 ······ 027
- 챗GPT를 사용할 때 주의할 게 있어요 ······ 030
- 똑똑한 챗GPT로 똑똑하게 공부해요! ······ 031
  - 바로 쓰는 AI_Plus⁺ 이미지 생성형 인공지능 '캔바(Canva)'
- 챗GPT로 코딩을 할 수 있다고요? ······ 042

03 '엔트리'를 소개합니다 • 043
- 즐겁게 코딩하기 위해 엔트리에 가입해요 ······ 043
- 엔트리 홈페이지와 화면 구성을 살펴보아요 ······ 045

04 드디어, '챗GPT'가 '엔트리'를 만났어요 • 049
- 나만의 '코딩 쌤 챗GPT'와 함께 코딩해요 ······ 049
- 완성된 코딩 작품을 공유해요 ······ 062

PART 02 바로 엔트리 인공지능 - 스타터 — 066

바로 알아보는 AI • 068
[읽어주기] - 음성 합성 기술

Chapter 01
AI 동화 오디오북 '토끼와 거북이' • 071
- 완성 작품 미리보기 ······ 071
- 알고리즘 작성하기 ······ 072
- 프로그래밍 준비하기 ······ 074
- 바로 프로그래밍하기 ······ 077
- 바로 한눈에! 코드 펼쳐보기 ······ 088
- 바로 점프! 더 나아가기 ······ 091
- 바로 함께! 즐겁게 배우는 챗GPT ······ 092

바로 알아보는 AI • 096
[비디오 감지] - 이미지 인식 기술

Chapter 02
어린이 안전 지킴이 AI 산책 로봇 • 102
- 완성 작품 미리보기 ······ 102
- 알고리즘 작성하기 ······ 103
- 프로그래밍 준비하기 ······ 106
- 바로 프로그래밍하기 ······ 109
- 바로 한눈에! 코드 펼쳐보기 ······ 117
- 바로 점프! 더 나아가기 ······ 119
- 바로 함께! 즐겁게 배우는 챗GPT ······ 120

바로 알아보는 AI • 124

[번역] - 번역 기술

Chapter 03
Self Up! AI 단어장 • 127

- 완성 작품 미리보기 … 127
- 알고리즘 작성하기 … 128
- 프로그래밍 준비하기 … 130
- 바로 프로그래밍하기 … 134
- 바로 한눈에! 코드 펼쳐보기 … 141
- 바로 점프! 더 나아가기 … 143
- 바로 함께! 즐겁게 배우는 챗GPT … 144

바로 알아보는 AI • 148

[오디오 감지] - 음성 인식 기술

Chapter 04
AI 스피커로 만드는 스마트홈 • 152

- 완성 작품 미리보기 … 152
- 알고리즘 작성하기 … 153
- 프로그래밍 준비하기 … 155
- 바로 프로그래밍하기 … 158
- 바로 한눈에! 코드 펼쳐보기 … 163
- 바로 점프! 더 나아가기 … 164
- 바로 함께! 즐겁게 배우는 챗GPT … 165

PART 03 바로 엔트리 인공지능 - 메이커

Chapter 05
안전한 학교생활 안내 AI • 170

- 완성 작품 미리보기 … 170
- 알고리즘 작성하기 … 171
- 프로그래밍 준비하기 … 173
- 바로 프로그래밍하기 … 176
- 바로 한눈에! 코드 펼쳐보기 … 180
- 바로 점프! 더 나아가기 … 181
- 바로 함께! 즐겁게 배우는 챗GPT … 182

Chapter 06
전쟁 반대 캠페인을 위한 다국어 AI 번역기 • 186

- 완성 작품 미리보기 … 186
- 알고리즘 작성하기 … 187
- 프로그래밍 준비하기 … 189
- 바로 프로그래밍하기 … 191
- 바로 한눈에! 코드 펼쳐보기 … 196
- 바로 점프! 더 나아가기 … 197
- 바로 함께! 즐겁게 배우는 챗GPT … 198

차례

Chapter 07
AI 건강체력평가(PAPS) 연습 게임 • 202
- 완성 작품 미리보기 ························· 202
- 알고리즘 작성하기 ························· 203
- 프로그래밍 준비하기 ······················· 205
- 바로 프로그래밍하기 ······················· 210
  - 바로 한눈에! 코드 펼쳐보기 ············ 215
  - 바로 점프! 더 나아가기 ················ 216
  - 바로 함께! 즐겁게 배우는 챗GPT ······ 217

Chapter 08
AI 수박 깨뜨리기 게임 • 222
- 완성 작품 미리보기 ························· 222
- 알고리즘 작성하기 ························· 223
- 프로그래밍 준비하기 ······················· 225
- 바로 프로그래밍하기 ······················· 230
  - 바로 한눈에! 코드 펼쳐보기 ············ 237
  - 바로 점프! 더 나아가기 ················ 239
  - 바로 함께! 즐겁게 배우는 챗GPT ······ 240

PART 04 바로 엔트리 인공지능 모델 학습하기 244

바로 알아보는 AI • 246
[이미지 분류] - 이미지 분류 모델

Chapter 09
교통안전을 위한 자율주행 자동차 • 250
- 완성 작품 미리보기 ························· 250
- 알고리즘 작성하기 ························· 251
- 프로그래밍 준비하기 ······················· 254
- 바로 프로그래밍하기 ······················· 258
  - 바로 한눈에! 코드 펼쳐보기 ············ 262
  - 바로 점프! 더 나아가기 ················ 263
  - 바로 함께! 즐겁게 배우는 챗GPT ······ 266

바로 알아보는 AI • 270
[텍스트 분류] - 텍스트 분류 모델

Chapter 10
학교 방문자에게 위치를 안내하는 AI 챗봇 • 274
- 완성 작품 미리보기 ························· 274
- 알고리즘 작성하기 ························· 275
- 프로그래밍 준비하기 ······················· 278
- 바로 프로그래밍하기 ······················· 280
  - 바로 한눈에! 코드 펼쳐보기 ············ 283
  - 바로 점프! 더 나아가기 ················ 284
  - 바로 함께! 즐겁게 배우는 챗GPT ······ 286

👦 바로 알아보는 AI • 290

[소리 분류] - 소리 분류 모델

Chapter 11

고운 말 AI로 식물 키우기 • 296

- 완성 작품 미리보기 ········· 296
- 알고리즘 작성하기 ········· 297
- 프로그래밍 준비하기 ········· 300
- 바로 프로그래밍하기 ········· 303
  - 바로 한눈에! 코드 펼쳐보기 ········· 306
  - 바로 점프! 더 나아가기 ········· 307
  - 바로 함께! 즐겁게 배우는 챗GPT ········· 308

👦 바로 알아보는 AI • 312

[숫자 예측] - 숫자(선형 회귀) 예측 모델

Chapter 12

자장면 가격 예측 AI • 317

- 완성 작품 미리보기 ········· 317
- 알고리즘 작성하기 ········· 318
- 프로그래밍 준비하기 ········· 321
- 바로 프로그래밍하기 ········· 325
  - 바로 한눈에! 코드 펼쳐보기 ········· 328
  - 바로 점프! 더 나아가기 ········· 329
  - 바로 함께! 즐겁게 배우는 챗GPT ········· 330

바로 점프! 정답 코드 334

'바로 쓰는 엔트리 인공지능 × 챗GPT'를 소개합니다!

안녕하세요. 저는 챗GPT와 인공지능 프로그램에 대해 풍부한 지식을 가지고 있는 'AI 바로 쌤'입니다. 자신만의 인공지능 작품을 만들어 볼 여러분과 만나게 되어 반갑습니다. 이 책은 챗GPT를 잘 활용하여 스스로 학습을 하는 데 도움을 받는 방법을 소개하고 있습니다. 특히 인공지능 코딩을 하면서 문제가 있을 때 챗GPT에 질문하고 답을 얻어 해결할 수 있도록 했습니다. 저는 이 책을 통해 여러분의 학습을 돕는 역할을 하기 위해 생성된 가상의 AI 캐릭터입니다. 그럼, 챗GPT와 함께 인공지능의 세계로 떠나볼까요?

이 책의 커리큘럼

STEP 1

인공지능, 챗GPT, 엔트리 이해하기

- 인공지능의 기술과 기능, 기본 활용 방법에 대해 알아봅니다.
- 코딩하기에 앞서 생성형 AI 챗GPT를 이해하고 활용하는 방법에 대해 구체적으로 알아봅니다.
- 엔트리의 사용법과 기능을 소개한 후, 챗GPT를 활용하여 코딩을 해 봅니다.

STEP 2

인공지능의 개념과 엔트리 기능을 이해한 후, 초급 난이도의 기본 코딩하기

- 읽어주기, 비디오 감지, 이미지 인식, 번역, 오디오 감지, 음성 인식 등의 인공지능 개념과 기능에 대해 알아봅니다.
- 인공지능 기능이 생활 속에서 어떻게 활용되는지 알아봅니다.
- 엔트리 인공지능 카테고리를 활용하여 관련된 작품을 코딩합니다.

STEP 3

엔트리 기능을 이해한 후, 중급 난이도의 응용 코딩하기

- 'STEP 2'에서 학습한 내용을 바탕으로 응용 작품을 코딩합니다.

STEP 4

인공지능 모델 학습하기

- 인공지능 모델 학습 개념을 이해한 후, 인공지능 블록을 사용해 본 경험을 바탕으로 엔트리 모델 학습을 진행합니다.

이 책의 구성

🤖 바로 인공지능 이해하기

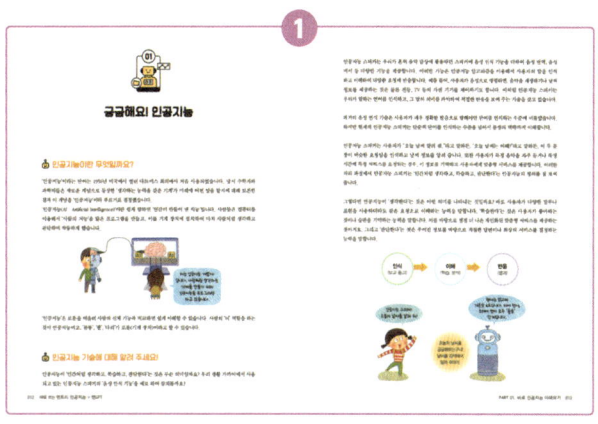

❶ 인공지능의 기능과 기술에 대한 흥미로운 이야기를 쉽고 재미있게 설명하였습니다.

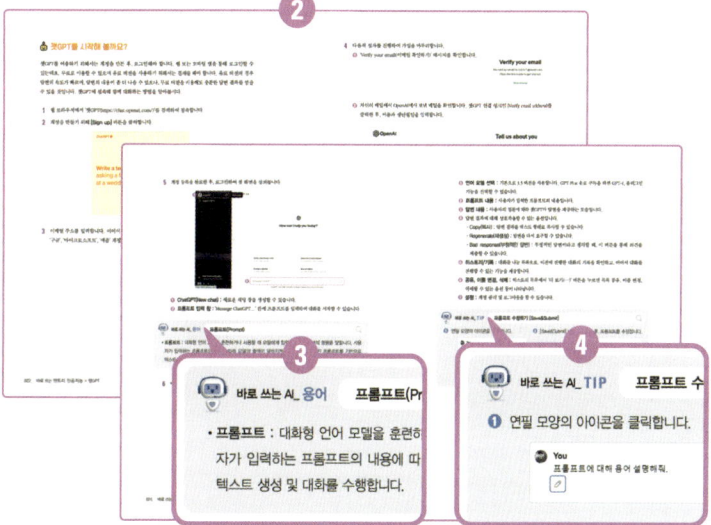

❷ 챗GPT 매뉴얼 : 챗GPT를 사용하는 데 어려움이 없도록 매뉴얼을 자세하게 안내하였습니다.

❸ 바로 쓰는 AI 용어 : 인공지능에 대한 내용의 이해를 돕기 위해 주요 용어를 따로 설명하였습니다.

❹ 바로 쓰는 AI TIP : 알아두면 좋거나 유용하게 사용할 수 있는 내용을 따로 정리하였습니다.

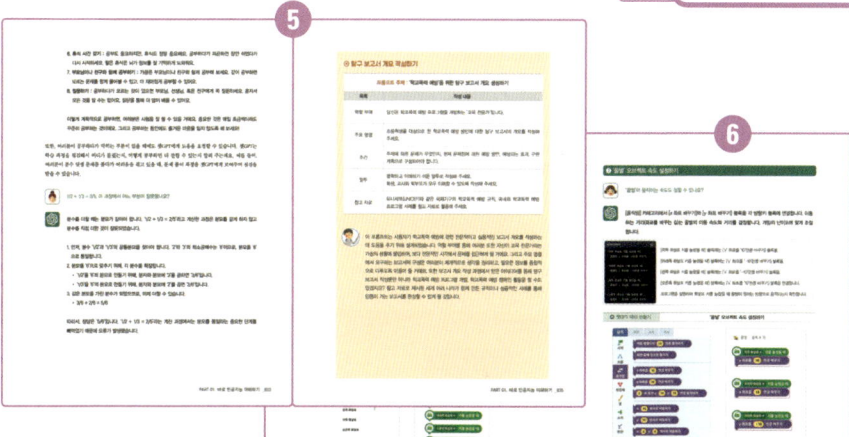

❺ 챗GPT를 활용하여 '스스로 학습하는 방법'을 예시를 통해 자세히 소개하였습니다.

❻ 챗GPT를 활용하여 '엔트리 코딩하는 방법'을 예시를 통해 자세히 소개하였습니다.

🤖 바로 인공지능 프로그래밍

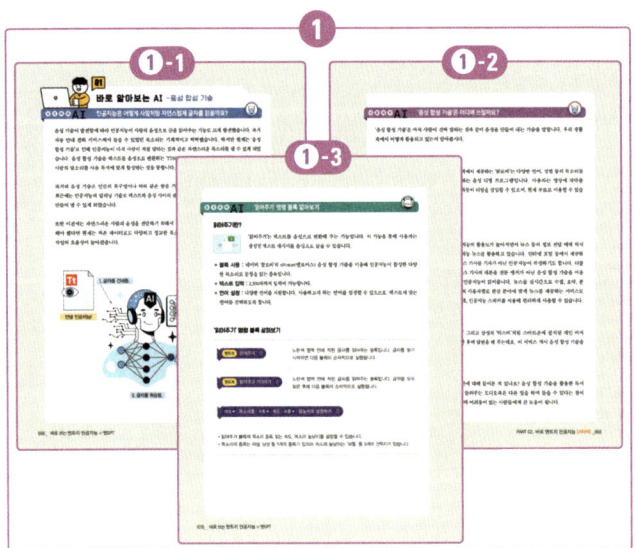

❶ 바로 알아보는 AI : 인공지능 프로그래밍에 앞서 학습 주제에 대한 지식 탐구 과정입니다.

❶-1 바로쏙쏙 AI : 학습 주제에 대한 인공지능 기술 또는 기능에 대해 이해합니다.

❶-2 생활쏙쏙 AI : 실생활에서 활용되고 있는 인공지능에 대해 알아봅니다.

❶-3 블록쏙쏙 AI : 인공지능과 관련된 엔트리 명령 블록을 살펴봅니다.

❷ 인공지능 작품 만들기

❷-1 챕터 : 기능별·난이도별·단계별 학습이 가능하도록 표기하고 순차적으로 챕터를 구성하였습니다.

❷-2 QR 코드 : 완성 작품을 QR 코드 인식을 통해 바로 확인할 수 있습니다.

❷-3 완성 작품 미리보기 : 완성된 작품을 미리봄으로써 학습 과제에 대한 이해도를 높입니다.

❷-4 알고리즘 작성하기 : 챗GPT와 함께 알고리즘을 작성해 봅니다. 이때 'AI 바로 쌤'이 프롬프트를 작성할 수 있도록 도와줍니다.

❷-5 프로그래밍 준비하기 : 엔트리 인공지능 프로그래밍을 하기 전에 미리 설정할 내용을 정리하여 안내합니다.

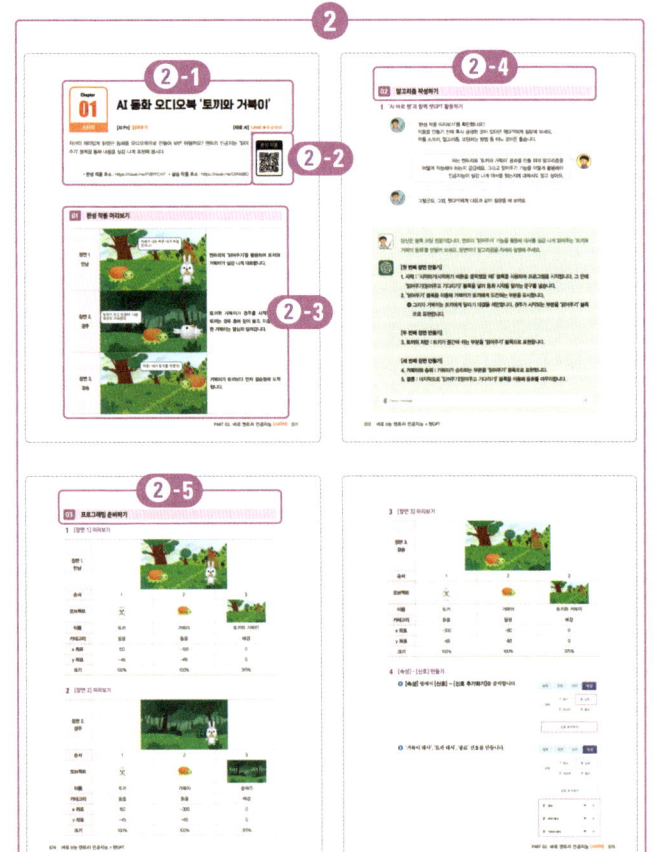

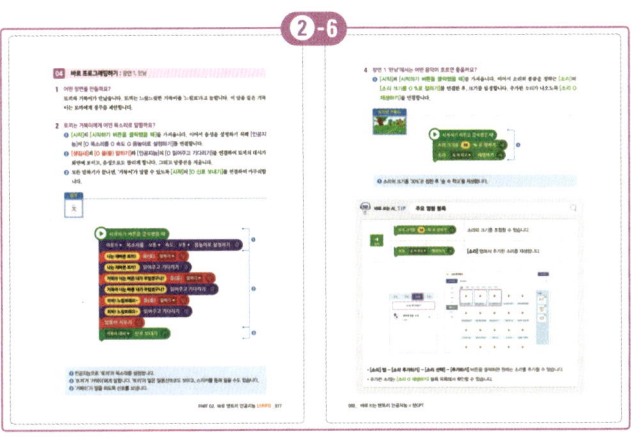

❷-6 바로 프로그래밍하기

- 코딩할 내용을 안내합니다.
- 코딩할 내용에 맞게 명령 블록을 연결하는 방법을 안내합니다.
- 명령 블록이 어떻게 구현되는지 자세하게 설명합니다.
- 주요 명령 블록과 속성 및 기능을 사용하는 방법에 대해 안내합니다.

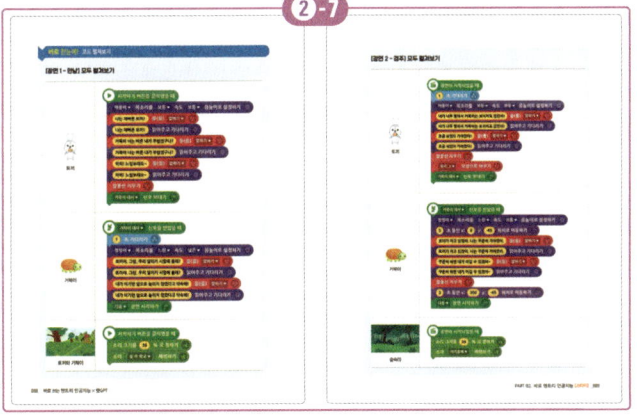

❷-7 바로 한눈에!

인공지능 작품 만들기에 사용된 코드를 한눈에 확인할 수 있도록 하였습니다. 프로그램을 다시 한번 살펴보거나 자신이 만든 프로그램에 오류가 없는지 확인할 때 유용합니다.

❷-8 바로 점프!

창의력과 사고력을 발휘하여 주어진 미션에 맞게 기능 및 코드를 추가하여 문제를 해결합니다.

❷-9 바로 함께!

챗GPT와 함께 학습 주제에 대해 다시 한번 점검합니다. 이를 통해 학습을 강화시키거나 정리한 후 마무리합니다.

PART 01 바로 인공지능 이해하기

궁금해요! 인공지능

🤖 인공지능이란 무엇일까요?

'인공지능'이라는 단어는 1956년 미국에서 열린 다트머스 회의에서 처음 사용되었습니다. 당시 수학자와 과학자들은 새로운 개념으로 등장한 '생각하는 능력을 갖춘 기계'가 미래에 어떤 일을 할지에 대해 토론한 결과 이 개념을 '인공지능'이라 부르기로 결정했습니다.

'인공지능(AI : Artificial Intelligence)'이란 쉽게 말하면 '인간이 만들어 낸 지능'입니다. 사람들은 컴퓨터를 이용해서 '사람의 지능'을 닮은 프로그램을 만들고, 이를 기계 장치에 설치하여 마치 사람처럼 생각하고 판단하며 작동하게 했습니다.

'인공지능'은 로봇을 떠올려 사람의 신체 기능과 비교하면 쉽게 이해할 수 있습니다. 사람의 '뇌' 역할을 하는 것이 인공지능이고, '몸통', '팔', '다리'가 로봇(기계 장치)이라고 할 수 있습니다.

🤖 인공지능 기술에 대해 알려 주세요!

인공지능이 '인간처럼 생각하고, 학습하고, 판단한다'는 것은 무슨 의미일까요? 우리 생활 가까이에서 사용되고 있는 인공지능 스피커의 '음성 인식 기능'을 예로 하여 살펴볼까요?

인공지능 스피커는 우리가 흔히 음악 감상에 활용하던 스피커에 음성 인식 기능을 더하여 음성 번역, 음성 비서 등 다양한 기능을 제공합니다. 이러한 기능은 인공지능 알고리즘을 이용해서 사용자의 말을 인식하고 이해하여 다양한 요청에 반응합니다. 예를 들어, 사용자가 음성으로 명령하면, 음악을 재생하거나 날씨 정보를 제공하는 것은 물론 전등, TV 등의 가전 기기를 제어하기도 합니다. 이처럼 인공지능 스피커는 우리가 말하는 언어를 인식하고, 그 말의 의미를 파악하여 적절한 반응을 보여 주는 기술을 갖고 있습니다.

과거의 음성 인식 기술은 사용자가 매우 정확한 발음으로 말해야만 단어를 인식하는 수준에 머물렀습니다. 하지만 현재의 인공지능 스피커는 단순히 단어를 인식하는 수준을 넘어서 문장의 맥락까지 이해합니다.

인공지능 스피커는 사용자가 "오늘 날씨 알려 줘."라고 말하든, "오늘 날씨는 어때?"라고 말하든, 이 두 문장이 비슷한 요청임을 인식하고 날씨 정보를 알려 줍니다. 또한 사용자가 특정 음악을 자주 듣거나 특정 시간에 특정 서비스를 요청하는 경우, 이 정보를 기억하고 사용자에게 맞춤형 서비스를 제공합니다. 이러한 처리 과정에서 인공지능 스피커는 '인간처럼 생각하고, 학습하고, 판단한다'는 인공지능의 정의를 잘 보여 줍니다.

그렇다면 인공지능이 '생각한다'는 것은 어떤 의미를 나타내는 것일까요? 바로 사용자가 다양한 말투나 표현을 사용하더라도 같은 요청으로 이해하는 능력을 말합니다. '학습한다'는 것은 사용자가 좋아하는 것이나 습관을 기억하는 능력을 말합니다. 이를 바탕으로 점점 더 나은 개인화된 맞춤형 서비스를 제공하는 것이지요. 그리고 '판단한다'는 것은 주어진 정보를 바탕으로 적절한 답변이나 최상의 서비스를 결정하는 능력을 말합니다.

🤖 인공지능은 어떻게 학습을 할까요?

인공지능은 사람의 학습 방법과 비슷한 방법으로 지식을 습득합니다. 사람은 크게 두 가지 방식으로 학습하는데요. 첫 번째는 책이나 수업을 통해 지식을 얻는 것이고, 두 번째는 직접 경험을 통해 배우는 것입니다. 인공지능도 이와 비슷한 방법을 통해 학습하게 되는데, 이러한 인공지능의 학습 방법을 '기계 학습(머신 러닝 : Machine Learning)'이라고 합니다.

인공지능의 학습 방법인 기계 학습은 크게 '지도 학습', '비지도 학습', '강화 학습'으로 분류할 수 있습니다. 이 세 가지 방법 또한 모두 사람이 학습하는 방법과 비슷합니다.

지도 학습(Supervised Learning)

이 방법은 사람이 책이나 강의를 통해 지식을 습득하는 것과 비슷합니다. 여기서 '지도'라는 단어는 '선생님'처럼 가르치는 역할을 하는 데이터가 있음을 의미합니다. 즉, 입력 데이터와 그에 대한 '정답(레이블 : Lable)'이 주어지고, 이를 통해 모델이 학습하게 됩니다. 예를 들어, 고양이와 개의 사진을 구분하는 인공지능을 학습시키려면, 고양이와 개의 사진과 이에 대한 레이블을 제공하여 모델이 이를 학습하도록 합니다.

 바로 쓰는 AI_ 용어　　'모델'과 '인공지능'은 같은 말일까요?　　🔍

'모델'과 '인공지능'은 비슷한 의미를 가지고 있습니다. 그럼 차이점은 무엇인지 알아볼까요?
- 모델 : 특정한 작업이나 문제를 해결하기 위해 학습된 기계 학습 알고리즘을 말합니다.
- 인공지능 : '모델'보다 넓은 의미로, 프로그램이나 기계가 인간과 비슷한 지능적인 작업을 수행하는 모든 것을 말합니다.

비지도 학습(Unsupervised Learning)

이 방법은 사람이 직접 경험을 통해 지식을 습득하는 것과 비슷합니다. 비지도 학습에서는 '정답(레이블)' 없이 입력 데이터만 주어집니다. 예를 들어 여러 마리의 강아지를 본 경험을 통해 처음 보는 고양이와 모습이 다르다는 것을 구분할 수 있게 되는 방법과 같습니다. 정답을 모르더라도 경험을 통한 학습을 통해 서로 비슷한 데이터를 한군데 모을 수 있는 지능이 생기는 것입니다.

강화 학습(Reinforcement Learning)

이 방법은 사람의 어떠한 행동 결과가 좋은 행동이었는지 나쁜 행동이었는지 구분하는 방법과 비슷합니다. 강화 학습에서는 에이전트가 환경과 상호 작용하며, 보상이라는 신호를 통해 학습합니다. 예를 들어 에이전트가 어떤 게임을 하면 할수록 환경(게임 요소 : 게임의 규칙, 레벨 등)의 변화를 더 잘 알게 되고, 이에 맞게 더 좋은 행동을 선택하게 되는 것을 말합니다. 에이전트는 경험을 쌓아가면서 계속 지능이 높아지는 것이지요. 잘한 행동에는 긍정적인 보상을, 잘못한 행동에는 부정적인 보상을 주어 가장 알맞게 행동하는 방법을 학습하게 되는 것입니다.

 바로 쓰는 AI_ 용어   에이전트(Agent)

컴퓨터나 IT를 다루는 분야에서 '에이전트'의 의미는 다양합니다. 우리가 강화 학습의 내용에서 본 에이전트의 뜻을 알아보기로 해요.
- 에이전트 : 스스로 환경에 어떤 변화가 있는 것을 알아차리고 그것에 맞추어 행동을 하며, 경험을 바탕으로 학습하는 기능을 가집니다.

딥러닝(Deep Learning)

최근에는 사회나 경제가 정보를 중심으로 운영되고 발전되면서 인공지능이 학습하는 데 필요한 데이터가 많이 쌓이게 되었습니다. 그리고 컴퓨터에서 그림, 영상과 같은 그래픽 작업을 담당하는 데 사용되는 그래픽 처리 장치(GPU) 또한 매우 빠르게 발전하였습니다. GPU는 딥러닝과 같은 복잡한 계산에도 도움을 주는데요. 이에 따라 인공지능의 학습 방법 중 '딥러닝'이 주목받고 있습니다.

'딥러닝'은 인공지능을 학습시키는 방법인 기계 학습 중 하나입니다. 사람의 뇌 신경망 구조를 모방한 인공 신경망을 학습시키는 방법으로 인공지능의 지능을 한 차원 더 높인 개념입니다. 사람의 뇌에는 수많은 신경세포인 '뉴런'이 있습니다. 이 뉴런들은 서로 정보를 주고받으면서 사람이 생각하고 기억하는 일을 돕습니다. 이와 같이 사람의 뇌가 정보를 처리하는 방식에서 아이디어를 얻은 컴퓨터 시스템인 인공 신경망에는 '노드'라고 불리는 많은 '점(도트)'들이 있는데요. 이 점들은 서로 연결되어 있습니다. '딥(deep)'이라는 단어는 이 신경망이 여러 겹으로 깊게 쌓여 있다는 것을 의미하며, 이러한 구조 덕분에 딥러닝으로 학습한 인공지능은 다른 방법으로 학습한 인공지능보다 뛰어난 성능을 내는 경우가 많아서 활발히 연구되고 있습니다.

바로 쓰는 AI_ 용어　　'신경망'과 '심층 신경망'

- **신경망** : '입력층(Input layer)', '숨김층(Hidden layer)', '출력층(Output layer)'으로 구성된 컴퓨터 시스템입니다. 사람 뇌의 신경망에서 아이디어를 얻어 설계되었으며, 대량의 데이터를 통해 학습하고, 패턴을 인식하며, 결정을 내리는 데 사용됩니다. 이 기술은 이미지 인식, 음성 인식, 언어 번역, 그리고 복잡한 문제 해결 등 다양한 분야에서 활용되고 있습니다.
- **심층 신경망** : 데이터를 처리하고 학습하는 데 여러 층(Layer)을 사용하는 인공 신경망의 한 형태입니다. '심층'이라는 말은 층들이 여러 겹으로 되어 있다는 것을 의미하는데요. 각 층은 다른 층보다 더 복잡한 정보를 처리할 수 있습니다. 예를 들어, 사진을 인식하는 심층 신경망의 첫 번째 층은 사진의 가장 기본적인 부분인 선이나 색깔을 인식하고, 다음 층은 그 선과 색깔을 사용해 모양이나 무늬를 인식하며, 더 깊은 층으로 갈수록 사진 속 각각의 요소나 사람의 얼굴 같은 더 복잡한 정보를 인식하게 됩니다.

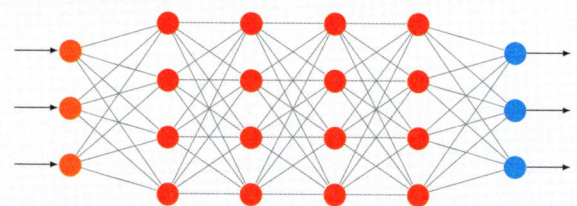

- 🟠 **입력층** : 이미지, 텍스트, 음성 등의 데이터를 받아들입니다.
- 🔴 **숨김층** : 여러 층에서 데이터의 특징을 추출하고 변환합니다.
- 🔵 **출력층** : 최종 결정이나 예측을 제공합니다.

인공지능은 어떻게 활용되나요?

인공지능은 우리의 일상생활에서 다양한 방식으로 활용되고 있습니다. 몇 가지 예를 살펴볼까요?

인공지능 스피커

'시리'나 '구글 어시스턴트', '네이버 클로바'와 같은 음성 인식 시스템은 사용자의 말을 이해하고, 명령을 수행하거나 질문에 대답하는 등의 역할을 합니다. 이러한 음성 인식 시스템은 인공지능 스피커의 형태로 가정에서 활용되고 있습니다. 최근에는 혼자 사시는 할아버지, 할머니의 말동무도 되어 주고 건강도 살펴 주는 역할까지 하는 등 다양한 서비스 콘텐츠가 제공되고 있습니다.

자율주행 자동차

자율주행 자동차는 센서와 카메라를 통해 주변 환경을 인식하고, 인공지능 알고리즘을 이용해 인식한 정보를 해석합니다. 이를 바탕으로 자동차는 스스로 운전 경로를 결정하고, 필요한 경우에는 주행 속도를 조절하거나 도로를 변경하는 등의 작업을 수행합니다.

반려 로봇

반려 로봇은 인공지능 기술을 활용해 사람의 친구 역할을 수행하는 기계입니다. 이 기계는 음성 인식 기술을 사용하여 사람의 말을 알아듣고, 반응을 합니다. 또한, 기계 학습(Machine Learning)을 통해 사용자의 습관이나 사용자가 좋아하는 것을 학습하여 점점 더 개인화된 서비스를 제공합니다. 또한 감정 인식 기술로 사용자의 기분을 파악하고, 이에 반응하여 위로하거나 재미를 주기도 합니다.

추천 시스템

넷플릭스나 유튜브는 사용자의 이전 시청 기록을 분석하여 개인화된 콘텐츠를 추천하는 데 인공지능을 사용합니다. 이 기술은 사용자가 과거에 봤던 영화나 비디오, 그리고 그에 대한 사용자의 반응(예 좋아요, 싫어요, 시청 시간 등)을 분석하여 사용자가 좋아할 만한 콘텐츠를 예측하고 추천합니다.

번역 시스템

인공지능 번역 시스템은 사람이 일상생활에서 사용하는 말인 자연어 처리와 기계 학습을 통해 다양한 언어 간의 번역을 수행합니다. 문장의 구조와 의미를 파악하여 정확한 번역을 제공하지요. 카메라를 이용해 글자를 인식하고 실시간으로 번역을 하거나 문서 전체를 번역할 수도 있습니다.

의료 서비스

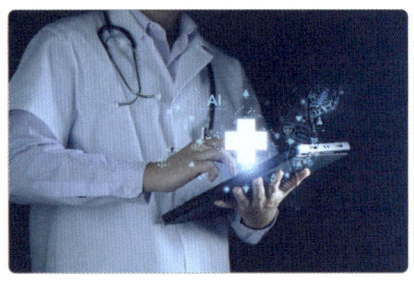

인공지능 의료 서비스는 MRI나 CT 스캔 이미지를 분석하여 질병을 진단하거나, 환자의 건강 정보를 분석하여 개인에게 맞춤화된 치료 방안을 제안하는 등의 역할을 합니다. 이는 의사의 판단을 보조하여 보다 정확하고 빠른 진료를 가능하게 합니다.

스마트 횡단보도

인공지능 움직임 인식을 활용한 횡단보도는 CCTV나 센서를 통해 횡단보도 주변의 상황을 실시간으로 관찰합니다. 그리고 딥러닝을 활용하여 보행자, 자동차, 자전거 등을 인식하고, 움직임을 예측합니다. 예를 들어, 보행자가 횡단보도에 다가오거나, 자동차가 과속으로 다가오는 등의 상황을 파악할 수 있습니다. 이러한 정보를 바탕으로 보행자에게 안전하게 도로를 건너는 시기를 알려 주거나, 교통신호를 조절하여 사고 위험을 줄입니다.

보안 시스템

인공지능 움직임 인식을 활용한 보안 시스템은 카메라를 통해 사람의 움직임을 감지합니다. 이 시스템은 인공지능이 학습한 패턴을 바탕으로 정상적인 행동과 비정상적인 행동을 구분합니다. 예를 들어, 특정 지역에 누군가 침입하거나 예상치 못한 동작을 취할 경우 시스템이 경보를 발생시킵니다. 이 기술은 개인의 안전을 지키고 재산을 보호하는 데 매우 효과적입니다.

인공지능은 우리의 일상생활의 많은 부분에서 활용되고 있으며, 앞으로는 더욱 다양한 분야에서 활용될 것으로 예상됩니다.

바로 도와주는 챗GPT

생성형 인공지능은 스스로 새로운 콘텐츠를 만들고 학습할 수 있는 형태로, 인공지능의 흥미로운 기술 세계를 보여 주고 있습니다. 대표적으로는 대화를 통해 다양한 정보를 생성하고 제공하는 기술인 챗GPT가 있습니다. 챗GPT와는 온라인 채팅 형식으로 대화를 주고받을 수 있습니다. 사용자가 마치 사람과 대화하듯이 검색 창에 질문을 하면 결과를 대답해 줍니다. 이때 질문을 작성하는 방법, 즉 프롬프트의 내용에 따라 결과물이 달라지지요. 챗GPT는 일상적인 대화를 자연스럽게 이어나갈 수 있을 뿐만 아니라, 문제 해결 및 창의적인 결과물 생성도 가능한 놀라운 능력을 갖추고 있습니다. 그럼, 챗GPT와 같은 생성형 인공지능이 어떻게 동작하는지, 디지털 세계에서 어떻게 활용할 수 있는지 알아봅시다.

점점 발전하는 놀라운 생성형 인공지능

인공지능은 컴퓨터 프로그램이나 기계가 사람과 같이 사고하고 학습할 수 있는 능력을 갖추게 하는 과학과 기술의 한 분야입니다. 데이터를 분석하고 이해하며 판단하는 능력을 갖추고 있지요. 여기서 한 단계 진화한 생성형 인공지능은 놀랍게도 새로운 이미지, 텍스트, 음악 등을 만들어 낼 수도 있습니다.

예를 들어, '텍스트 생성형 인공지능'은 새로운 문장이나 문단을 생성할 수 있으며, '이미지 생성형 인공지능'은 새로운 이미지를 만들어 낼 수 있습니다. 이러한 기술은 데이터베이스에서 정보를 검색하거나 기존의 콘텐츠를 재구성하는 것이 아니라, 학습된 모양과 구조를 바탕으로 완전히 새로운 결과물을 생성해 내는 것입니다.

바로 쓰는 AI_ 용어　　데이터베이스(Database)

- Database : 여러 사람이 함께 사용할 수 있게 만든 정보 자료를 하나로 합쳐서 컴퓨터 처리가 가능한 형태로 만든 자료의 모음 말합니다. 필요한 정보를 빠르게 찾아볼 수도 있고, 새로운 정보를 추가할 수도 있습니다.

생성형 인공지능은 여러 분야에서 새로운 아이디어를 만들고 문제를 해결하는 데에 큰 도움을 줍니다. 예술 분야에서는 새로운 음악이나 그림을 창작하는 데 사용할 수 있고, 콘텐츠 제작 분야에서는 뉴스 기사나 스토리, 디자인 작업 등을 자동으로 생성하는 데 활용될 수 있습니다. 또한, 가상 환경이나 비디오 게임에서 실시간으로 새로운 환경을 생성하는 데에도 사용될 수 있습니다. 이처럼 생성형 인공지능은 우리의 창의력을 확장하고 새로운 형태의 콘텐츠와 경험을 제공함으로써 일상생활과 산업에 큰 변화를 가져오고 있습니다.

챗GPT(ChatGPT), 우리의 새로운 친구

챗GPT는 미국의 'OpenAI(오픈에이아이)' 회사에 의해 개발된 생성형 인공지능 서비스입니다. 구글(Google)이 개발한 '트랜스포머'라는 언어 모델을 개량한 'GPT-3.5' 구조를 기반으로 하고 있는데요. 현재 온라인 대화 형식의 인터페이스를 갖추고, 사용자와 친구처럼 소통하기 위해 다양한 정보와 서비스를 제공하고 있습니다. 2022년 11월에 공개된 '챗GPT'는 5일 만에 이용자 수 '100만 명'을, 2개월 만에 '1억 명'을 돌파했습니다. 챗봇과 같은 생성형 인공지능이 사용자들의 질문에 놀랍도록 훌륭한 답변을 해내자 많은 사람들이 자신의 분야에 활용하기 시작한 결과이지요.

바로 쓰는 AI_ 용어　　오픈에이아이(OpenAI)

- OpenAI : OpenAI는 인공지능 기술을 전문으로 연구하는 기관입니다. 안전한 인공지능 발전을 통해 사람들에게 혜택을 주기 위해 여러 인공지능 프로그램을 만들어 내는데요. 그중 하나가 'GPT'라는 모델입니다.

바로 쓰는 AI_ **용어**   트랜스포머(Transformer)

- Transformer : 인공지능 분야에서 텍스트를 이해하고 생성하는 데 사용되는 기술입니다. 이 기술은 딥러닝을 기반으로 한 자연어 처리(NLP) 분야에서 혁신적인 성과를 낸 구조로, 순차적인 처리 방식이 아닌 입력 데이터 전체를 한 번에 처리하는 방식을 도입함으로써 처리 속도와 효율성을 크게 향상시켰습니다. 이에 따라 문장 속 단어들 사이의 관계를 더 잘 파악할 수 있도록 도와줍니다.

'ChatGPT'는 'Chat Generative Pre-trained Transformer'의 약자로, '대화형 생성 사전 학습 처리 변환기'라는 의미를 담고 있습니다. 단어의 뜻이 조금 어렵게 느껴지는데요. 더 쉽게 알아볼까요?

- **Chat**은 대화형 서비스를 의미합니다.
- **Generative**는 데이터를 기반으로 새로운 콘텐츠를 생성할 수 있는 능력을 가리킵니다.
- **Pre-trained**는 모델이 방대한 양의 데이터를 사전 학습하여 일반적인 언어 이해 능력을 갖추었다는 것을 의미합니다.
- **Transformer**는 언어 모델의 구조를 나타내는 용어입니다.

챗GPT는 사용자와의 대화를 통해 지속적으로 학습하고 발전하고 있습니다. 사용자가 특정 주제에 대한 설명을 요청하면, 챗GPT는 이해하기 쉬운 방식으로 그 주제를 설명해 줍니다. 또, 새로운 이야기를 만들거나 프로그래밍의 문제 해결에 이르기까지 다양한 분야에 대해 도움을 제공합니다.
챗GPT는 단순한 컴퓨터 프로그램을 넘어서 우리 생활에 점점 스며들고 있는 똑똑한 친구로 자리매김하고 있습니다. 챗GPT와 대화하는 것을 단순히 정보를 주고받는 것으로 이용하는 것에서 나아가, 흥미로운 학습과 성장의 기회로 활용해 보는 것은 어떨까요?

챗GPT를 시작해 볼까요?

챗GPT를 이용하기 위해서는 계정을 만든 후, 로그인해야 합니다. 웹 또는 모바일 앱을 통해 로그인할 수 있는데요. 무료로 이용할 수 있으며 유료 버전을 사용하기 위해서는 결제를 해야 합니다. 유료 버전의 경우 답변의 속도가 빠르며, 답변의 내용이 좀 더 나을 수 있으나, 무료 버전을 이용해도 충분한 답변 결과를 얻을 수 있을 것입니다. 챗GPT에 접속해 함께 대화하는 방법을 알아봅시다.

1. 웹 브라우저에서 '챗GPT(https://chat.openai.com/)'를 검색하여 접속합니다.
2. 계정을 만들기 위해 [Sign up] 버튼을 클릭합니다.

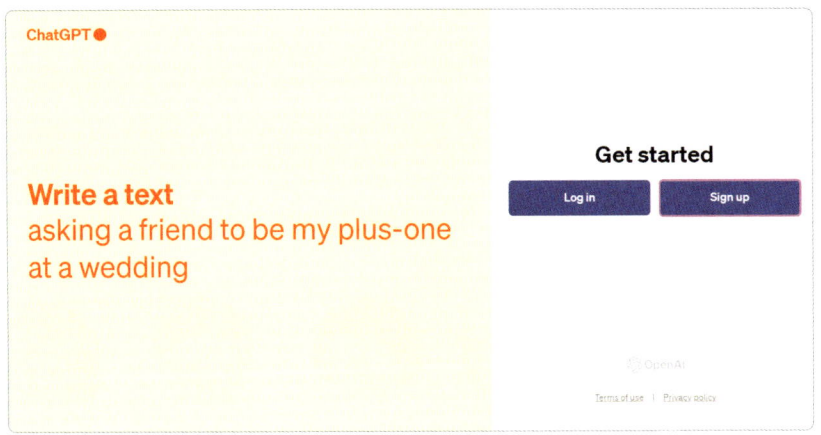

3. 이메일 주소를 입력합니다. 이어서 [계속] 버튼을 클릭한 후, 비밀번호를 입력하여 계정을 만듭니다. '구글', '마이크로소프트', '애플' 계정을 가지고 있는 경우 메뉴 목록에서 원하는 계정을 선택합니다.

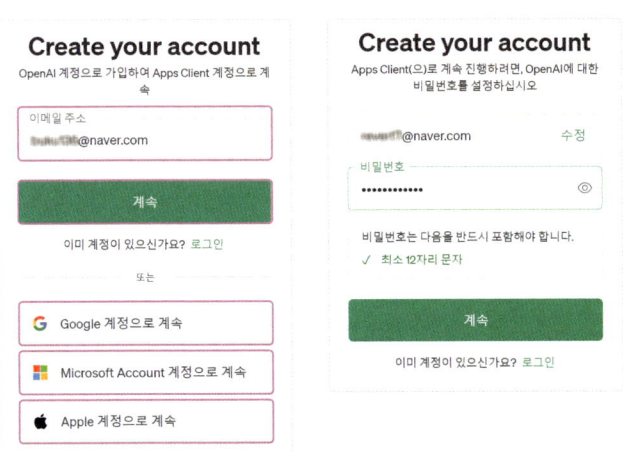

4 다음의 절차를 진행하여 가입을 마무리합니다.

❶ 'Verify your email(이메일 확인하기)' 메시지를 확인합니다.

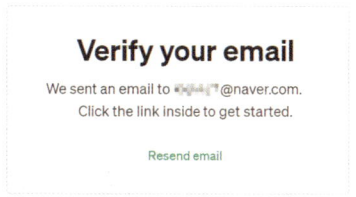

❷ 자신의 메일에서 OpenAI에서 보낸 메일을 확인합니다. 챗GPT 연결 링크인 [Verify email address]를 클릭한 후, 이름과 생년월일을 입력합니다.

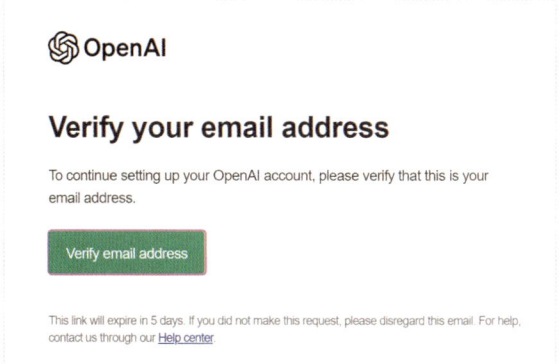
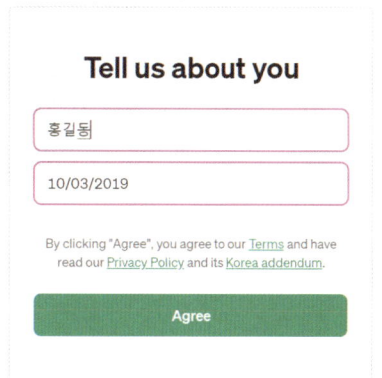

❸ 퍼즐 맞추기 인증을 완료하면 챗GPT를 시작할 수 있습니다.

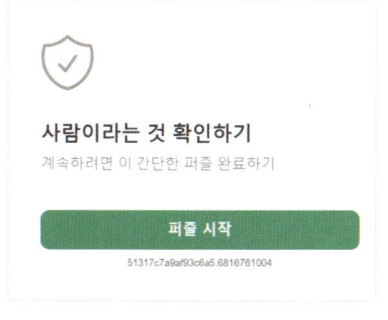

5 계정 등록을 완료한 후, 로그인하여 첫 화면을 살펴봅니다.

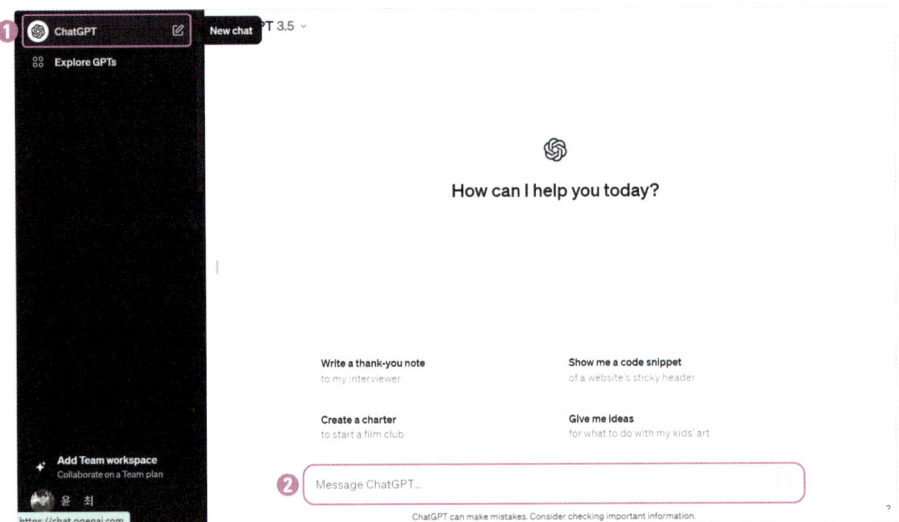

❶ **ChatGPT(New chat)** : 새로운 채팅 창을 생성할 수 있습니다.
❷ **프롬프트 입력 창** : 'Message ChatGPT…' 칸에 프롬프트를 입력하여 대화를 시작할 수 있습니다.

 바로 쓰는 AI_ **용어**   프롬프트(Prompt)

- **프롬프트** : 대화형 언어 모델을 훈련하거나 사용할 때 모델에게 입력되는 질문 형태의 명령을 말합니다. 사용자가 입력하는 프롬프트의 내용에 따라 모델의 출력이 달라지게 되며, 모델은 주어진 프롬프트를 기반으로 텍스트 생성 및 대화를 수행합니다.

6 매뉴얼을 살펴본 후, 기능에 대해 알아봅니다.

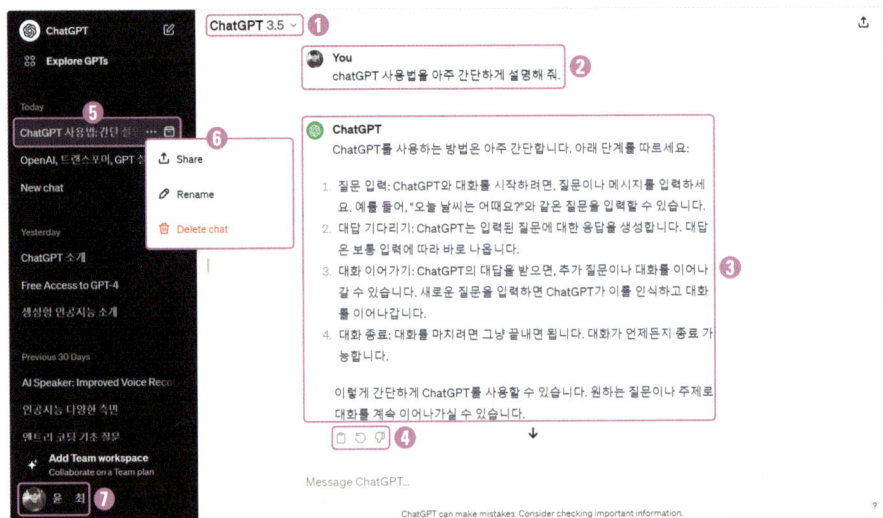

❶ **언어 모델 선택** : 기본으로 3.5 버전을 사용합니다. GPT Plus 유료 구독을 하면 GPT-4, 플러그인 기능을 선택할 수 있습니다.
❷ **프롬프트 내용** : 사용자가 입력한 프롬프트의 내용입니다.
❸ **답변 내용** : 사용자의 질문에 따라 챗GPT가 답변을 제공하는 모습입니다.
❹ 답변 결과에 대해 상호 작용할 수 있는 옵션입니다.
- Copy(복사) : 답변 결과를 텍스트 형태로 복사할 수 있습니다.
- Regenerate(재생성) : 답변을 다시 요구할 수 있습니다.
- Bad response(부정적인 답변) : 부정적인 답변이라고 생각할 때, 이 버튼을 통해 의견을 제출할 수 있습니다.

❺ **히스토리/기록** : 대화를 나눈 목록으로, 이전에 진행한 대화의 기록을 확인하고, 이어서 대화를 진행할 수 있는 기능을 제공합니다.
❻ **공유, 이름 변경, 삭제** : 히스토리 목록에서 '더 보기(…)' 버튼을 누르면 목록 공유, 이름 변경, 삭제할 수 있는 옵션 창이 나타납니다.
❼ **설정** : 계정 관리 및 로그아웃을 할 수 있습니다.

바로 쓰는 AI_TIP   프롬프트 수정하기 [Save&Submit]

❶ 연필 모양의 아이콘을 클릭합니다.   ❷ [Save&Submit] 버튼을 클릭한 후, 프롬프트를 수정합니다.

바로 쓰는 AI_ Plus+ 　한국형 챗GPT 'Wrtn(뤼튼)'

'뤼튼'은 자연어 처리와 이해가 뛰어난 딥러닝 모델인 'GPT' 언어 모델을 기반으로 한 '한국형 인공지능 챗GPT' 입니다. '챗GPT'의 경우, 마치 사람과 대화하듯이 자연스럽게 반응하며 대화를 이어나가는데요. '뤼튼'도 마찬가지로 대화형 스타일을 사용하지만, 질문과 답변하는 형식에 더 초점을 맞추어 더 구조화된 답변을 제공합니다. 또한 'AI 검색'을 통해 실시간 검색이 가능합니다. 우리 함께 '뤼튼(https://wrtn.ai/)'에 접속하여 기능을 알아볼까요?

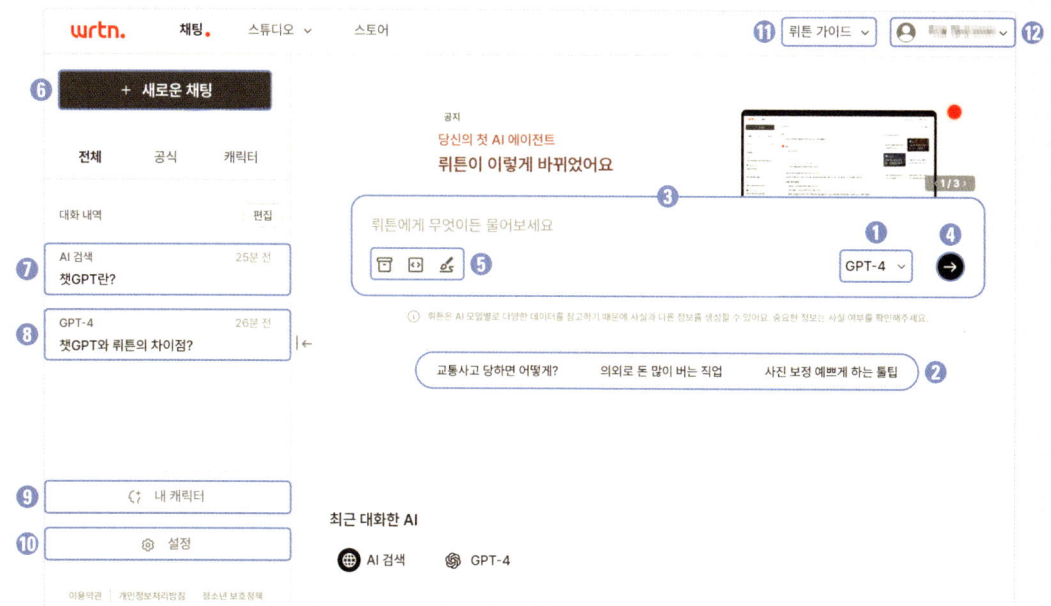

❶ AI 검색 기능과 GPT, WRTN, PaLM2 등과 같은 종류의 언어 모델을 선택할 수 있습니다.
❷ 예시 프롬프트를 확인할 수 있습니다.
❸ 프롬프트 입력 창입니다.
❹ 프롬프트 작성 후, 해당 아이콘을 클릭하거나 Enter 키를 눌러 입력할 수 있습니다.
❺ 프롬프트 작성 추가 옵션입니다.
- 프롬프트 즐겨찾기(🗄) : 자주 사용하는 프롬프트를 저장할 수 있습니다.
- 코드 작성(▣) : 프롬프트를 코드 형식으로 입력할 수 있습니다.
- 이미지 생성(✎) : 코드 또는 프롬프트를 작성하여 이미지를 생성할 수 있습니다.

❻ 새 프롬프트를 작성할 수 있습니다.
❼ 이전에 작성했던 'AI 검색' 대화 목록입니다. 수정 또는 삭제가 가능합니다.
❽ 이전에 작성했던 'GPT-4' 대화 목록입니다. 수정 또는 삭제가 가능합니다.
❾ 원하는 성격과 말투를 설정하여 캐릭터를 만들 수 있습니다.
❿ 채팅 테마를 라이트(밝게), 다크(어둡게), 또는 컴퓨터 환경에 맞게 설정할 수 있습니다.
⓫ 뤼튼 커뮤니티 및 고객 센터를 이용할 수 있습니다.
⓬ 계정 정보를 수정할 수 있습니다.

챗GPT에 대해 좀 더 알아보아요

챗GPT는 다양한 역할과 기능을 수행하여 사용자의 요구와 문제를 해결해 줍니다. 그렇다면 챗GPT는 어떤 역할을 하는지, 우리가 어떻게 사용하면 좋을지에 대해 알아보면서 좀 더 친하고 익숙하게 대화할 수 있는 방법을 찾아봅시다.

⊙ 챗GPT는 무엇을 할 수 있어요?

대화할 수 있어요

챗GPT는 사용자와 다양한 주제에 대해 질문하고 답변할 수 있습니다. 일상적인 대화에서부터 복잡한 기술적 질문에 이르기까지 다양한 대화와 소통이 가능합니다.

정보를 제공할 수 있어요

사용자가 요청하는 특정 용어에 대한 뜻과 설명, 세계 지리, 과학적 개념 등 다양한 주제에 대한 정보를 제공합니다.

 바로 쓰는 AI_ 용어   환각(Hallucination)

인공지능, 특히 챗GPT와 같은 언어 기반 모델을 사용할 때 환각(Hallucination)이라고 하는 현상에 주의할 필요가 있습니다. '환각'이란 인공지능이 사실이 아닌 정보를 사실로 제시하거나, 존재하지 않는 데이터를 생성하는 것을 의미합니다. 이러한 현상은 인공지능이 대량의 데이터에서 학습하더라도 완벽히 정확한 정보만을 제공할 수 없다는 한계 때문에 발생합니다. 챗GPT를 사용할 때에는 이러한 환각 현상에 주의하며, 항상 제공된 정보의 정확성과 신뢰성을 검토하는 것이 중요합니다.

학습 도우미 역할을 할 수 있어요

챗GPT는 언어 학습, 수학 문제 해결 등 교육적 목적으로도 활용될 수 있습니다. 사용자가 학습하고자 하는 내용에 대해 질문하면, 챗GPT는 관련 정보와 설명을 제공하여 학습을 도울 수 있습니다.

창의적인 작업에 활용할 수 있어요

사용자가 창의적인 이야기나 글쓰기에 대한 아이디어를 요청하면, 챗GPT는 독창적인 내용을 생성하여 사용자가 창의력을 발휘하는 데 도움을 줄 수 있습니다. 또한, 챗GPT의 'DALL·E'를 사용하여 간단한 그림 그리기 명령에 따라 이미지를 생성하는 등의 창의적 작업도 수행할 수 있습니다.

문제 해결에 도움을 줄 수 있어요

챗GPT는 일상생활에서 발생할 수 있는 여러 가지 문제에 대한 해결책을 제안할 수 있습니다. 예를 들어, 사용자가 특정 상황에 대한 조언을 구하거나, 특정 문제에 대한 해결 방안을 물어볼 때 도움을 줄 수 있습니다.

⊙ 챗GPT와 어떻게 대화해야 해요?

간단하게 대화를 시작하는 방법

사용자는 간단한 인사말이나 질문으로 챗GPT와의 대화를 시작할 수 있습니다. 예를 들어, "안녕, 챗GPT!" 또는 "오늘의 뉴스를 알려 줘."와 같은 문장으로 대화를 시작할 수 있습니다.

질문하고 명령하는 방법

챗GPT에게 구체적인 질문을 하거나, 특정한 요청을 할 수 있습니다. 예를 들어, "세계에서 가장 높은 산은 무엇인가요?" 또는 "영어로 자기소개를 해 줄래?"와 같은 질문이나 명령을 할 수 있습니다.

특정 주제에 대해 더 깊이 있게 탐구하는 방법

사용자는 과학, 역사, 문화 등 특정 주제에 대해 더 깊이 탐구하고 싶을 때 챗GPT에게 도움을 요청할 수 있습니다. 예를 들어, "흑사병에 대해 알려 줘.", "인공지능의 역사에 대해 설명해 줘."와 같은 요청을 할 수 있습니다.

문제를 해결하는 데 도움을 받는 방법

챗GPT는 수학 문제, 프로그래밍 챌린지 또는 일상생활의 작은 문제들을 해결하는 데에도 도움을 줍니다. 예를 들어 "오늘 갑자기 비가 올까요?"와 같이 날씨를 물어보거나 "3x+4=16에서 x의 값을 구해 주세요."와 같은 수학 문제를 물어볼 수 있습니다.

창의적인 작업이나 활동에 참여하기 위한 활용 방법

챗GPT는 이야기 만들기, 시 쓰기, 아이디어 브레인스토밍 등 창의적인 활동에 참여할 수 있도록 도와줍니다. 예를 들어 "우주를 여행하는 모험가에 대한 짧은 이야기를 만들어 줘"와 같은 요청을 할 수 있습니다.

'좋은 프롬프트'로 대화하는 방법

프롬프트란 컴퓨터, 프로그래밍과 관련된 분야에서 자주 사용되는 말로 컴퓨터가 사용자의 입력이나 명령을 받아들일 준비가 되었다는 것을 알려 주는 메시지입니다. 인공지능 시스템에서 프롬프트는 정보를 요청하거나 특정 작업을 지시하기 위해 입력하는 명령이나 질문을 의미하는데요. 챗GPT와 같은 챗봇이나 음성 인식, 맞춤형 추천 서비스 등에서는 프롬프트를 통해 사용자가 무엇을 원하는지 파악하며 대화를 이어나갑니다. 그렇다면 인공지능이 사용자의 말을 정확하게 잘 알아듣게 하기 위해서 가장 필요한 것은 무엇일까요? 바로 '좋은 프롬프트'입니다. 좋은 프롬프트는 사용자가 인공지능에게 원하는 결과를 얻기 위해 구체적으로 질문하는 것을 기본으로 합니다.

인공지능 기술의 발전에 따라 프롬프트의 중요성은 더욱 커지고 있습니다. 사용자가 작성하는 프롬프트의 내용에 따라 인공지능의 반응이나 답변이 달라지기 때문인데요. 사용자가 인공지능을 통해 좀 더 효율적인 도움을 받기 위해서는 명확한 프롬프트를 작성하는 것이 중요합니다. 이를 통해 사용자는 정확하고 유용한 답변을 들을 수 있게 되고, 인공지능 또한 성능이 향상될 수 있습니다.

 바로 쓰는 AI_ TIP   좋은 프롬프트 작성하는 방법

- **분명하게 작성합니다** : 자신이 어떠한 도움이 필요한지 '챗GPT'가 바로 알 수 있게 명확하게 작성하도록 합니다. 헷갈리는 말이나, 두 가지 이상의 의미가 있는 말은 피하는 것이 좋습니다.
- **필요한 것을 모두 말합니다** : 챗GPT에게 좋은 답변을 받으려면, 알려 줄 수 있는 모든 내용을 말하는 것이 좋습니다. 이때 자신이 궁금한 것에 대한 주제어나 배경 이야기를 잘 정리해서 말해 주면 됩니다.
- **구체적으로 물어봅니다** : 무엇에 대해 도움을 받고 싶은지에 대한 내용을 자세히 작성하도록 합니다. 자세하게 작성할수록 더 자세하고 정확한 답변을 받을 수 있습니다.
- **역할을 줍니다** : 챗GPT에게 '선생님', '부모님'이나 '친구'처럼 특별한 역할을 주면서 질문하면, 그 역할에 맞는 관점과 말투로 답변을 해 줍니다.
- **예를 들어 줍니다** : 복잡하거나 애매모호한 내용에 대해 질문을 할 때에는 예를 들어서 설명해 주는 것이 좋습니다. 이렇게 하면 챗GPT가 사용자의 질문을 이해하는 데 도움이 되므로, 더 좋은 답을 생성할 수 있습니다.

 바로 쓰는 AI_ 용어   프롬프트 엔지니어(Prompt Engineer)

프롬프트 엔지니어는 최근 새롭게 생긴 직업의 하나로 인공지능에게 좋은 답변을 얻기 위한 질문을 연구하고 개발하는 전문가를 말합니다. 사용자가 질문을 어떻게 구성하는지에 따라 답변의 결과가 달라지므로 인공지능을 효율적으로 활용하기 위한 방법이 지속적으로 연구 개발되는 것은 매우 중요한 일입니다. 사용자와 인공지능이 서로 정확하고 자연스러운 대화를 이어나갈 수 있도록 도와주는 역할을 담당하는 프롬프트 엔지니어는 인공지능 기술의 지속적인 발전에 따라 앞으로도 큰 역할을 하게 될 것입니다.

🤖 챗GPT를 사용할 때 주의할 게 있어요

챗GPT는 마치 옆에 있는 친구처럼 우리에게 언제든지 도움을 줄 수 있는 인공지능입니다. 사용자가 궁금하거나 배우고 싶은 내용에 대해 성의껏 답변을 해 주지요. 새로운 언어를 배우는 것부터 복잡한 수학 문제를 해결하는 것, 심지어 새로운 요리 레시피를 찾는 것까지, 챗GPT는 다양한 상황에서 사용자에게 도움을 줍니다.

특히 교육 분야에서는 학생들에게 개인 맞춤형 학습 기회를 제공하며, 생활의 어려운 점, 사회 이슈 등 주제별 토론이 가능하여 문제의 원인과 해결책에 대해 폭넓게 이해할 수 있는 능력을 향상시킬 수도 있습니다. 이렇게 뛰어난 장점을 가진 챗GPT를 사용할 때 주의사항이 있습니다.

챗GPT를 사용할 때 무엇을 조심해야 될까요?

챗GPT와 같은 인공지능은 사람을 돕는 매우 새롭고 유용한 기술이지만, 주의해야 할 점도 있습니다. 우선, 챗GPT가 매우 많은 정보를 학습하는 동안, 그 정보 속에는 잘못된 내용이 섞여 있을 수 있습니다. 즉, 잘못된 내용도 같이 학습할 수 있다는 것입니다. 이러한 이유로 인해 챗GPT가 생성한 답변이 때때로 틀릴 수 있습니다. 또한 챗GPT는 학습한 정보만을 바탕으로 답변을 하기 때문에 최신 정보나 특정 분야의 깊은 지식을 제공하는 데에는 한계가 있을 수 있습니다.

챗GPT는 가끔 사실이 아닌 정보를 생성하기도 합니다. 마치 잘못된 꿈을 꾸는 것처럼, 없는 사실이 진짜인 것처럼 말할 수도 있습니다. 이렇게 되면 사용자가 잘못된 정보를 사실이라고 받아들이게 되는 위험이 발생할 수 있겠죠.

챗GPT에 대해 사람들이 걱정하는 것 중 또 하나는 표절 문제입니다. 챗GPT는 이미 만들어진 콘텐츠나 작품 또는 자료를 모방할 수 있기 때문에 저작권 문제가 발생할 수 있습니다.

또, 챗GPT는 진짜 경험이나 감정이 없어서, 사람처럼 진심을 담아서 말하기가 어렵습니다.

최근 인공지능 기술이 가져올 위험에 대해 OpenAI 대표 '샘 알트먼'은 이렇게 말했습니다. "인공지능이 사람들에게 도움을 주고, 좋은 변화를 이끌어 낼 수 있지만, 잘 관리하고 규칙을 만들어서 조심해서 사용해야 한다."라고요. 챗GPT처럼 좋은 기술이 우리에게 도움이 되게 하려면 계속해서 연구하고, 좋은 규칙을 만들어야 한다는 뜻입니다. 우리는 챗GPT를 통해 얻은 정보를 무조건 받아들이기보다는 사실인지 아닌지 다시 확인하는 습관을 가져야 하겠습니다.

똑똑한 챗GPT로 똑똑하게 공부해요!

챗GPT는 교육 분야에서 다양한 방식으로 활용될 수 있는 잠재력을 가지고 있습니다. 이를 통해 여러분들은 다양한 형태의 학습 자료를 탐색하여 이전의 학습 방법과 다른 자신만의 새로운 학습 과정을 만들어 낼 수 있습니다.

그럼, 챗GPT로 학습하는 방법을 알아볼까요?

글쓰기 연습과 요약하기

여러분은 챗GPT를 이용해서 글쓰기 연습을 할 수 있습니다. 예를 들어, 어떤 주제에 대한 글의 초안을 작성해 달라고 요청하거나, 긴 글을 읽고 그 요약본을 만들어 달라고 부탁할 수 있죠. 이런 활동은 여러분이 생각을 정리하고, 주요 내용을 빠르게 파악하는 데 큰 도움이 됩니다.

외국어 배우기

챗GPT와 함께라면, 외국어 공부도 재미있게 할 수 있습니다. 다양한 언어로 대화하는 연습이나 글쓰기 연습을 해 볼 수 있죠. 챗GPT 앱에 있는 음성 인식 기능을 사용하면 실제로 말하는 연습도 가능합니다. 마치 실제로 외국인과 언어 학습을 하는 것과 같은 효과를 얻을 수 있을 것입니다.

조사 보고서 준비하기

여러분이 어떤 주제에 대해 보고서를 작성해야 할 때에도 챗GPT에게 도움을 요청할 수 있습니다. 챗GPT는 원하는 주제에 대한 정보를 찾아 주고, 보고서를 어떻게 구성할지에 대해서도 도움을 줍니다. 이러한 과정을 통해 여러분은 정보를 어떻게 검색하고, 정리하는지에 대해 배우면서 동시에 자신 있게 보고서를 만들 수 있을 것입니다.

내 곁에 챗GPT 선생님이 있다면?

챗GPT는 학생들이 학습 목표를 세우고 학습 계획을 짜는 데 도움을 주는 보조 교사 역할도 할 수 있습니다. 예를 들어, 시험 공부 계획을 세우고 싶을 때 챗GPT를 선생님이라고 생각하고 조언을 구할 수 있습니다. 그러면 챗GPT는 어떤 방법으로 공부하는 게 좋을지 알려 줍니다.

나는 초등학교 5학년 학생이야.
2주 뒤에 시험인데, 어떻게 공부 계획을 세우는 게 좋을까?

여러분이 2주 후에 있는 시험을 위해 공부 계획을 세우는 것은 정말 중요해요. 잘 계획하면 공부도 더 잘 할 수 있고, 시험도 잘 볼 수 있어요. 여기에 몇 가지 단계를 소개할게요!

1. **목표 정하기** : 먼저, 시험에서 어떤 점수를 받고 싶은지 생각해 보세요. 예를 들어, 모든 과목에서 90점 이상을 받고 싶다거나, 특정 과목에서 더 잘하고 싶다는 목표를 세울 수 있어요.
2. **시험 범위 알아보기** : 선생님께 시험 범위가 무엇인지 꼭 확인하세요. 어떤 과목에서 어떤 부분을 공부해야 하는지 알아야 공부 계획을 잘 세울 수 있어요.
3. **계획표 만들기** : 2주 동안의 공부할 과목을 달력에 나눠 적어 보세요. 예를 들어, 한 과목을 하루에 집중적으로 공부하거나, 하루에 두 과목씩 조금씩 공부하는 방법이 있어요. 중요한 것은 매일 조금씩 공부하는 거예요!
4. **공부 자료 준비하기** : 공부할 때 필요한 책이나 노트, 연습문제 등을 미리 준비해 두세요. 이렇게 하면 공부할 때 시간을 더 효율적으로 사용할 수 있어요.
5. **자주 복습하기** : 배운 내용은 짧게 여러 번 반복해서 복습하는 것이 좋아요. 예를 들어, 오늘 공부한 내용을 잠자기 전에 다시 한번 보세요. 그리고 다음 날 아침에도 잠깐 복습하면 기억에 더 오래 남아요.

6. **휴식 시간 갖기** : 공부도 중요하지만, 휴식도 정말 중요해요. 공부하다가 피곤하면 잠깐 쉬었다가 다시 시작하세요. 짧은 휴식은 뇌가 정보를 잘 기억하게 도와줘요.

7. **부모님이나 친구와 함께 공부하기** : 가끔은 부모님이나 친구와 함께 공부해 보세요. 같이 공부하면 모르는 문제를 함께 풀어볼 수 있고, 더 재미있게 공부할 수 있어요.

8. **질문하기** : 공부하다가 모르는 것이 있으면 부모님, 선생님, 혹은 친구에게 꼭 질문하세요. 혼자서 모든 것을 알 수는 없어요. 질문을 통해 더 많이 배울 수 있어요.

이렇게 계획적으로 공부하면, 여러분은 시험을 잘 볼 수 있을 거예요. 중요한 것은 매일 조금씩이라도 꾸준히 공부하는 것이에요. 그리고 공부하는 동안에도 즐거운 마음을 잃지 않도록 해 보세요!

또한, 여러분이 공부하다가 막히는 부분이 있을 때에도 챗GPT에게 도움을 요청할 수 있습니다. 챗GPT는 학습 과정을 점검해서 어디가 틀렸는지, 어떻게 공부하면 더 잘할 수 있는지 알려 주는데요. 예를 들어, 여러분이 분수 덧셈 문제를 풀다가 어려움을 겪고 있을 때, 문제 풀이 과정을 챗GPT에게 보여주며 점검을 받을 수 있습니다.

 1/2 + 1/3 = 2/5. 이 과정에서 어느 부분이 잘못됐나요?

 분수를 더할 때는 분모가 같아야 합니다. '1/2 + 1/3 = 2/5'라고 계산한 과정은 분모를 같게 하지 않고 분수를 직접 더한 것이 잘못되었습니다.

1. 먼저, 분수 '1/2'과 '1/3'의 공통분모를 찾아야 합니다. '2'와 '3'의 최소공배수는 '6'이므로, 분모를 '6'으로 통일합니다.
2. 분모를 '6'으로 맞추기 위해, 각 분수를 확장합니다.
   - '1/2'을 '6'의 분모로 만들기 위해, 분자와 분모에 '3'을 곱하면 '3/6'입니다.
   - '1/3'을 '6'의 분모로 만들기 위해, 분자와 분모에 '2'를 곱면 '2/6'입니다.
3. 같은 분모를 가진 분수가 되었으므로, 이제 더할 수 있습니다.
   - 3/6 + 2/6 = 5/6

따라서, 정답은 '5/6'입니다. '1/2 + 1/3 = 2/5'라는 계산 과정에서는 분모를 통일하는 중요한 단계를 빼먹었기 때문에 오류가 발생했습니다.

여러분은 이렇게 배운 내용을 바탕으로 스스로 분수 덧셈 문제를 만들어 풀어본 후, 챗GPT에게 오류 점검과 정답 확인을 요청할 수 있습니다.

 1/4 + 3/4 = ?

 분모가 이미 같기 때문에 분자끼리 직접 더할 수 있습니다.
- 1/4 + 3/4 = 4/4
- '4/4'는 '1'과 같습니다. 따라서 정답은 '1'입니다.

이렇게 챗GPT를 활용하여 자신이 학습한 내용을 스스로 평가하고 점검하는 자기 주도적인 학습을 할 수 있게 됩니다. 이 과정을 통해 여러분은 학습 내용에 대해 더 깊이 이해하며 학습 효과를 높일 수 있게 됩니다.

챗GPT, 놀라운 능력의 끝은 어디까지일까요?

챗GPT는 우리에게 도움을 주는 친구이자 선생님으로서 다양한 정보를 제공해 준다는 것을 알게 되었지요? 챗GPT를 경험해 보면서 혹시 부족하다고 느낀 점이 있나요? 챗GPT는 여러분들이 자신만의 탐구 보고서를 구상하거나, 깊은 인상을 남긴 책에 대한 독후감을 쓰거나, 더 나아가 자신만의 독창적인 동화를 창작하는 과정에서 다양한 아이디어를 제공해 줍니다. 앞에서 살펴본 좋은 프롬프트의 조건에 따라 구체적으로 프롬프트를 작성해 봅시다.

⊙ 탐구 보고서 개요 작성하기

	프롬프트 주제 : '학교폭력 예방'을 위한 탐구 보고서 개요 생성하기
목록	작성 내용
역할 부여	당신은 학교폭력 예방 프로그램을 개발하는 '교육 전문가'입니다.
주요 명령	초등학생을 대상으로 한 학교폭력 예방 방안에 대한 탐구 보고서의 개요를 작성해 주세요.
조건	주제에 따른 문제가 무엇인지, 현재 문제점에 대한 예방 방안, 예상되는 효과, 구현 계획으로 구성되어야 합니다.
말투	명확하고 이해하기 쉬운 말투로 작성해 주세요. 학생, 교사와 학부모가 모두 이해할 수 있도록 작성해 주세요.
참고 자료	유니세프(UNICEF)와 같은 국제기구의 학교폭력 예방 규칙, 국내외 학교폭력 예방 프로그램 사례를 참고 자료로 활용해 주세요.

이 프롬프트는 사용자가 학교폭력 예방에 관한 전문적이고 실용적인 보고서 개요를 작성하는 데 도움을 주기 위해 설계되었습니다. 역할 부여를 통해 여러분 또한 자신이 교육 전문가라는 가상의 상황에 몰입하여, 보다 전문적인 시각에서 문제를 접근하게 될 거예요. 그리고 주요 명령에서 요구하는 보고서의 구성은 여러분이 체계적으로 생각을 정리하고, 필요한 정보를 종합적으로 다루도록 이끌어 줄 거예요. 또한 보고서 개요 작성 과정에서 얻은 아이디어를 통해 탐구 보고서 작성뿐만 아니라 학교폭력 예방 프로그램 개발, 학교폭력 예방 캠페인 활동을 할 수도 있겠지요? 참고 자료로 제시된 세계 여러 나라가 함께 만든 규칙이나 성공적인 사례를 통해 믿음이 가는 보고서를 완성할 수 있게 될 것입니다.

⊙ 독후감 작성하기

목록	작성 내용
	프롬프트 주제 : '어린 왕자' 독후감 생성하기
역할 부여	당신은 세상의 아름다움과 인간관계를 소중히 하는 독자입니다.
주요 명령	'어린 왕자'를 읽고 느낀 점과 책에서 얻은 교훈에 대한 독후감을 작성해 주세요.
조건	독후감은 책의 주요 테마인 우정, 사랑, 책임감, 어른과 아이의 세계에 대한 깨달음을 중심으로 구성되어야 합니다.
말투	따뜻하고 진솔한 말투로 자신의 경험과 생각을 표현해 주세요. 독자가 자신의 삶 속에서 '어린 왕자'의 메시지를 어떻게 발견하고 적용했는지를 공유해 주세요.
참고 자료	'어린 왕자'의 주요 인용구, 예를 들어 '가장 중요한 것은 눈에 보이지 않아.'와 같은 문구를 독후감에 포함시키고, 이 문구가 자신의 삶에 어떤 의미를 가지는지 설명해 주세요.

이 프롬프트는 독자가 '어린 왕자'라는 고전 작품을 통해 얻은 깊은 감동과 교훈을 독후감 형식으로 표현하도록 도와줍니다. 역할 부여를 통해 독자는 자신의 내면을 탐색하고, 작품에서 얻은 교훈을 자신의 삶과 연결하여 생각해 볼 수 있습니다. 주요 명령에서 요구하는 독후감의 구성 요소는 독자로 하여금 작품의 핵심 테마에 대해 깊게 탐구하고, 개인적인 경험과 관점을 통해 책의 메시지를 다시 해석하도록 이끕니다. 챗GPT를 활용해 독후감을 작성하며 작품을 통해 느낀 점을 정리하고, 문학 작품이 자신의 삶에 끼친 영향을 되돌아보는 기회를 얻을 수 있습니다.

⊙ 체험 활동 보고서 작성

목록	작성 내용
	프롬프트 주제 : '무안 갯벌 생태 체험' 활동 보고서 생성하기
역할 부여	당신은 생태 보전의 중요성을 깨달은 환경보호 활동가입니다.
주요 명령	'무안 갯벌 생태 체험' 활동에 참여한 후, 그 경험을 바탕으로 한 체험 활동 보고서를 작성해 주세요.
조건	보고서는 체험 활동의 개요, 참여한 활동 내용, 관찰된 생태계 및 생물 종류, 체험을 통해 얻은 교훈, 생태 보전에 대한 제안을 포함해야 합니다.
말투	보고서는 설득력 있고 정보를 제공하는 말투로 작성되어야 하며, 갯벌 생태계의 가치와 보전의 중요성을 강조해야 합니다.
참고 자료	무안 갯벌의 특성, 갯벌에서 발견할 수 있는 주요 생물 종류에 대한 정보, 생태계 보전을 위한 국내외 사례 등을 참고 자료로 활용해 주세요.

이 프롬프트는 '무안 갯벌 생태 체험'에 참여한 후, 그 경험을 통해 생태 보전의 중요성을 더 깊게 이해하고 이를 전달하기 위해 설계되었습니다. 역할 부여를 통해 사용자는 환경보호 활동가의 관점에서 생태계 보전의 중요성을 더욱 강조하는 보고서를 작성하게 됩니다. 주요 명령에서 요구하는 보고서의 내용은 사용자가 체험 활동을 통해 직접 경험하고 관찰한 내용을 바탕으로 합니다. 또, 생태계에 대한 이해와 보전 필요성에 대해 구체적으로 이야기하도록 합니다. 체험 활동 보고서 작성 과정에서 얻은 깨달음은 환경 보호 캠페인이나 발표 자료로 활용될 수 있습니다. 그리고 참고 자료로 제시된 갯벌 생태계의 특성과 보전 사례는 보고서의 내용을 더욱 풍부하고 신뢰성 있게 만들어 줄 것입니다.

⊙ 동화 만들기

프롬프트 주제 : '동물'이 등장하며 '환경 보호'를 주제로 한 동화 생성하기

목록	작성 내용
역할 부여	당신은 자연과 동물을 사랑하는 '동화 작가'입니다.
주요 명령	동물이 주인공으로 등장하고 환경 보호의 중요성을 전달하는 동화를 창작해 주세요.
조건	동화는 주인공 동물이 겪는 모험을 통해 환경 문제를 해결하고, 독자에게 환경 보호의 중요성을 깨닫게 하는 내용을 포함해야 합니다.
말투	동화는 아이들이 이해하기 쉽고, 흥미롭게 느낄 수 있는 따뜻하고 친근한 말투로 작성해 주세요.
참고 자료	실제 환경 문제 사례(예 : 산림 파괴, 바다 오염 등)를 바탕으로 하여, 동화 속에서 동물들이 마주치는 상황을 구상해 보세요. 또한, 환경 보호를 위해 어린이들이 실천할 수 있는 간단한 행동들을 동화의 결말 부분에 포함시켜 주세요.

이 프롬프트는 동화를 통해 어린이들에게 환경 보호의 중요성을 알리기 위해 설계되었습니다. 역할 부여를 통해 사용자는 자연과 동물을 사랑하는 작가의 관점에서 창의적이고 교육적인 이야기를 만들어 냅니다. 주요 명령과 조건에서는 환경 보호를 주제로 한 동화의 기본 틀을 제시하며, 이야기에 깊이와 의미를 더합니다. 동화를 통해 어린이들은 주인공인 동물의 모험을 따라가며 자연스럽게 환경 문제에 대해 배우고, 일상에서 환경을 보호하기 위해 할 수 있는 작은 실천들을 깨닫게 됩니다. 참고 자료로 제시된 실제 환경 문제 사례는 동화의 배경이나 갈등 상황을 설정하는 데 유용하게 사용될 수 있습니다. 그리고 완성된 동화는 다시 챗GPT를 활용해 필요에 따라 수정 및 교정할 수 있습니다.

바로 쓰는 AI_Plus+ 이미지 생성형 인공지능 '캔바(Canva)'

이미지 생성형 인공지능을 사용하여 동화에 어울리는 그림을 생성해 봅시다. 'DALL · E', 'Bing 이미지 크리에이터', '캔바' 등을 통해 이미지를 생성할 수 있는데요. 우리는 이미지를 쉽게 생성할 수 있는 '캔바'를 활용해 보겠습니다.

① 웹사이트 검색 창에서 '캔바'를 검색한 후, 홈(https://www.canva.com) 화면에 접속하여 로그인합니다.
② [Magic Studio] – [Text to Image]를 클릭합니다.
③ [지금 사용해 보기]를 클릭합니다.

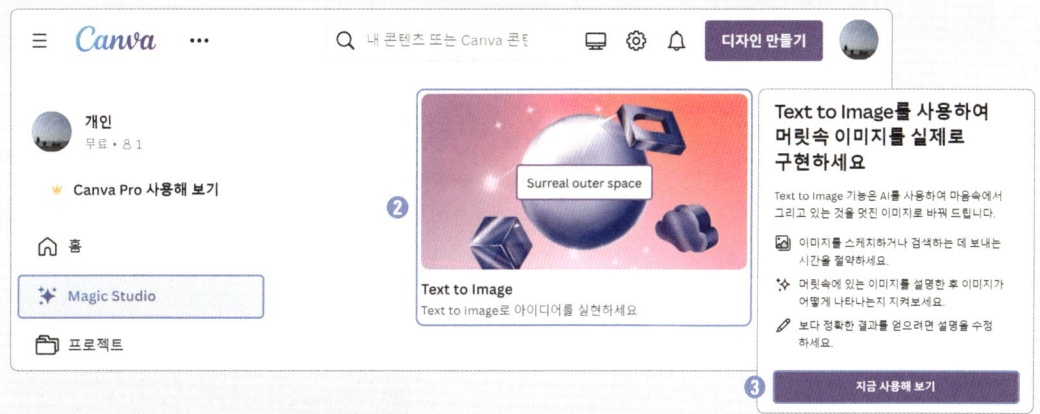

④ 원하는 이미지에 대한 핵심 단어를 입력합니다.
[예 1] 동물, 환경보호, 자연, 따뜻한 느낌, 동화
[예 2] 동물, 환경보호, 자연, 재난, 봄, 여름, 가을, 겨울 슬픈 느낌
[예 3] 산림 파괴로 위기에 처한 숲속 동물들이 환경을 지키기 위해 모험을 떠나는 장면
⑤ [이미지 생성]을 클릭합니다.

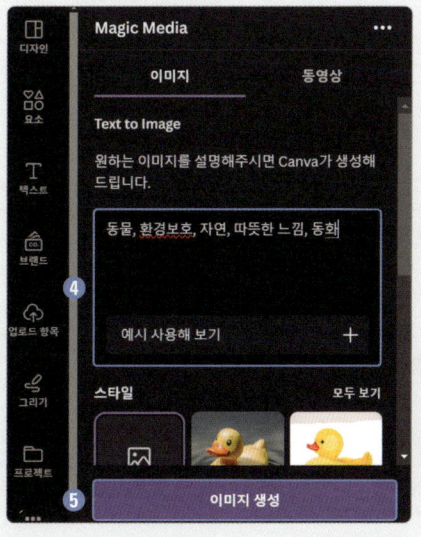
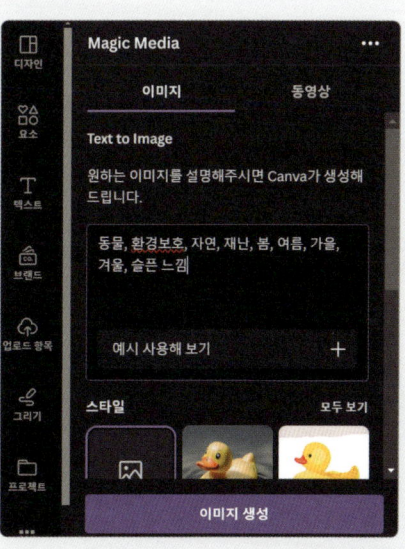

❻ 원했던 이미지 생성 결과를 확인합니다.

[예 1]

[예 2]

[예 3]

❼ [업로드 항목] 카테고리를 클릭하여 생성된 이미지를 확인합니다.
❽ 생성된 이미지에 나타난 더 보기 버튼[…]을 클릭한 후, [다운로드]를 클릭합니다.

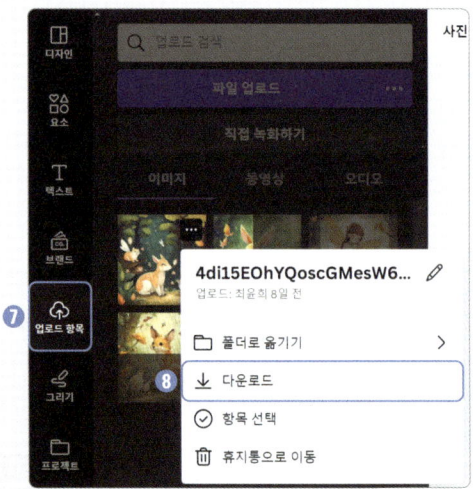

❾ [내 컴퓨터] – [다운로드] 폴더로 이동하여 다운로드한 이미지를 확인합니다.

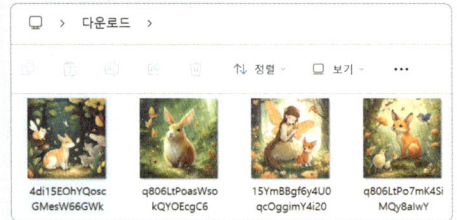

❿ 동화와 어울리는 그림을 선택하여 동화책을 만들어 봅니다.

⊙ 진로 탐색

프롬프트 주제 : 의사와 '직업에 대한 인터뷰' 생성하기	
목록	작성 내용
역할 부여	당신은 경험 많은 의사이며, 나는 의학 분야에 관심 있는 학생입니다.
주요 명령	나는 당신에게 의사의 일상, 직업에서 마주치는 도전, 직업의 보람, 의학 분야의 미래 전망 등에 대해 인터뷰하고 싶습니다.
조건	인터뷰는 실제 의사의 경험을 바탕으로 한 것이어야 하며, 의학 분야에 대한 깊이 있는 깨달음을 제공해야 합니다.
말투	인터뷰 질문에 대한 대답은 전문적이고 친절한 말투로 이루어져야 합니다.
참고 자료	의료계 최신 뉴스, 기존 의사 인터뷰나 기사를 참고하여 인터뷰 질문에 답해 주세요.

이 프롬프트는 학생이 의사라는 직업에 대한 실질적인 이해를 얻는 데 도움을 주며, 진로 탐색 과정에서 중요한 정보를 제공합니다. 인터뷰를 통해 학생은 의학 분야의 다양한 측면을 탐구하고, 자신의 진로에 대해 보다 신중하게 고민할 수 있는 기회를 얻게 됩니다.

🤖 챗GPT로 코딩을 할 수 있다고요?

우리가 앞에서 생성형 인공지능에 대한 기술 및 기능에 대해 자세하게 알아본 이유가 있습니다. 바로 코딩을 할 때에 챗GPT를 능숙하게 사용하고 활용하기 위해서입니다. 인공지능에 대해 충분히 이해하고 인공지능 프로그램을 만들면 더 효과적으로 문제를 해결하고, 창의적인 프로젝트를 개발할 수 있을 것입니다. 우리는 이제 기술의 발전에 따른 새로운 도구들을 '나만의 만들기 작업'에 적용할 준비가 되었습니다.

챗GPT를 활용하여 코딩을 배우고 실행하는 것은 여러 면에서 좋은 점이 있습니다. 학습자는 챗GPT를 통해 코딩에 대한 아이디어를 얻고, 알고리즘을 깊이 있게 이해하며, 코딩의 전 과정을 체계적으로 점검할 수 있습니다. 또한, 챗GPT에 도움을 요청하여 스스로 코딩하는 과정에서 코딩 개념과 알고리즘을 더욱 논리적으로 만들 수 있게 됩니다.

챗GPT에서 자연어로 질문하거나 명령(프롬프트)을 작성하는 과정은 코딩하는 과정과 비슷합니다. 사용자가 원하는 답이나 결과를 얻기 위해서 정확하게 프롬프트를 작성하는 것처럼 코딩할 때에도 컴퓨터가 알아들을 수 있게 정확하게 명령을 전달해야 하는데요. 우리가 평소에 쓰는 말인 자연어를 코딩 언어로 바꿀 때에 챗GPT의 도움을 받을 수 있습니다. 챗GPT는 우리가 하는 말을 이해하고, 이것을 코딩 언어로 바꾸어 줄 수 있기 때문에 어렵지 않게 두 언어의 차이를 좁힐 수 있습니다. 즉, 사람의 말로 설명한 코딩 문제를 챗GPT가 코딩 언어로 설명해 줄 수 있습니다. 이를 통해 우리 말과 코딩 언어가 어떻게 연결되는지 알게 되어, 코딩을 더 잘 이해할 수 있게 될 것입니다.

결국, 코딩을 처음 배우는 사람들이 챗GPT와 같은 인공지능을 활용하는 것은 매우 큰 도움이 됩니다. 사람의 언어와 코딩 언어 사이에 챗GPT가 다리를 놓아 연결시켜 주기 때문에 분명 코딩 실력을 스스로 늘리는 데 큰 도움이 될 것입니다.

 바로 쓰는 AI_용어　　코딩의 기본 개념어　　🔍

코딩은 컴퓨터가 알아들을 수 있는 언어로 명령어를 작성하고 실행하는 과정입니다.
- **명령어** : 컴퓨터가 수행해야 하는 특정 작업을 알려 주는 명령입니다.
- **알고리즘** : 문제를 해결하기 위한 명확하고 효율적인 단계별 절차입니다.
- **변수** : 데이터를 저장하고 참조하기 위한 이름이 붙은 저장 공간입니다.
- **조건문** : 특정 조건에 따라 다른 작업을 수행하도록 하는 명령입니다.
- **반복문** : 같은 작업을 반복적으로 수행하도록 하는 명령입니다.

자, 이제 챗GPT와 함께 인공지능 프로그래밍 할 준비가 됐나요? 그렇다면 '엔트리'를 만나러 가 봅시다!

'엔트리'를 소개합니다

엔트리(entry)는 프로그래밍을 처음 경험하는 사람들이 좀 더 쉽게 학습할 수 있도록 개발된 블록형 프로그래밍 언어입니다. 이와 같은 언어는 텍스트형 프로그래밍 언어보다 이해하기 쉬워 널리 사용되고 있습니다. 엔트리는 가입하지 않아도 누구나 무료로 이용할 수 있지만, 엔트리의 다양한 기능을 사용하며 즐겁게 코딩하기 위해서는 회원가입을 하는 것이 좋습니다.

즐겁게 코딩하기 위해 엔트리에 가입해요

1. 웹사이트에서 '엔트리(https://playentry.org/)'를 검색하여 접속합니다.
2. 오른쪽 상단의 [로그인] 버튼을 클릭합니다.

3. [회원가입] 버튼을 눌러 가입합니다. 이미 계정이 있다면 로그인을 합니다.
    * 14세 미만은 보호자 휴대전화 인증이 필수입니다.

4 이용 약관에 동의하고 **[아이디로 회원가입]**을 클릭합니다. 네이버, 웨일 스페이스 아이디로도 가입할 수 있습니다.

5 원하는 아이디와 비밀번호를 입력하고 **[다음]**을 클릭합니다.

6 필수 회원정보인 '회원 유형', '성별', '닉네임', '출생연도'를 입력한 후, **[확인]**을 클릭합니다. 이메일 주소는 필수 입력 사항이 아니지만, 비밀번호를 잊어버렸을 경우 이메일로 비밀번호를 찾을 수 있기 때문에 입력하는 것이 좋습니다.

 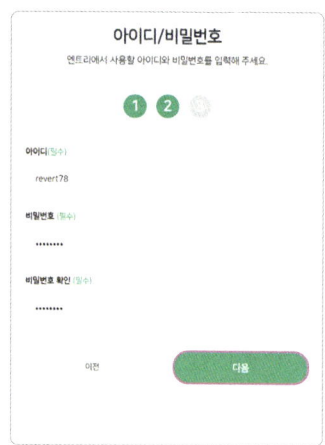 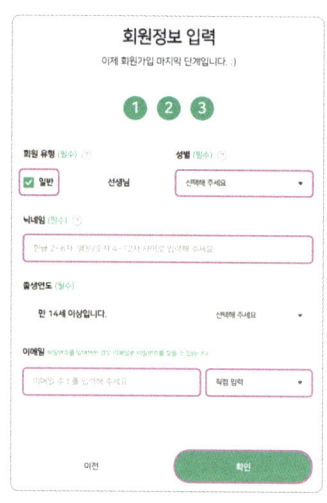

 바로 쓰는 AI_ TIP   엔트리 오프라인 프로그램

엔트리는 누구나 자유롭게 다운로드하여 사용할 수 있습니다.

① [다운로드] – [엔트리 오프라인 프로그램]에서 자신의 컴퓨터 버전에 맞는 프로그램을 선택하여 다운로드합니다.

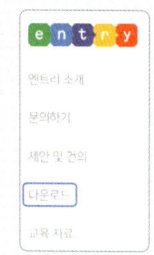 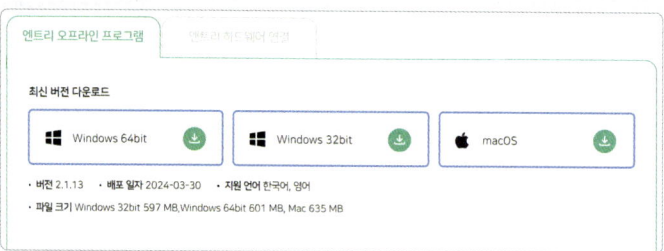

② 버전별 정보를 확인한 후 다운로드할 수도 있습니다.

엔트리 홈페이지와 화면 구성을 살펴보아요

1. 생성된 아이디와 비밀번호로 로그인을 한 후, 메뉴를 살펴봅니다.

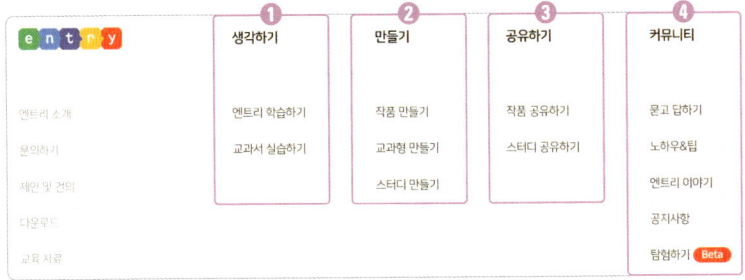

① **생각하기**
  - 엔트리 학습하기 : 다양한 미션과 예제를 통한 기본 학습을 할 수 있습니다.
  - 교과서 실습하기 : 실과 교과서의 예제 학습을 할 수 있습니다.
② **만들기** : 자신만의 엔트리 작품을 만들 수 있습니다. 엔트리의 모든 명령 블록과 기능을 이용하기 위해서는 **[작품 만들기]**를 선택하는 것이 좋습니다.
③ **공유하기** : 자신이 만든 작품과 강의 자료를 공유할 수 있습니다.
④ **커뮤니티** : 엔트리 사용자들의 커뮤니티로 다양한 의견 공유가 가능합니다.

2. [만들기] – [작품 만들기]를 선택한 후, 엔트리의 기본 화면 구성의 기능을 알아봅시다.

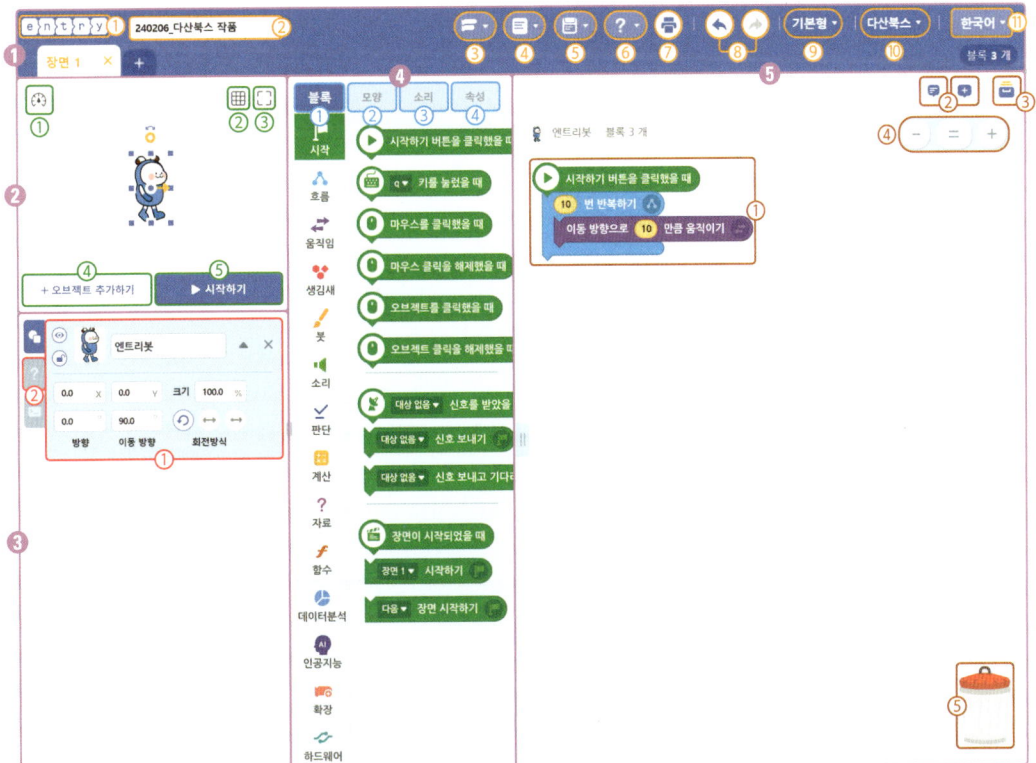

❶ 상단

① 엔트리 로고 : 엔트리 로고를 클릭하면 **[엔트리 홈]**, **[작품 상세 페이지]** 선택 메뉴가 나타납니다.
② 작품 이름 : 기본적으로 '날짜'와 'ID'가 표시되며, 클릭하여 수정할 수 있습니다.
③ 만들기 모드 : '블록 코딩'과 '엔트리 파이썬' 모드로 변경할 수 있습니다.
④ 새로 만들기/불러오기 : 작품을 새로 만들거나 저장한 작품을 불러옵니다.
⑤ 저장하기 : 작품을 '나의 작품(온라인 서버)' 또는 '내 컴퓨터'에 저장합니다. '나의 작품'에 저장하기는 로그인을 해야 사용이 가능합니다.
⑥ 도움말 : 도움말을 클릭하면 **[블록 도움말]**, **[엔트리 위키]** 선택 메뉴가 나타납니다. **[블록 도움말]**을 클릭하면 보조 창에서 도움말 탭으로 이동하고, **[엔트리 위키]**를 클릭하면 지금 보고 있는 '사용자 위키' 페이지가 새 창에서 열립니다.
⑦ 출력하기 : 실행 화면과 모든 오브젝트, 코드, 속성(변수, 리스트, 신호, 함수)을 정리해서 볼 수 있습니다.
⑧ 되돌리기/되살리기 : 대부분의 작업을 이전으로 되돌리거나 이후로 되살립니다. 왼쪽 버튼을 누르면 되돌리고, 오른쪽 버튼을 누르면 되살립니다.
⑨ 기본형/교과형 : 교과형은 실과 수업에서 활용하기에 적합한 만들기 형태입니다.
⑩ 로그인 메뉴 : 계정을 관리하는 메뉴입니다.
   *계정 관리 메뉴를 이용하기 전에 만든 작품을 저장하도록 합니다. 저장하지 않을 경우, 작품이 사라집니다.
⑪ 언어 : 언어를 클릭하면 **[한국어]**, **[영어]** 선택 메뉴가 나타납니다. 만들기 화면에서 언어를 변경할 수 있습니다.

❷ 실행 화면

① 속도 조절 : 작품의 실행 속도를 '1~5' 범위에서 조절할 수 있습니다.

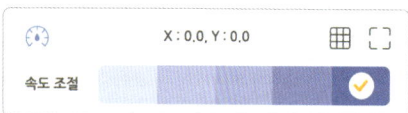

② 모눈종이 : 실행 화면에 눈금 좌표계가 나타납니다. 오브젝트의 위치를 파악하기에 좋습니다.
   *실행화면 위치값은 x축(가로축) 방향으로 '-240~240', y축(세로축) 방향으로 '-135~135'로 이루어져 있습니다.
③ 크게 보기 : 실행 화면을 크게 볼 수 있습니다.
④ 오브젝트 추가하기 : 새로운 오브젝트를 추가할 수 있습니다. 캐릭터, 배경, 글상자를 추가할 수 있고, 이미지 파일을 올리거나 그릴 수 있습니다.
⑤ 시작하기 : 작품을 실행할 수 있습니다.

❸ 보조 창

① 오브젝트 목록 탭 : 선택한 장면에서 오브젝트를 추가하거나 관리하는 영역으로 오브젝트에 대한 다양한 정보(X, Y 좌표 값, 크기, 방향, 이동 방향 및 회전 방식)를 나타냅니다.

② **도움말 탭** : 블록 꾸러미나 블록 조립소에 있는 블록을 선택하면 해당 블록의 설명이 나타나는 영역입니다.

❹ **블록 꾸러미**
① **블록 탭** : 오브젝트의 '동작'에 대한 정보를 담고 있는 다양한 명령어 블록이 있는 곳입니다. 시작, 흐름, 움직임 등 12개 카테고리에 160여 개의 블록들이 있습니다.
② **모양 탭** : 오브젝트의 '모양'에 대한 정보를 담고 있는 다양한 명령어 블록이 있는 곳입니다. 오브젝트의 모양을 추가하거나 이름을 수정하고 복제하는 등의 작업을 할 수 있습니다.
③ **소리 탭** : 오브젝트의 '소리'에 대한 정보를 담고 있는 다양한 명령어 블록이 있는 곳입니다. 새롭게 소리를 추가할 수도 있고, 이미 추가된 소리는 재생 버튼을 이용해서 바로 들어볼 수도 있습니다.
④ **속성 탭** : 오브젝트의 '활용 값'에 대한 정보가 담겨 있는 곳으로, 코드에 관여하는 변수나 신호, 리스트, 함수를 추가할 수 있습니다.

❺ **블록 조립소**
① **블록 조립** : '블록 꾸러미'에서 옮긴 블록을 자유롭게 배치하고 조립할 수 있습니다.
② **메모 기능** : 메모를 추가할 수 있습니다. 메모는 다른 사람에게 블록을 설명하거나 나중에 다시 확인할 때 유용합니다.
③ **나의 보관함** : 블록이나 오브젝트를 저장해 두었다가 언제든지 편리하게 사용할 수 있습니다.
④ **블록 크기 조절** : 블록을 크거나 작게 할 수 있습니다. 표준 크기는 100%이고, 60%~200% 사이로 조절할 수 있습니다.
⑤ **휴지통** : 필요 없는 코드를 휴지통으로 드래그하면, 코드를 삭제할 수 있습니다.

 바로 쓰는 AI_ TIP　　**코드 삭제하는 방법**

코드를 삭제하는 방법에는 몇 가지가 있습니다. 편리한 방식으로 삭제해 봅니다.
❶ 코드 위에서 마우스 오른쪽 버튼을 누르거나 키보드의 Delete 키를 눌러 삭제할 수 있습니다.
❷ 블록을 블록 꾸러미 위로 끌어다 놓는 방식으로 삭제할 수 있습니다.
* '엔트리 위키(https://docs.playentry.org/user/)'를 통해 보다 자세한 사용 설명을 안내받을 수 있습니다.

3 오브젝트 기능 알아보기

① **방향 핸들** : 오브젝트의 '방향'을 조절합니다.
② **셀렉트 박스** : 오브젝트의 '크기'를 조절합니다.
③ **중심점** : 오브젝트가 이동하는 기준이 되는 속성 좌표입니다.
④ **이동 방향** : 화살표가 가리키는 방향으로 오브젝트가 이동하도록 조절합니다.
⑤ **보이기/숨기기, 잠금/해제** : 오브젝트를 잠그거나 보이지 않게 할 수 있으며, 아이콘을 한 번 더 눌러 이를 '해제'할 수 있습니다.
⑥ **오브젝트 이름** : 오브젝트의 이름을 나타내며 클릭하여 수정할 수 있습니다.
⑦ **오브젝트 위치** : 실행화면에 보이는 오브젝트의 위치를 나타냅니다. X(좌표)는 중심점의 가로(축), Y(좌표)는 세로(축) 위치입니다.
⑧ **방향** : 오브젝트가 기울어진 정도를 의미합니다. 0°~360° 범위에서 조절할 수 있습니다.
⑨ **이동 방향** : 오브젝트의 방향에 대해 상대적인 진행 방향을 의미합니다. 0°~360° 범위에서 조절할 수 있습니다.
⑩ **크기** : 오브젝트의 크기입니다. 오브젝트의 기본 크기는 '100'이고, 배경 오브젝트의 기본 크기는 '375'이며 '1'보다 작아질 수 없습니다.
⑪ **회전 방식** : 오브젝트의 회전 방식을 설정할 수 있습니다.

드디어, '챗GPT'가 '엔트리'를 만났어요

나만의 '코딩 쌤 챗GPT'와 함께 코딩해요

챗GPT와 함께라면 코딩도 어렵지 않습니다. 챗GPT에게 프로그래밍 전문가의 역할을 주고 여러분이 만들고 싶은 프로그램을 설명하면, 만드는 방법을 자세하게 안내해 줄 것입니다. 만약, 챗GPT가 프로그램을 만드는 절차와 방법을 간단하게 소개했다면, 궁금한 내용을 세세하게 작성하여 추가 질문을 해 봅니다. 그러면 해당 프로그램을 코딩하는 방법을 자세하게 설명할 것입니다. 챗GPT가 설명한 대로 따라서 만들면 엔트리 프로그램을 쉽게 완성할 수 있습니다. 그럼, 챗GPT의 도움을 받아 쉽고 간단하게 게임을 만들어 볼까요?

♦ 유의사항!

- 챗GPT는 생성형 인공지능으로 질문에 따라 다양한 응답이 가능하여 같은 질문을 하더라도 다르게 응답할 수 있습니다. 원하는 답이 나올 때까지 다시 질문을 이어가세요!
- 챗GPT에게 엔트리 프로그래밍에 대한 질문을 했는데 스크래치에서 사용하는 용어나 기능에 대한 응답이 나올 수도 있어요! 비슷한 프로그램으로 핵심적인 기능과 의미는 같으나, 용어의 차이가 있으니 이 점 참고해 주세요!
- 이 책에서는 엔트리 프로그램에 맞게 블록 이름을 나란히 표기하는 방식으로 편집했음을 알려 드려요.

챗GPT가 가르쳐 준 코딩 따라 만들기

챗GPT에 자신이 계획한 코딩에 대해 도움을 요청해 볼까요? 다음과 같은 예시 프롬프트 참고해서 여러분도 한번 작성해 보세요.

❶ 역할 부여와 자기소개

당신은 엔트리 프로그램을 잘 다루는 프로그래밍 전문가입니다. 저는 엔트리 사용이 익숙하지 않은 초보 사용자입니다. 저의 엔트리 프로그래밍 선생님이 되어 주세요.

물론이에요! 엔트리 프로그래밍을 배우고 싶은 초보 사용자를 위해 저는 여러분의 친절한 선생님이 되어 드리겠습니다. 우리의 코딩 여행을 함께 시작해 볼까요?

엔트리로 재미있는 게임을 만들고 싶어요. 쉽고 간단하게 만들 수 있는 게임을 추천해 주세요.

엔트리에서 쉽게 만들 수 있는 게임으로는 다음과 같은 종류가 있습니다.

1. **공 튀기기 게임** : 패들을 좌우로 움직여서 공을 튕겨 내는 게임입니다. 공이 화면 아래로 떨어지지 않게 유지하는 것이 목표입니다.
2. **메이즈 게임** : 미로를 탈출하는 게임으로, 캐릭터를 조종하여 출발점에서 도착점까지 이동시키는 것이 목적입니다.
3. **점프 게임** : 캐릭터가 계속해서 전진하면서, 적절한 타이밍에 점프를 해서 장애물을 피해야 하는 게임입니다. 처음 시작할 때는 가장 기본적인 형태의 게임을 만들고, 점차 추가 기능을 넣어서 게임을 발전시켜 보세요.

❷ 게임 기획하기

메이즈(미로) 탈출 게임을 만들고 싶어요. 만드는 방법(알고리즘)을 표로 정리해서 알려 주세요.

엔트리에서 기본적인 메이즈 게임을 만드는 방법에 대해 단계별로 설명해 드리겠습니다.

단계	작업 내용	상세 설명
❶ 게임 기획	게임의 목표와 룰 설정	미로의 구조, 게임 목표, 장애물, 특수 아이템 등을 결정합니다.
❷ 배경 제작	미로 배경 추가 및 디자인	엔트리의 배경 그리기 기능을 사용하거나 이미지를 업로드해 미로 배경을 설정합니다.
❸ 오브젝트 추가	캐릭터 추가	미로를 탐험할 캐릭터(오브젝트)를 선택하거나 직접 그립니다.
❹ 캐릭터 이동 코딩	이동 코드 작성	캐릭터가 키보드 방향키에 반응하여 이동하도록 코드를 작성합니다.
❺ 미로벽과 상호 작용 설정	충돌 감지 및 반응	캐릭터가 벽에 부딪히면 멈추거나 출발점으로 돌아가는 코드를 추가합니다.
❻ 도착점 설정	게임 종료 조건 설정	미로의 도착점을 설정하고, 캐릭터가 도착했을 때 게임이 끝나도록 코딩합니다.
❼ 테스트 및 개선	게임 플레이 테스트	게임을 여러 번 플레이해 보며 문제점을 찾고 개선합니다.
❽ 공유 및 피드백	게임 공유 및 피드백 수집	게임을 엔트리 커뮤니티에 공유하고, 사용자들의 피드백을 받습니다.

❸ '미로' 배경 오브젝트 추가하기

엔트리 화면에 '미로' 배경을 추가하는 방법을 알려 주세요.

네, 엔트리에서 배경을 추가하는 방법을 설명해 드리겠습니다.

1. 엔트리 웹사이트에 접속하여 [만들기] – [작품 만들기]를 클릭합니다.
2. 엔트리 실행화면 아래 [오브젝트 추가하기] 버튼을 클릭합니다.
3. [오브젝트 선택] 탭에서 엔트리가 제공하는 배경 중 '미로'에 알맞은 배경을 선택하거나, [파일 올리기] 탭을 클릭하여 내 컴퓨터에 저장된 미로 이미지를 업로드합니다. 또는 [새로 그리기] 버튼을 클릭하여 직접 미로 배경을 그립니다.

● 챗GPT 따라 바로 만들기 — '미로' 배경 오브젝트 추가하기

❶ [작품 만들기] 클릭하기

❷ [+ 오브젝트 추가하기] 클릭하기

❸ '미로(1)' 배경 오브젝트 추가하기

❹ 추가된 오브젝트 확인하기

❹ '엔트리봇' 오브젝트 삭제하기

 엔트리 화면에 있는 엔트리봇 오브젝트를 삭제하고 싶어요.

1. 엔트리 실행화면에서 엔트리봇 오브젝트를 클릭합니다.
2. 실행화면 아래 오브젝트 목록창에서 '×'를 클릭하여 엔트리봇 오브젝트를 삭제합니다.

● 챗GPT 따라 만들기 — '엔트리봇' 오브젝트 삭제하기

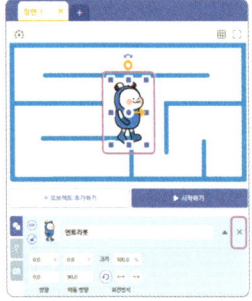
❶ 엔트리봇 선택 후, 목록 창에서 삭제하기

❷ 삭제된 오브젝트 확인하기

❺ '꿀벌' 오브젝트 추가하고 위치 옮기기

 '꿀벌' 오브젝트를 추가하고 출발점으로 옮기고 싶어요.

1. 엔트리 실행화면 아래 [+ 오브젝트 추가하기] 버튼을 클릭합니다.
2. [오브젝트 선택] 탭에서 '꿀벌'을 찾아 선택합니다. 그리고 오른쪽 위의 [추가하기] 버튼을 클릭합니다.
3. '꿀벌' 오브젝트를 '미로' 배경 위 출발점에 배치하고, 크기를 조정합니다.

◉ 챗GPT 따라 만들기   '꿀벌' 오브젝트 추가하고 위치 옮기기

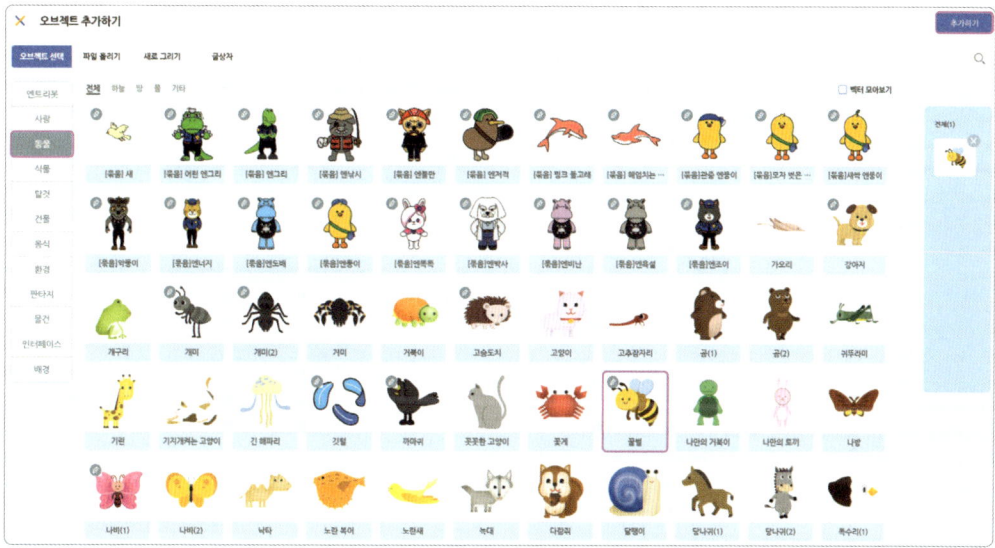

❶ '꿀벌' 오브젝트 추가하기

❷ '꿀벌'을 출발점으로 이동시키고, 미로 선에 닿지 않게 크기 줄이기

PART 01. 바로 인공지능 이해하기 _053

❻ 방향키로 '꿀벌' 오브젝트 이동시키기

'꿀벌'을 직접 조종해서 위, 아래, 오른쪽, 왼쪽으로 이동시키려면 어떻게 해야 할까요?

1. 엔트리 화면에서 조종하려는 '꿀벌' 오브젝트를 클릭합니다.
2. 꿀벌 오브젝트를 선택한 상태에서 [블록] 탭의 [시작]을 클릭합니다.
3. [키보드 O 키를 눌렀을 때] 블록을 네 번 드래그하여 코드 작성 화면으로 가져옵니다.
4. [키보드 O 키를 눌렀을 때] 블록을 각각 '위', '아래', '왼쪽', '오른쪽' 키에 해당하도록 설정합니다.

◯ 챗GPT 따라 만들기 　　　　방향키로 '꿀벌' 오브젝트 이동시키기

❶ '꿀벌' 오브젝트 선택하기

❷ [시작] 선택하기

❸ [키보드 O 키를 눌렀을 때] 블록 추가하기

❹ 위쪽, 아래쪽, 오른쪽, 왼쪽 키에 해당하도록 설정하기

❼ '꿀벌' 오브젝트 속도 설정하기

'꿀벌'이 움직이는 속도도 정할 수 있나요?

[움직임] 카테고리에서 [x 좌표 바꾸기]와 [y 좌표 바꾸기] 블록을 각 방향키 블록에 연결합니다. 이동하는 거리(좌표를 바꾸는 값)는 꿀벌의 이동 속도와 거리를 결정합니다. 게임의 난이도에 맞게 조절합니다.

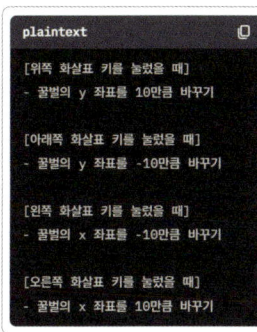

[위쪽 화살표 키를 눌렀을 때] 블록에는 ['y' 좌표를 '10'만큼 바꾸기] 블록을,

[아래쪽 화살표 키를 눌렀을 때] 블록에는 ['y' 좌표를 '-10'만큼 바꾸기] 블록을,

[왼쪽 화살표 키를 눌렀을 때] 블록에는 ['x' 좌표를 '-10'만큼 바꾸기] 블록을,

[오른쪽 화살표 키를 눌렀을 때] 블록에는 ['x' 좌표를 '10'만큼 바꾸기] 블록을 연결합니다.

프로그램을 실행하여 화살표 키를 눌렀을 때 꿀벌이 원하는 방향으로 움직이는지 확인합니다.

⭕ 챗GPT 따라 만들기   '꿀벌' 오브젝트 속도 설정하기

❶ [움직임] 카테고리 선택하기

❷ 각 방향키 블록에 [좌표를 O 만큼 바꾸기] 블록을 연결하기

❽ 엔트리 실행화면의 X, Y 좌표 알아보기

엔트리 실행화면에 적혀 있는 'X' 좌표와 'Y' 좌표에 대해 알고 싶어요.

엔트리에서 실행화면에 적혀 있는 'X' 좌표와 'Y' 좌표는 오브젝트가 무대(화면) 위에서 위치할 수 있는 가상의 공간을 나타내는 좌표계입니다.

X 좌표	Y 좌표
• 무대의 가로 위치를 나타냅니다. • 무대의 중앙이 'X=0'으로 설정되며, '오른쪽'으로 갈수록 '양(+)'의 값으로, '왼쪽'으로 갈수록 '음(-)'의 값으로 증가합니다. • 'X=100'은 무대 중앙에서 '오른쪽'으로 '100'만큼 떨어진 위치를 나타내고, 'X=-100'은 무대 중앙에서 왼쪽으로 '100'만큼 떨어진 위치를 나타냅니다.	• 무대의 세로 위치를 나타냅니다. • 무대의 중앙이 'Y=0'으로 설정되며, '위쪽'으로 갈수록 '양(+)'의 값으로, '아래쪽'으로 갈수록 '음(-)'의 값으로 증가합니다. • 'Y=100'은 무대 중앙에서 '위쪽'으로 '100'만큼 떨어진 위치를 나타내고, 'Y=-100'은 무대 중앙에서 '아래쪽'으로 '100'만큼 떨어진 위치를 나타냅니다.

엔트리 작품을 만들 때 'X' 좌표와 'Y' 좌표를 꼭 알아야 하나요?

엔트리의 좌표계는 프로그래밍을 통해 오브젝트의 위치를 제어하는 데 필수적인 요소입니다. 이 좌표계를 사용함으로써 프로그래머는 오브젝트가 무대 위에서 어디에 위치해야 하는지, 어디로 이동해야 하는지를 정확하게 지정할 수 있습니다. 또한, 오브젝트의 이동 경로, 충돌 감지, 애니메이션 구현 등 다양한 동작을 코딩할 때 기준점으로 활용되기 때문에 반드시 알아야 됩니다.

❾ '꿀벌' 오브젝트 위치 정하기

'꿀벌'의 출발 위치를 정해 주고 싶어요.

1. '꿀벌' 오브젝트를 '미로' 배경 위 출발점으로 이동시키고 좌표를 파악합니다.
2. 출발점 좌표는 [오브젝트 목록] – ['꿀벌' 오브젝트] – [X, Y 좌표 값]에서 확인할 수 있습니다.
3. '꿀벌'이 항상 출발점에서 시작하도록 [시작하기 버튼을 클릭했을 때] 블록에 [x : 0 y : 0 좌표 위치로 이동하기] 블록을 추가합니다.

▶ 챗GPT 따라 만들기   '꿀벌' 오브젝트 위치 정하기

❶ 출발점의 X, Y 좌표 값 확인하기

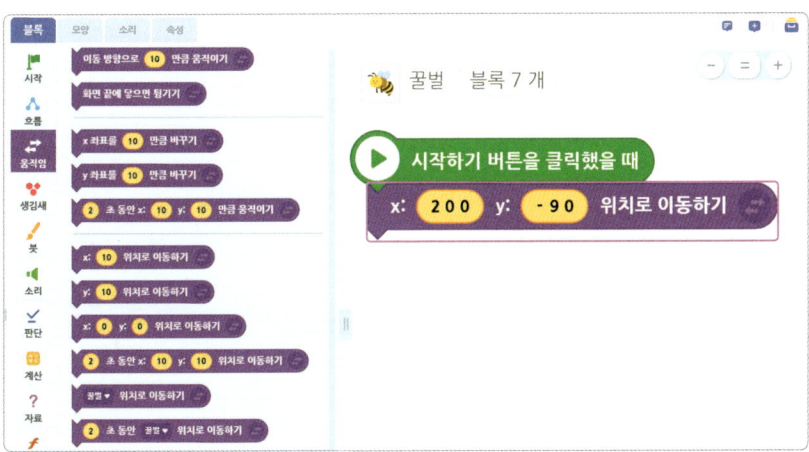

❷ 좌표 값을 활용해 출발 위치로 이동하기

⑩ '미로' 벽과 상호 작용 설정하기

 '꿀벌'이 '미로'를 통과하다가 벽에 부딪혔을 때 출발점으로 돌아가도록 하려면 어떻게 해야 할까요?

1. '꿀벌' 오브젝트가 '미로' 벽에 닿았을 경우 출발점으로 위치를 이동시킵니다.
2. [흐름] 카테고리에서 [만약 (참) 이라면] 블록과 [판단] 카테고리에서 《(마우스 포인터) 에 닿았는가?》 블록을 작업 화면으로 가져옵니다.
3. [판단] 카테고리에서 '(미로) 에 닿았는가?' 블록을 〈만약 (참) 이라면〉 블록의 '(참)' 위치에 넣어 연결합니다.
4. 이 블록을 [계속 반복하기] 블록 안에 넣어서 '꿀벌' 오브젝트가 미로에 닿았는지 계속해서 확인하게 합니다.
5. [만약 〈미로에 닿았는가?〉 (이)라면] 블록에 '꿀벌'의 위치를 출발점으로 보내는 [x 좌표와 y 좌표 위치로 이동하기] 블록을 연결합니다.

◯ 챗GPT 따라 만들기	'미로' 벽과 상호 작용 설정하기

❶ '미로' 벽에 닿았을 때 조건 추가하기

❷ '미로' 벽에 닿으면 출발점 위치로 다시 이동하기

⑪ 도착 지점 위치 설정하기

 도착 지점에 '꿀단지' 오브젝트를 추가하고 싶어요.

 엔트리 실행화면 아래 [+ 오브젝트 추가하기] 버튼을 클릭합니다. '꿀단지' 이미지를 선택하거나, 직접 그리기 기능을 사용해 꿀단지를 그린 후 추가합니다. '꿀단지' 오브젝트를 미로 안의 도착 지점에 배치합니다. 이 위치는 '꿀벌'이 도착해야 하는 목표 지점입니다.

● 챗GPT 따라 만들기	도착 지점 위치 설정하기

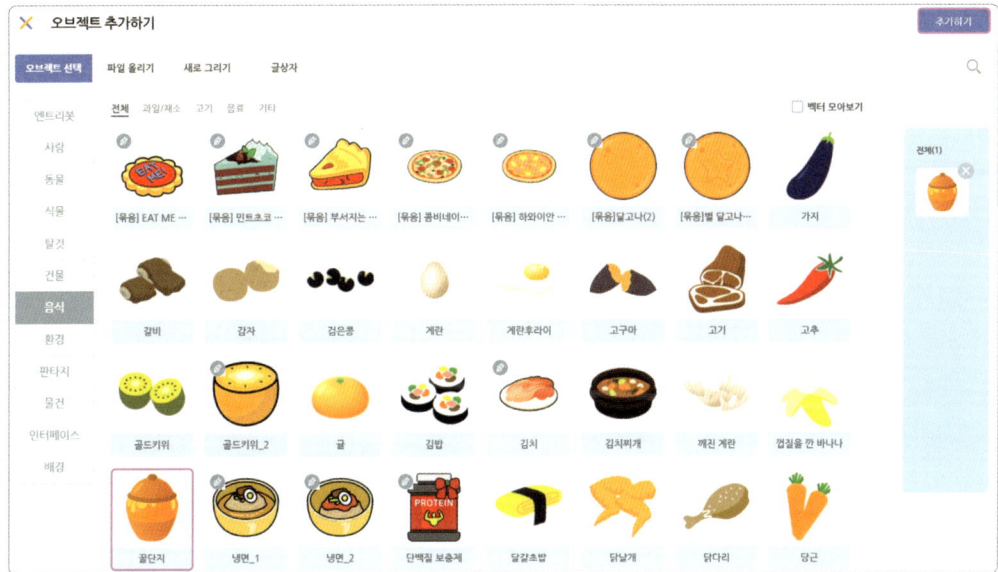

❶ '꿀단지' 오브젝트 추가하기

❷ '꿀단지' 오브젝트의 크기를 알맞게 조절하고 도착점으로 옮기기

⑫ '꿀단지'와 상호 작용 설정하기

 '꿀벌'이 도착 지점에 있는 '꿀단지'에 닿으면 게임을 종료하고 싶은데 어떻게 하면 좋을까요?

1. '꿀벌' 오브젝트의 코드에 '꿀벌'이 '꿀단지' 오브젝트에 닿았을 때의 동작을 추가합니다.
2. [판단] 카테고리의 〈(꿀단지) 에 닿았는가?〉 블록을 〈만약 (참) 이라면〉 블록의 '(참)' 위치에 넣어 꿀벌이 꿀단지에 닿았는지 감지합니다. 이 블록을 [계속 반복하기] 블록 안에 넣어서 '꿀벌'이 '꿀단지'에 닿았는지 계속해서 확인하게 합니다.
3. '꿀벌'이 도착점에 있는 '꿀단지' 오브젝트에 닿았을 때 [생김새] 카테고리에서 [말하기] 블록을 사용하여 축하 메시지를 표시하고 [시작] 카테고리의 [코드 멈추기(모든 코드 멈추기)] 블록을 사용하여 프로그램을 종료합니다.

● 챗GPT 따라 만들기 　　　　　　　　'꿀단지'와 상호 작용 설정하기

❶ '꿀단지'에 닿았을 때 조건 추가하기　　　❷ '꿀단지' 오브젝트에 닿았는지 계속 감지하기

❸ '꿀단지'에 닿았을 때 축하 메시지 나타내고 종료하기　　　❹ 게임 실행해 보기

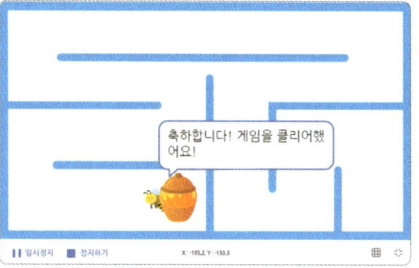

⓭ 테스트 및 수정하기

 게임을 완성했어요! 그다음에는 무엇을 하면 좋을까요?

 게임을 플레이해 보며 오류가 없는지, 의도한 대로 작동하는지 확인합니다. 필요한 경우 게임의 난이도를 조절하거나 추가적인 기능을 개선합니다. 점검이 끝난 후 저장을 합니다.

◎ 완성 예제 살펴보기   QR 코드를 스캔하여 게임 실행해 보기

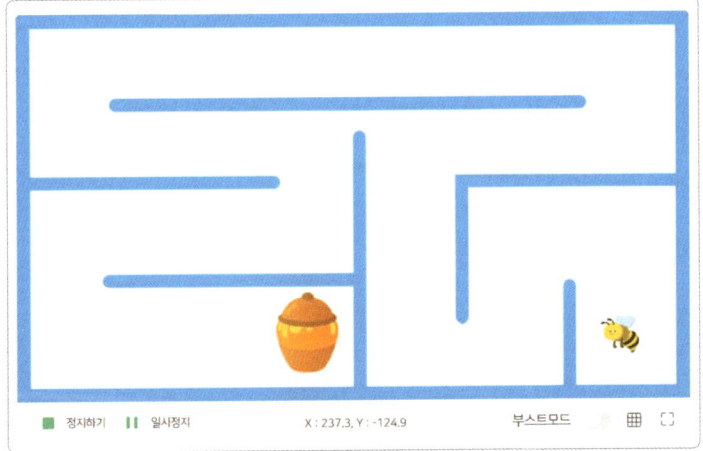

❶ 오류가 없는지 점검하기

*스마트폰으로는 방향키를 사용할 수 없으므로 게임을 실행할 수 없습니다.

https://naver.me/FTqlGKP3

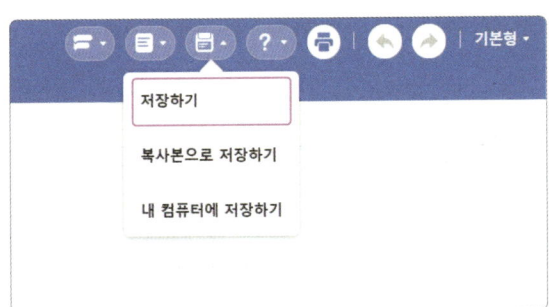

❷ 완성 작품 저장하기

❸ [마이 페이지]에서 저장된 작품 확인하기

🤖 완성된 코딩 작품을 공유해요

❶ 작품 공유하기

 엔트리로 만든 작품을 어떻게 공유할 수 있나요?

1. 엔트리 플랫폼에는 '공유하기' 메뉴가 있어요. 작품을 완성한 후 [작품 공유하기] 버튼을 클릭하면, 엔트리 커뮤니티에 작품을 업로드하여 다른 사용자들과 공유할 수 있습니다.
2. 이곳에서는 다른 사람들이 만든 작품도 볼 수 있고, 댓글을 통해 피드백을 주고받을 수도 있습니다.

▶ 챗GPT 따라 공유하기   작품 공유하기

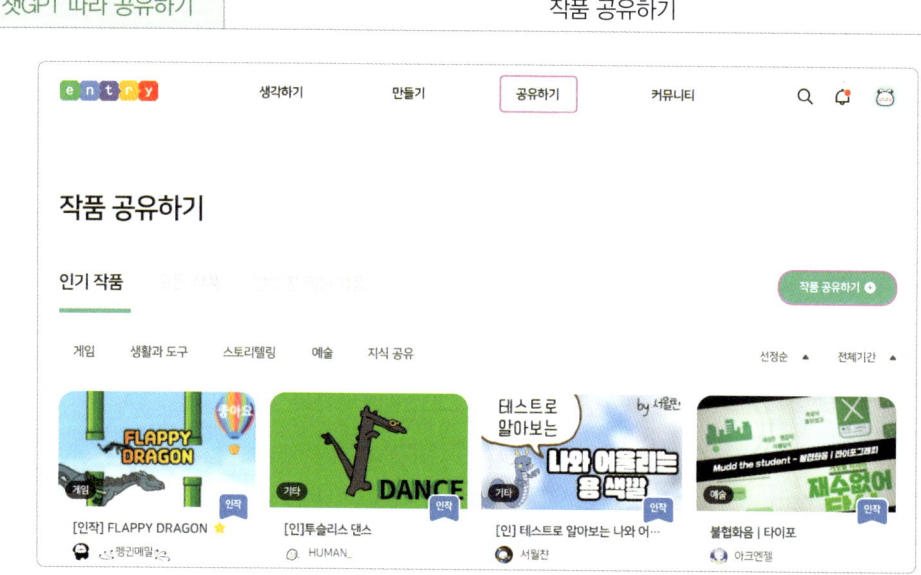

❶ [작품 공유하기] 버튼을 클릭하기

❷ 공유할 작품 선택한 후, [다음] 클릭하기

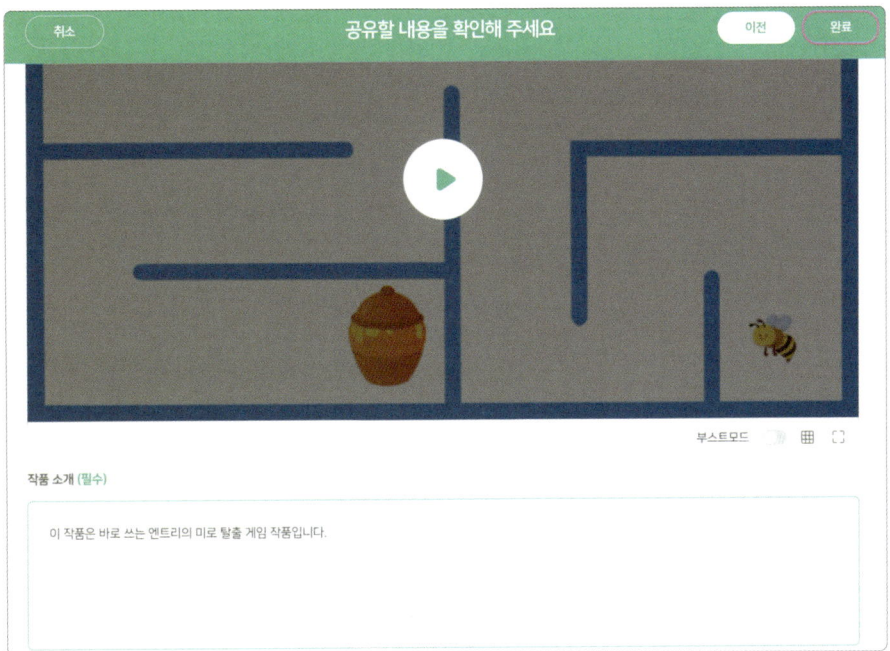

❸ 공유할 내용을 확인하고, 작품 소개를 입력한 후 저작권 정책에 동의하고 [완료] 클릭하기

❹ [닫기]를 클릭한 후, 다른 친구 작품 확인하기

❷ 온라인 주소로 작품 공유하기

 온라인 주소로 작품을 공유하려면 어떻게 해야 하나요?

 엔트리 [마이 페이지]에 접속하면 내가 만든 작품이 저장되어 있습니다. 작품을 완성하고 나면 고유한 URL이 생성됩니다. 이 링크를 복사하여 소셜 미디어, 블로그, 웹사이트 등에 붙여 넣어 다른 사람들과 공유할 수 있습니다. 이렇게 하면 다른 사람들이 링크를 클릭해 바로 작품을 볼 수 있습니다.

▶ 챗GPT 따라 공유하기　　　　　온라인 주소로 작품 공유하기

❶ [마이 페이지] 접속하기

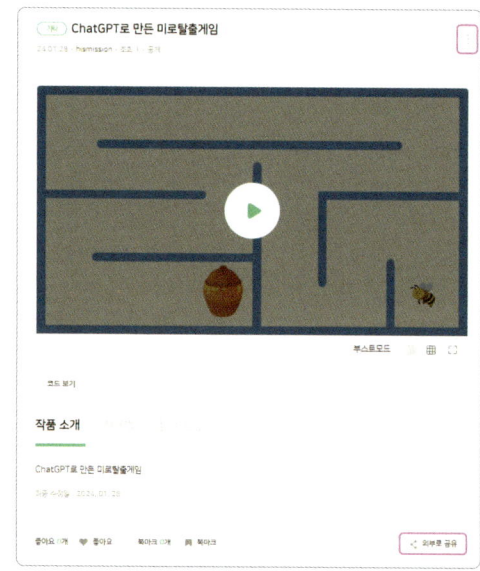

❷ 공유할 작품 선택한 후 [외부로 공유] 클릭하기

* 작품의 기본 설정은 '비공개'로 되어 있습니다. 작품을 외부로 공유할 때에는 수정 및 설정 버튼[○]을 클릭하여 '공개'로 변경해야 합니다.

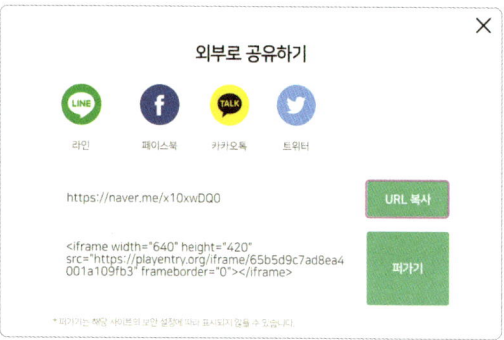

❸ 외부로 공유하기 – [URL 복사] 클릭하기

♥ 예제 파일 내려받기

❶ 다산스마트에듀홈페이지(https://www.dasansmartedu.com/)에 접속합니다.
❷ [고객지원]→[자료실]에서 도서명에 맞는 예제 파일을 본인 컴퓨터에 다운로드 합니다.
❸ 원하시는 폴더에 다운로드한 압축 파일을 풉니다.

엔트리 온라인에서 파일 열기

엔트리 온라인의 경우 [로그인] – [만들기] – [작품 만들기] – [파일] – [오프라인 작품 불러오기]를 선택합니다. 예제 파일이 있는 폴더에서 사용할 파일을 선택하고 [열기]를 누르면 예제 파일이 나옵니다.

엔트리 오프라인에서 파일 열기

❶ 엔트리 오프라인은 별도 설치가 필요합니다.
  (다운로드 링크 – https://playentry.org/download/offline)
❷ 엔트리 오프라인 프로그램을 실행하고 [파일] – [만들기] – [오프라인 작품 불러오기]를 선택합니다. 예제 파일이 있는 폴더에서 사용할 파일을 선택하고 [열기]를 누르면 예제 파일이 나옵니다.

♥ 예제 파일 온라인 엔트리에서 확인하기

❶ 다산스마트에듀 엔트리 페이지(http://naver.me/FZqtVeta)에 접속합니다.
❷ 각 작품에서 [클릭] – [리메이크하기] – [저장 버튼] – [저장하기]를 선택하면 나의 작품으로 저장되어 실습용으로 활용할 수 있습니다.

♥ QR 코드로 완성 작품 확인하기

❶ 완성 작품을 QR 코드를 통해 간편하게 모바일에서 확인할 수 있습니다.
❷ QR 코드는 각 챕터의 첫 페이지에 제시되어 있습니다.

교강사 자료 신청하기

PART 02

바로 엔트리 인공지능 - 스타터

01 바로 알아보는 AI - 음성 합성 기술

인공지능은 어떻게 사람처럼 자연스럽게 글자를 읽을까요?

음성 기술이 발전함에 따라 인공지능이 사람의 음성으로 글을 읽어주는 기능도 크게 발전했습니다. 과거 자동 안내 전화 서비스에서 들을 수 있었던 목소리는 기계적이고 딱딱했습니다. 하지만 현재는 '음성 합성 기술'로 인해 인공지능이 마치 사람이 직접 말하는 것과 같은 자연스러운 목소리를 낼 수 있게 되었습니다. 음성 합성 기술은 텍스트를 음성으로 변환하는 'TTS(Text to Speech)' 기술을 활용하여 컴퓨터가 사람의 말소리를 사용 목적에 맞게 합성하는 것을 뜻합니다.

과거의 음성 기술은 인간의 목구멍이나 혀와 같은 발음 기관을 모방하려 했던 시도에서 출발했지만, 최근에는 인공지능의 딥러닝 기술로 텍스트와 음성 사이의 관계를 학습하여 사람처럼 자연스러운 음성을 만들어 낼 수 있게 되었습니다.

또한 이전에는 자연스러운 사람의 음성을 전달하기 위해서 전문 성우가 긴 시간 동안 많은 음성을 녹음해야 했다면 현재는 적은 데이터로도 다양하고 정교한 목소리를 만들 수 있는 기술이 사용되고 있어 작업의 효율성이 높아졌습니다.

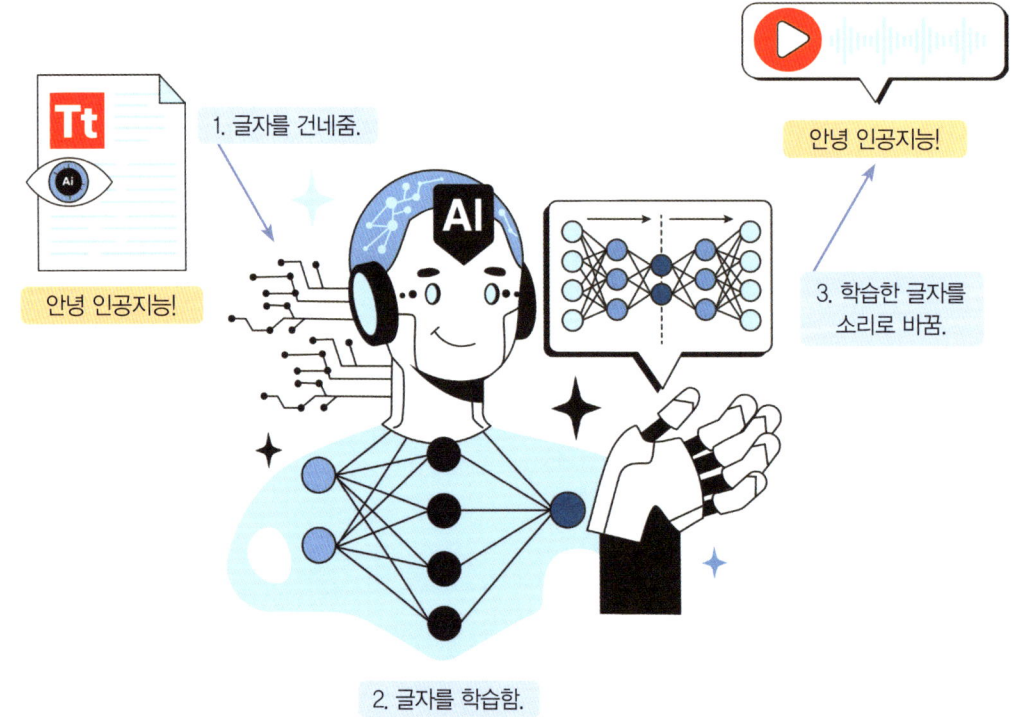

생활쏙쏙 AI '음성 합성 기술'은 어디에 쓰일까요?

'음성 합성 기술'은 마치 사람이 진짜 말하는 것과 같이 음성을 만들어 내는 기술을 말합니다. 우리 생활 속에서 어떻게 활용되고 있는지 알아봅시다.

클로바 더빙 (네이버)

네이버에서 제공하는 '클로바'는 다양한 언어, 성별 등의 목소리를 지원하는 음성 더빙 프로그램입니다. 사용자는 영상에 자막을 추가하듯이 더빙을 삽입할 수 있으며, 현재 무료로 이용할 수 있습니다.

인공지능이 읽어주는 뉴스

인공지능의 활용도가 높아지면서 뉴스 등의 정보 전달 매체 역시 인공지능 뉴스를 활용하고 있습니다. 인터넷 포털 등에서 제공하는 뉴스 기사를 기자가 아닌 인공지능이 작성하기도 합니다. 더불어 뉴스 기사의 대본을 전문 앵커가 아닌 음성 합성 기술을 이용해서 인공지능이 읽어줍니다. 뉴스를 실시간으로 수집, 요약, 분석하여 사용자별로 관심 분야에 맞게 뉴스를 제공하는 서비스도 있는데, 인공지능 스피커를 이용해 편리하게 사용할 수 있습니다.

스마트폰의 개인 비서

아이폰의 '시리'나 구글의 '구글 어시스턴트' 그리고 삼성의 '빅스비'처럼 스마트폰에 설치된 개인 비서 서비스는 우리가 말하는 명령을 듣고, 이해한 후에 답변을 해 주는데요. 이 서비스 역시 음성 합성 기술을 활용하여 사람처럼 자연스럽게 말합니다.

오디오북

'윌라', '밀리의 서재' 오디오북 어플리케이션에 대해 들어본 적 있나요? 음성 합성 기술을 활용한 독서 어플인데요. 책의 내용을 사람의 목소리로 들려주는 오디오북은 다른 일을 하며 들을 수 있다는 점이 좋습니다. 또한 시각 장애인이나 글을 읽는 데 어려움이 있는 사람들에게 큰 도움이 됩니다.

'읽어주기' 명령 블록 알아보기

읽어주기란?

 '읽어주기'는 텍스트를 음성으로 변환해 주는 기능입니다. 이 기능을 통해 사용자는 생성된 텍스트 메시지를 음성으로 들을 수 있습니다.

- **블록 사용** : 네이버 '클로바'의 nVoice(엔보이스) 음성 합성 기술을 이용해 인공지능이 합성한 다양한 목소리로 문장을 읽는 블록입니다.
- **텍스트 입력** : 2,500자까지 입력이 가능합니다.
- **언어 설정** : 다양한 언어를 지원합니다. 사용하고자 하는 언어를 설정할 수 있으므로, 텍스트에 맞는 언어를 선택하도록 합니다.

'읽어주기' 명령 블록 살펴보기

| 엔트리 읽어주기 AI | 노란색 영역 안에 적힌 글자를 읽어주는 블록입니다. 글자를 읽기 시작하면 다음 블록이 순차적으로 실행됩니다. |

| 엔트리 읽어주고 기다리기 AI | 노란색 영역 안에 적힌 글자를 읽어주는 블록입니다. 글자를 모두 읽은 후에 다음 블록이 순차적으로 실행됩니다. |

여성▼ 목소리를 보통▼ 속도 보통▼ 음높이로 설정하기 AI

- 읽어주기 블록의 목소리 종류, 읽는 속도, 목소리 높낮이를 설정할 수 있습니다.
- 목소리의 종류는 여성, 남성 등 11개의 종류가 있으며 속도와 높낮이는 '보통' 등 5개의 선택지가 있습니다.

Chapter 01 스타터

AI 동화 오디오북 '토끼와 거북이'

[AI Fn] 읽어주기　　　　　　　　　　　　　　**[바로 AI] Level ★☆☆☆**

자신이 재미있게 읽었던 동화를 오디오북으로 만들어 보면 어떨까요? 엔트리 인공지능 '읽어주기' 블록을 통해 내용을 실감 나게 표현해 봅시다.

완성 작품

- 완성 작품 주소 : https://naver.me/FVBYFCm7　　• 실습 작품 주소 : https://naver.me/GVNtt8fO

01 완성 작품 미리보기

장면 1. 만남	거북아 너는 빠른 내가 부럽겠구나?	엔트리의 '읽어주기'를 활용하여 토끼와 거북이가 실감 나게 대화합니다.
장면 2. 경주	토끼가 자고 있잖아. 나는 꾸준히 가야겠어.	토끼와 거북이가 경주를 시작합니다. 토끼는 경주 중에 잠이 들고, 이를 발견한 거북이는 열심히 달려갑니다.
장면 3. 결승	야호! 내가 토끼를 이겼어!	거북이가 토끼보다 먼저 결승점에 도착합니다.

02 알고리즘 작성하기

1 'AI 바로 쌤'과 함께 챗GPT 활용하기

'완성 작품 미리보기'를 확인했나요?
작품을 만들기 전에 혹시 궁금한 것이 있다면 챗GPT에게 질문해 보세요.
작품 스토리, 알고리즘, 코딩하는 방법 등 어느 것이든 좋습니다.

저는 엔트리로 '토끼와 거북이' 동화를 만들 때의 알고리즘을
어떻게 작성해야 하는지 궁금해요. 그리고 읽어주기 기능을 어떻게 활용해야
인공지능이 실감 나게 대사를 읽는지에 대해서도 알고 싶어요.

그렇군요. 그럼, 챗GPT에게 다음과 같이 질문을 해 보아요.

당신은 블록 코딩 전문가입니다. 엔트리 '읽어주기' 기능을 활용해 대사를 실감 나게 읽어주는 '토끼와 거북이 동화'를 만들어 보세요. 장면마다 알고리즘을 자세히 설명해 주세요.

[첫 번째 장면 만들기]
1. **시작** : '시작하기(시작하기 버튼을 클릭했을 때)' 블록을 사용하여 프로그램을 시작합니다. 그 안에 '읽어주기(읽어주고 기다리기)' 블록을 넣어 동화 시작을 알리는 문구를 넣습니다.
2. '읽어주기' 블록을 이용해 거북이가 토끼에게 도전하는 부분을 묘사합니다.
   예) 그러자 거북이는 토끼에게 달리기 대결을 제안합니다. 경주가 시작되는 부분을 '읽어주기' 블록으로 표현합니다.

[두 번째 장면 만들기]
3. **토끼의 자만** : 토끼가 중간에 쉬는 부분을 '읽어주기' 블록으로 표현합니다.

[세 번째 장면 만들기]
4. **거북이의 승리** : 거북이가 승리하는 부분을 '읽어주기' 블록으로 표현합니다.
5. **결론** : 마지막으로 '읽어주기(읽어주고 기다리기)' 블록을 이용해 동화를 마무리합니다.

Send a message

챗GPT는 이렇게 대답해 주었어요. 혹시 더 궁금한 점이 있나요?

'읽어주기' 기능을 통해 목소리를 변경하는 방법에 대해 알고 싶어요.

 그렇군요. 그럼, 챗GPT에게 다음과 같이 질문을 해 보아요.

 엔트리 '읽어주기' 기능을 이용해서 토끼와 거북이의 목소리를 서로 다르게 만들고 싶어. 목소리를 바꾸는 방법에 대해 알려 줘.

 토끼와 거북이가 서로 다른 목소리로 말하는 것을 표현하려면, 대사의 텍스트를 다르게 읽는 방법을 사용할 수 있습니다. 예를 들어, 토끼는 빠르고 경쾌한 속도로, 거북이는 천천히 그리고 신중한 속도로 대사를 읽게 하는 것입니다.

 챗GPT의 도움 답변을 바탕으로 알고리즘을 정리해 볼까요?

2 알고리즘 정리하기

1. 시작	2. 도전	3. 토끼의 자만
[시작하기 버튼을 클릭했을 때]와 [읽어주기] 블록으로 동화를 시작함.	거북이가 토끼에게 도전함.	토끼는 자신감이 넘쳐 경기 중간에 잠.

5. 결론	4. 거북이의 승리
교훈과 함께 동화를 마무리함.	거북이가 먼저 결승점에 도착하여 승리함.

03 프로그래밍 준비하기

1 [장면 1] 미리보기

장면 1. 만남			
순서	1	2	3
오브젝트	🐰	🐢	(배경)
이름	토끼	거북이	토끼와 거북이
카테고리	동물	동물	배경
x 좌표	150	−150	0
y 좌표	−45	−65	0
크기	100%	100%	375%

2 [장면 2] 미리보기

장면 2. 경주			
순서	1	2	3
오브젝트	🐰	🐢	(배경)
이름	토끼	거북이	숲속(1)
카테고리	동물	동물	배경
x 좌표	150	−300	0
y 좌표	−45	−65	0
크기	100%	100%	375%

3 [장면 3] 미리보기

장면 3. 결승			
순서	1	2	3
오브젝트			
이름	토끼	거북이	토끼와 거북이
카테고리	동물	동물	배경
x 좌표	−300	−80	0
y 좌표	−65	−80	0
크기	100%	100%	375%

4 [속성] - [신호] 만들기

❶ [속성] 탭에서 [신호] – [신호 추가하기]를 클릭합니다.

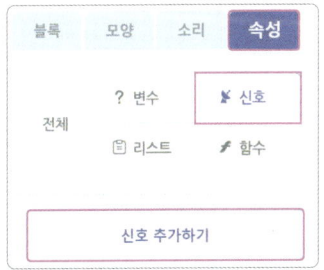

❷ '거북이 대사', '토끼 대사', '종료' 신호를 만듭니다.

5 인공지능 블록 불러오기

❶ 블록 꾸러미에서 [인공지능] – [인공지능 블록 불러오기]를 순서대로 클릭합니다.

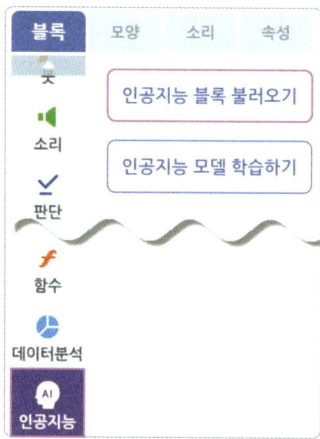

❷ [읽어주기] – [불러오기]를 순서대로 클릭합니다.

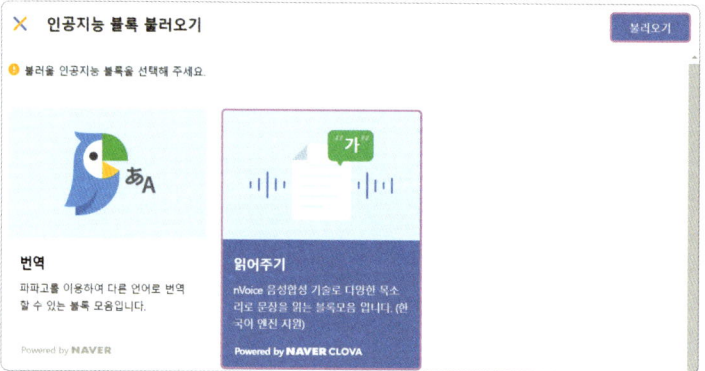

❸ [인공지능] 카테고리에 '읽어주기' 블록이 새롭게 추가된 것을 확인합니다.

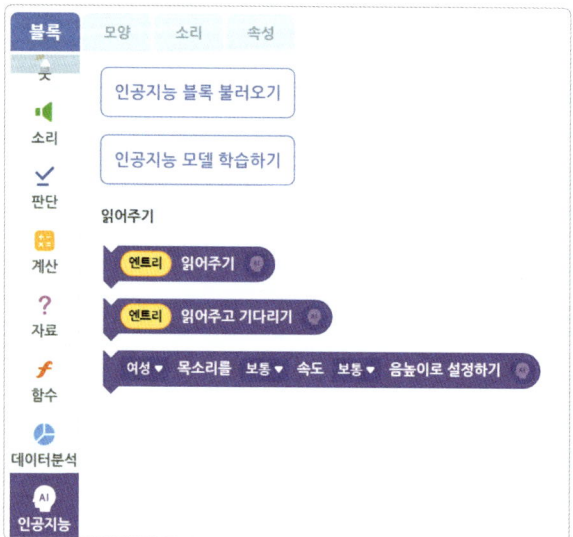

04 바로 프로그래밍하기 : 장면 1. 만남

1 어떤 장면을 만들까요?

토끼와 거북이가 만났습니다. 토끼는 느릿느릿한 거북이를 '느림보'라고 놀립니다. 이 말을 들은 거북이는 토끼에게 경주를 제안합니다.

2 토끼는 거북이에게 어떤 목소리로 말할까요?

❶ [시작]의 [시작하기 버튼을 클릭했을 때]를 가져옵니다. 이어서 음성을 설정하기 위해 [인공지능]의 [O 목소리를 O 속도 O 음높이로 설정하기]를 연결합니다.

❷ [생김새]의 [O 을(를) 말하기]와 [인공지능]의 [O 읽어주고 기다리기]를 연결하여 토끼의 대사가 화면에 보이고, 음성으로도 들리게 합니다. 그리고 말풍선을 지웁니다.

❸ 모든 말하기가 끝나면, '거북이'가 말할 수 있도록 [시작]의 [O 신호 보내기]를 연결하여 마무리합니다.

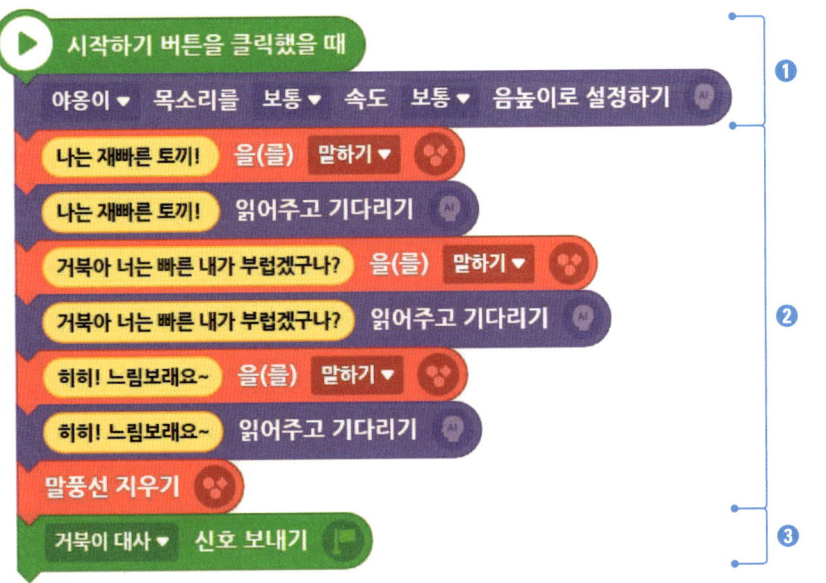

❶ 인공지능으로 '토끼'의 목소리를 설정합니다.
❷ '토끼'가 '거북이'에게 말합니다. '토끼'의 말은 말풍선으로도 보이고, 스피커를 통해 들을 수도 있습니다.
❸ '거북이'가 말을 하도록 신호를 보냅니다.

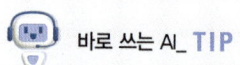 **바로 쓰는 AI_ TIP**   주요 명령 블록

시작	시작하기 버튼을 클릭했을 때	실행화면에서 [▶ 시작하기] 버튼을 클릭하면 아래에 연결된 블록이 동작합니다.
	엔트리 읽어주고 기다리기	노란색 영역 안에 있는 내용을 스피커를 통해 소리로 확인할 수 있습니다.
인공지능	여성▼ 목소리를 보통▼ 속도 보통▼ 음높이로 설정하기	
	선택한 목소리가 선택한 속도와 선택한 음높이로 설정됩니다.	
생김새	안녕! 을(를) 말하기▼	노란색 영역 안에 있는 내용을 말풍선으로 나타냅니다.
	말풍선 지우기	실행화면에 말풍선이 보이지 않도록 합니다.
시작	거북이 대사▼ 신호 보내기	[속성] – [신호 추가하기]에서 만든 신호를 보냅니다.

3 거북이는 토끼에게 어떤 목소리로 말할까요?

❶ [시작]의 [O 신호를 받았을 때]를 가져옵니다. 거북이가 시간을 두고 말할 수 있게 [흐름]의 [O초 기다리기]를 연결하여 기다릴 시간을 정해 줍니다. '토끼'와 마찬가지로 말하는 목소리를 설정하기 위해 [인공지능]의 [O 목소리를 O 속도 O 음높이로 설정하기]를 연결합니다.

❷ [생김새]의 [O 말하기]와 [인공지능]의 [O 읽어주고 기다리기]를 연결하여 '거북이'의 대사가 화면에 보이고, 음성으로도 들리게 합니다.

❸ 모든 말하기가 끝나면, 다음 장면으로 넘어가도록 [시작]의 [다음 장면 시작하기]를 연결하여 마무리합니다.

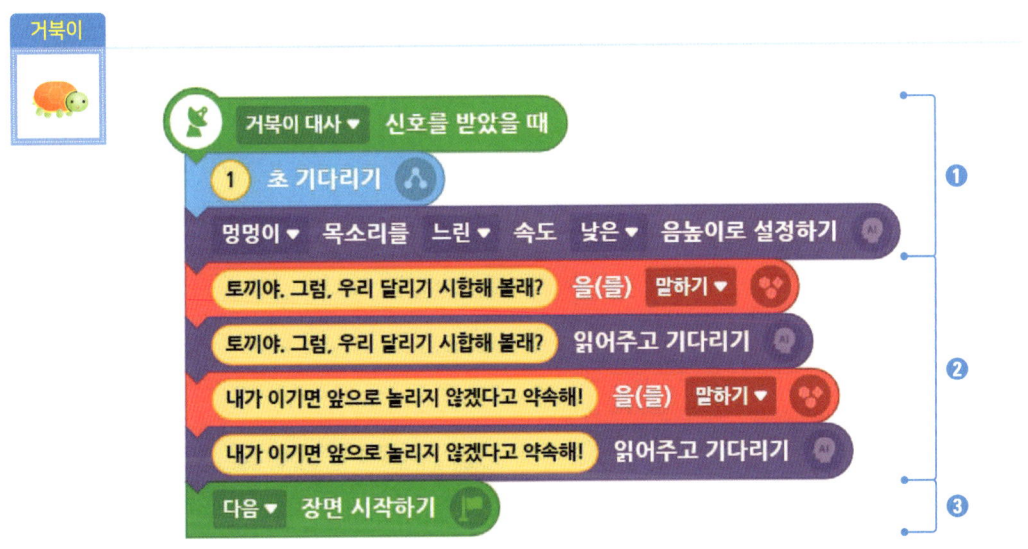

❶ '1'초 기다렸다가 '거북이'의 목소리를 설정합니다.
❷ '거북이'가 '토끼'에게 말합니다. '거북이'의 말은 말풍선으로도 보이고, 스피커를 통해 들을 수도 있습니다.
❸ 모든 말하기를 끝내고, 다음 장면으로 넘어갑니다.

4 장면 1 '만남'에서는 어떤 음악이 흐르면 좋을까요?

❶ [시작]의 [시작하기 버튼을 클릭했을 때]를 가져옵니다. 이어서 소리의 볼륨을 정하는 [소리]의 [소리 크기를 O %로 정하기]를 연결한 후, 크기를 설정합니다. 추가한 소리가 나오도록 [소리 O 재생하기]를 연결합니다.

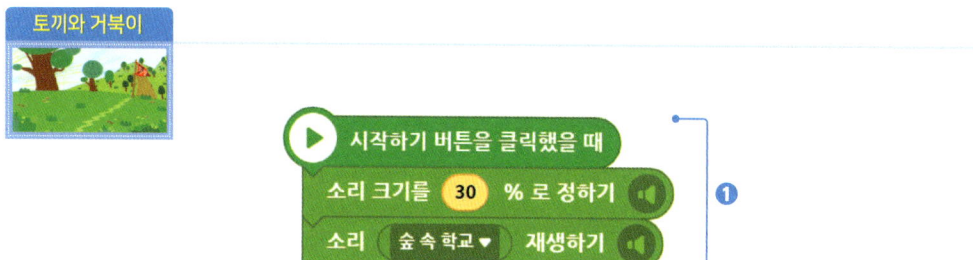

❶ 소리의 크기를 '30%'로 정한 후 '숲 속 학교'를 재생합니다.

바로 쓰는 AI_TIP 주요 명령 블록

|  소리 | 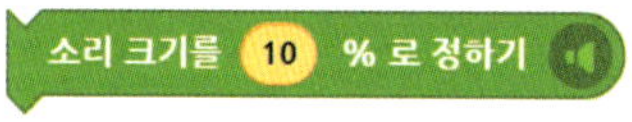 소리 크기를 10 % 로 정하기 | 소리의 크기를 조절할 수 있습니다. |
| |  소리 숲 속 학교 ▼ 재생하기 | [소리] 탭에서 추가한 소리를 재생합니다. |

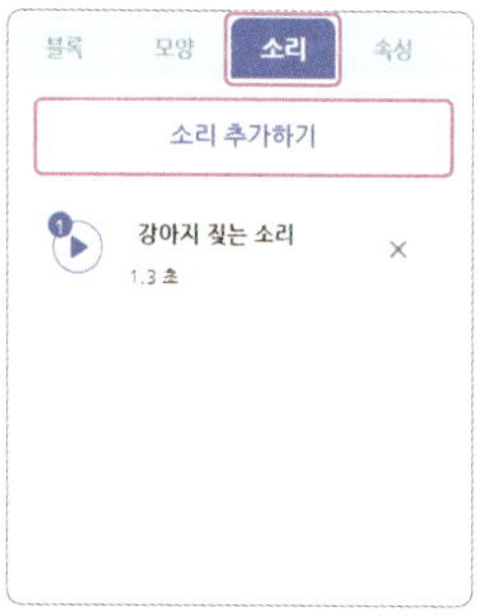

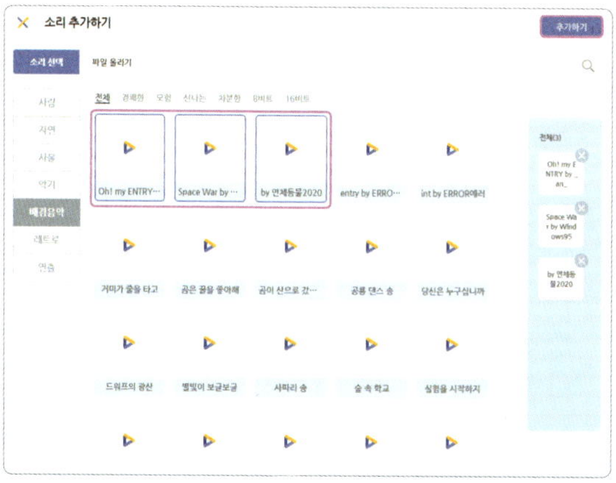

- [소리] 탭 – [소리 추가하기] – [소리 선택] – [추가하기] 버튼을 클릭하면 원하는 소리를 추가할 수 있습니다.
- 추가한 소리는 [소리 O 재생하기] 블록 목록에서 확인할 수 있습니다.

05 바로 프로그래밍하기 : 장면 2. 경주

1 어떤 장면을 만들까요?

거북이와 달리기 경주를 하던 토끼는 거북이가 보이지 않자 잠시 쉬려다가 잠이 듭니다. 잠이 든 토끼를 발견한 거북이는 꾸준히 하면 이길 수 있다는 각오로 엉금엉금 앞을 향해 열심히 기어갑니다.

2 토끼는 느려서 보이지 않는 거북이를 생각하며 무슨 말을 했을까요?

❶ [시작]에서 [장면이 시작되었을 때]를 가져옵니다. 토끼가 시간을 두고 말할 수 있게 [흐름]의 [0초 기다리기]를 연결하여 기다릴 시간을 정해 줍니다. 이어서 말하는 목소리를 설정하기 위해 [인공지능]의 [O 목소리를 O 속도 O 음높이로 설정하기]를 가져옵니다.

❷ [생김새]의 [말하기]와 [인공지능]의 [O 읽어주고 기다리기]를 연결하여 토끼의 대사가 화면에 보이고, 음성으로도 들리게 합니다. 말풍선을 지운 후, 토끼가 자는 모습을 표현해 주기 위해 [생김새]에서 [O 모양으로 바꾸기]를 연결합니다.

❸ 모든 동작을 끝내고, '거북이'가 말할 수 있도록 [시작]의 [O 신호 보내기]를 연결하여 마무리합니다.

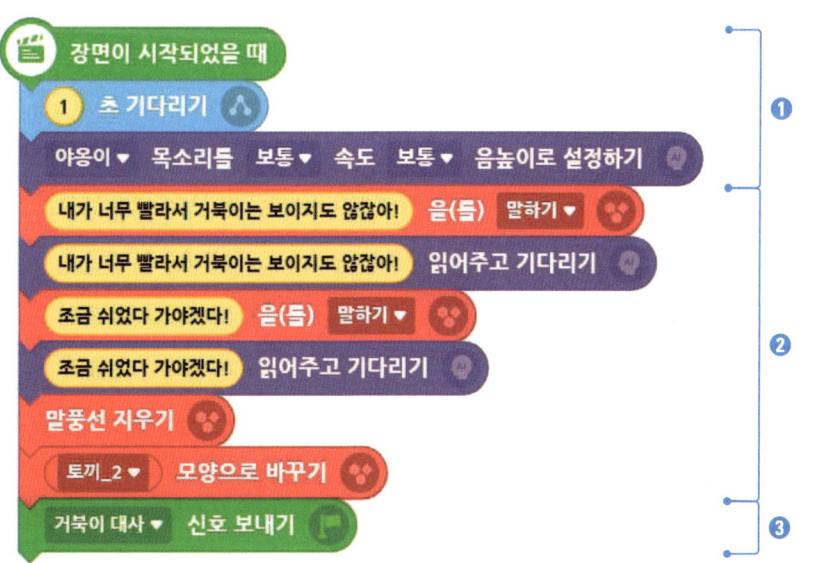

❶ 장면이 시작되면 '1'초 기다린 후, '토끼'의 목소리를 설정합니다.
❷ '토끼'의 말은 말풍선으로도 보이고, 스피커를 통해서도 들을 수 있습니다. 모든 말하기를 끝낸 후, 자는 모습으로 모양을 바꾸어 줍니다.
❸ '거북이'가 말을 하도록 신호를 보냅니다.

 **바로 쓰는 AI_TIP** 　**주요 명령 블록, 모양 추가하기**

시작		이어지는 장면이 시작될 경우, [시작하기 버튼을 클릭했을 때]가 아닌 [장면이 시작되었을 때]를 사용합니다.
생김새		[모양] 탭을 이용하면 오브젝트 형태를 여러 가지 다른 모양으로 바꿀 수 있습니다.

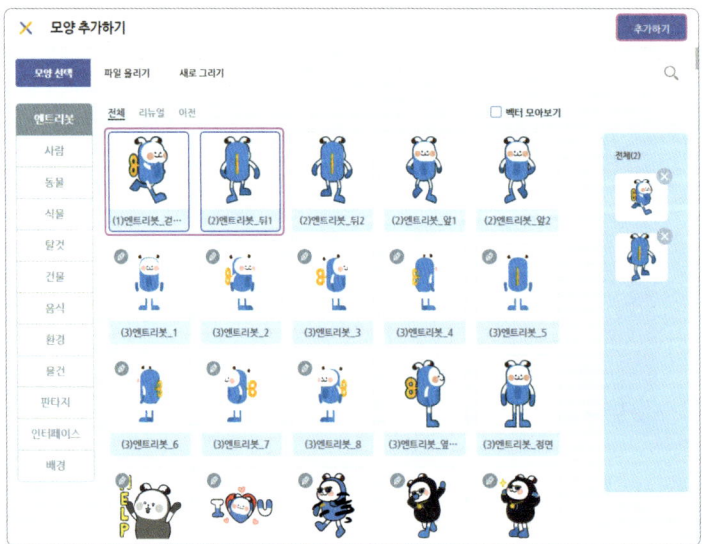

3 거북이는 자고 있는 토끼를 보며 어떻게 행동했을까요?

❶ [시작]의 [O 신호를 받았을 때]와 [인공지능]의 [O 목소리를 O 속도 O 음높이로 설정하기]를 가져옵니다.

❷ 화면 중간 위치로 '거북이'가 이동할 수 있게 [움직임]의 [O 초 동안 x: O y: O 위치로 이동하기]를 연결하여 '거북이'를 움직입니다.

❸ [생김새]의 [O 말하기]와 [인공지능]의 [O 읽어주고 기다리기]를 연결하여 거북이의 대사가 화면에 보이고, 음성으로도 들리게 합니다.

❹ 모든 대사가 끝나면, 실행화면 오른쪽 끝으로 이동하도록 [움직임]의 [O 초 동안 x: O y: O 위치로 이동하기]를 연결합니다.

❺ 모든 동작이 끝나면, 다음 장면으로 넘어가도록 [시작]의 [다음 장면 시작하기]를 연결하여 마무리합니다.

거북이

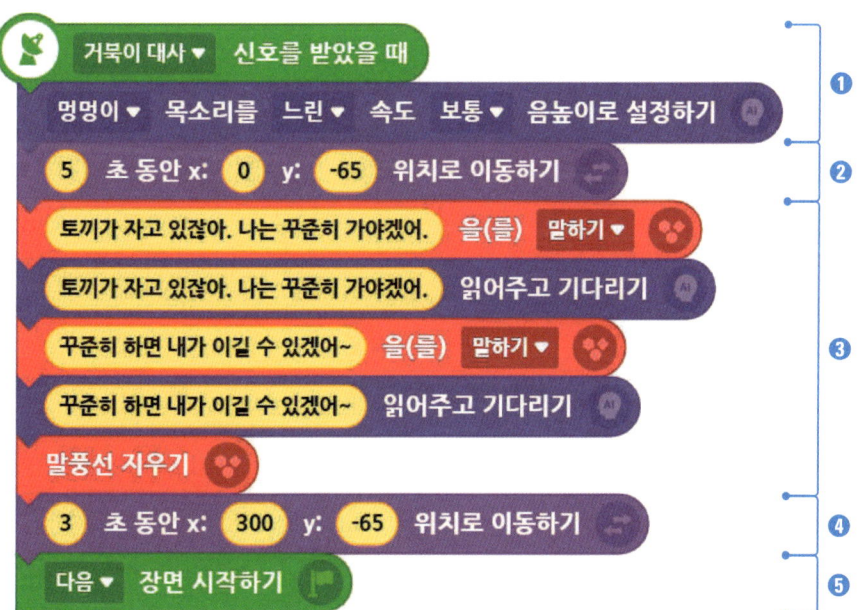

❶ 신호를 받으면 '거북이'의 목소리를 설정합니다.
❷ '거북이'가 실행화면 중간으로 이동하도록 합니다.
❸ '거북이'의 말은 말풍선으로도 보이고, 스피커를 통해 들을 수도 있습니다.
❹ '거북이'가 실행화면 끝으로 이동하도록 합니다.
❺ 모든 말과 행동을 끝내고 다음 장면으로 넘어갑니다.

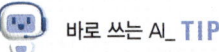
 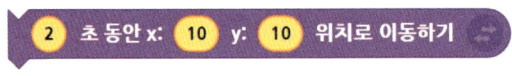

오브젝트가 입력한 시간에 걸쳐 입력한 x와 y 좌표로 이동합니다. (오브젝트의 중심점이 기준이 됩니다.)

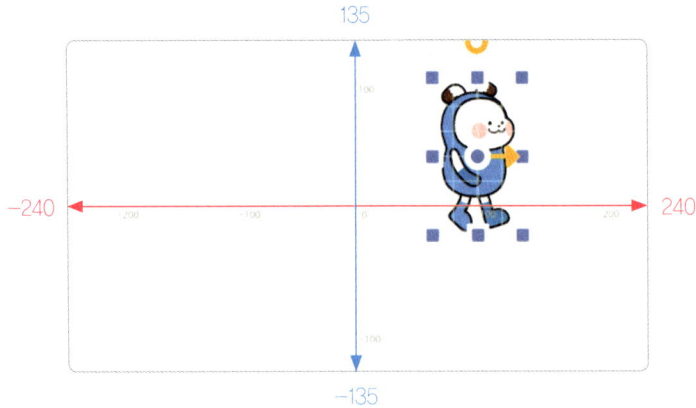

실행화면 좌표 : x는 '-240'에서 '240', y는 '-135'에서 '135'입니다.

---

4 장면 2 '시합'에서는 어떤 음악이 흐르면 좋을까요?

❶ [시작]에서 [장면이 시작되었을 때]를 가져옵니다. 이어서 소리의 볼륨을 정하기 위해 [소리]의 [소리 크기를 O %로 정하기]를 연결한 후, 크기를 설정합니다. 추가한 소리가 나오도록 [소리 O 재생하기]를 연결합니다.

❶ 소리의 크기를 '30%'로 정한 후 '아리송해'를 재생합니다.

06 바로 프로그래밍하기 : 장면 3. 결승

1 어떤 장면을 만들까요?
열심히 경주한 거북이는 결국 토끼를 이겼고, 토끼는 열심히 경주하지 않은 자신의 모습을 후회합니다.

2 거북이는 어떻게 토끼를 이겼을까요?

❶ [시작]에서 [장면이 시작되었을 때]를 가져옵니다. 거북이가 시간을 두고 말할 수 있게 [흐름]의 [O초 기다리기]를 연결하여 기다릴 시간을 정해 줍니다. 이어서 말하는 목소리를 설정하기 위해 [인공지능]의 [O 목소리를 O 속도 O 음높이로 설정하기]를 가져옵니다.

❷ [생김새]의 [O 말하기]와 [인공지능]의 [O 읽어주고 기다리기]를 연결하여 거북이의 대사가 화면에 보이고, 음성으로도 들리게 합니다. 대사가 끝나면 말풍선을 화면에서 보이지 않게 하기 위해 [생김새]의 [말풍선 지우기]를 연결합니다.

❸ 도착 지점으로 이동하도록 [움직임]의 [O초 동안 x: O y: O 위치로 이동하기]를 연결합니다. [생김새]의 [좌우 모양 뒤집기]를 이용해 거북이의 모양을 뒤집습니다.

❹ 마무리 대사를 하도록 [생김새]의 [O 을(를) 말하기], [인공지능]의 [O 읽어주고 기다리기]를 연결합니다. 그리고 [말풍선 지우기]를 연결합니다.

❺ 모든 말하기가 끝나면, '토끼'가 말할 수 있도록 [시작]의 [O 신호 보내기]를 연결하여 마무리합니다.

❶ '1'초 기다렸다 '거북이'의 목소리를 설정합니다.
❷ '거북이'가 도착 지점을 앞두고 말을 합니다.
❸ '거북이'가 도착 지점으로 이동한 후에 토끼를 바라보는 모양을 하기 위해 좌우 모양을 뒤집습니다.
❹ '거북이'가 최종 승리의 말을 합니다.
❺ '거북이'가 토끼가 말을 하도록 신호를 보냅니다.

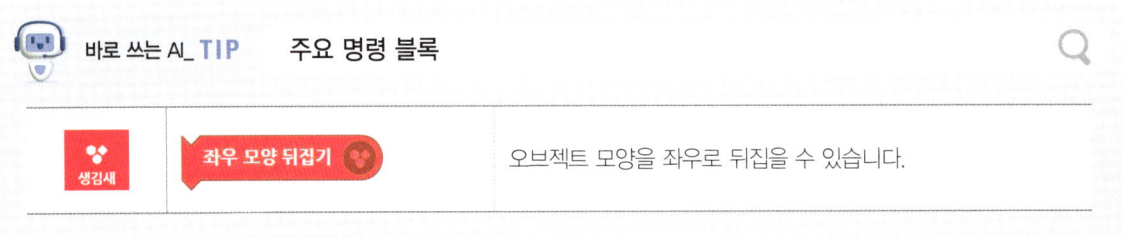

3 경주에서 진 토끼는 거북이에게 뭐라고 말했을까요?

❶ [시작]에서 [○ 신호를 받았을 때]를 가져옵니다. 이어서 말하는 목소리를 설정하기 위해 [인공지능]의 [○ 목소리를 ○ 속도 ○ 음높이로 설정하기]를 가져옵니다.

❷ 실행화면 중간 지점으로 이동하도록 [움직임]의 [○초 동안 x: ○ y: ○ 위치로 이동하기]를 연결합니다.

❸ [생김새]의 [○ 을(를) 말하기]와 [인공지능]의 [○ 읽어주고 기다리기]를 연결하여 대사가 화면에 보이고, 음성으로도 들리게 합니다. 대사를 마치면 말풍선이 화면에서 보이지 않게 [생김새]의 [말풍선 지우기]를 연결합니다.

❹ 모든 말하기가 끝나면, '거북이'가 말할 수 있도록 [시작]의 [○ 신호 보내기]를 연결하여 마무리합니다.

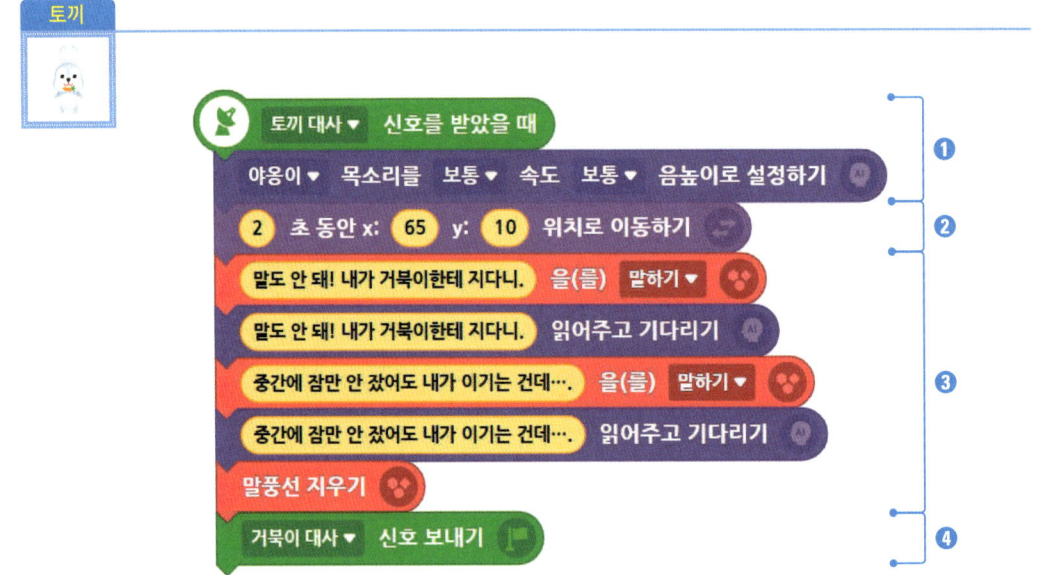

❶ '토끼'의 목소리를 설정합니다.
❷ '토끼'가 실행화면 중간으로 이동하도록 합니다.
❸ '토끼'가 '거북이'에게 진 이유를 말합니다.
❹ '거북이'가 말을 하도록 신호를 보냅니다.

4 장면 3 '결승'에서는 어떤 음악이 흐르면 좋을까요?

❶ [시작]에서 [장면이 시작되었을 때]를 가져옵니다. 이어서 소리의 볼륨을 정하기 위해 [소리]의 [소리 크기를 O %로 정하기]를 연결한 후, 크기를 설정합니다. 추가한 소리가 나오도록 [소리 O 재생하기]를 연결합니다.

❶ 소리의 크기를 '30%'로 정한 후 '천천히 걷는 길'을 재생합니다.

바로 한눈에! 코드 펼쳐보기

[장면 1 - 만남] 모두 펼쳐보기

[장면 2 - 경주] 모두 펼쳐보기

토끼

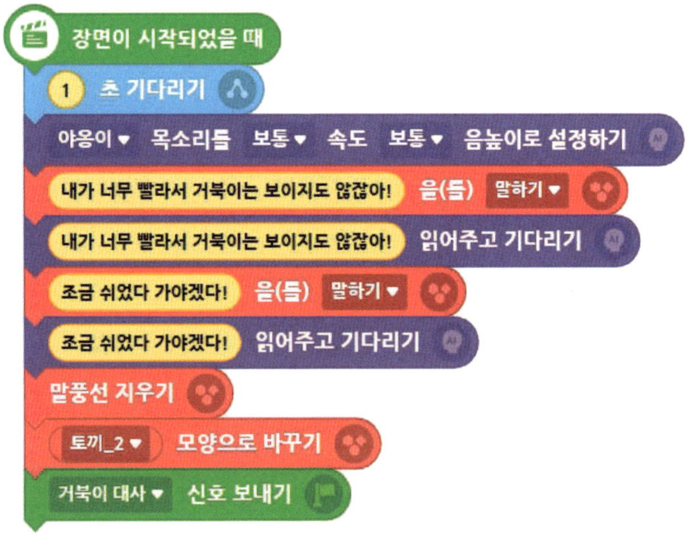

- 장면이 시작되었을 때
- 1 초 기다리기
- 야옹이▼ 목소리를 보통▼ 속도 보통▼ 음높이로 설정하기
- 내가 너무 빨라서 거북이는 보이지도 않잖아! 을(를) 말하기▼
- 내가 너무 빨라서 거북이는 보이지도 않잖아! 읽어주고 기다리기
- 조금 쉬었다 가야겠다! 을(를) 말하기▼
- 조금 쉬었다 가야겠다! 읽어주고 기다리기
- 말풍선 지우기
- 토끼_2▼ 모양으로 바꾸기
- 거북이 대사▼ 신호 보내기

거북이

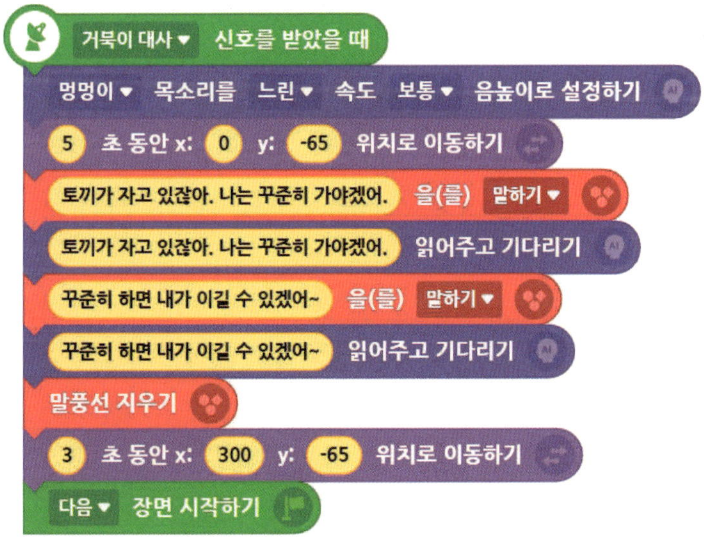

- 거북이 대사▼ 신호를 받았을 때
- 멍멍이▼ 목소리를 느린▼ 속도 보통▼ 음높이로 설정하기
- 5 초 동안 x: 0 y: -65 위치로 이동하기
- 토끼가 자고 있잖아. 나는 꾸준히 가야겠어. 을(를) 말하기▼
- 토끼가 자고 있잖아. 나는 꾸준히 가야겠어. 읽어주고 기다리기
- 꾸준히 하면 내가 이길 수 있겠어~ 을(를) 말하기▼
- 꾸준히 하면 내가 이길 수 있겠어~ 읽어주고 기다리기
- 말풍선 지우기
- 3 초 동안 x: 300 y: -65 위치로 이동하기
- 다음▼ 장면 시작하기

숲속(1)

- 장면이 시작되었을 때
- 소리 크기를 30 % 로 정하기
- 소리 아리송해▼ 재생하기

[장면 3 - 결승] 모두 펼쳐보기

바로 점프! 더 나아가기

점프 미션	1. 경주에서 이긴 '거북이'의 마지막 대사를 완성하기 2. '거북이'가 대사를 마친 후 배경 음악 멈추기
[힌트 1] 완성 작품 장면	 빠른 게 중요한 것이 아니라 꾸준히 열심히 하는 것이 중요한 거야!
[힌트 2] 오브젝트별 코드 추가	 거북이 거북이 대사 ▼ 신호를 받았을 때 1 초 기다리기 어때? 토끼야, 내가 너보다 느리긴 해도 경주는 내가 이겼지? 을(를) 말하기 ▼ 어때? 토끼야, 내가 너보다 느리긴 해도 경주는 내가 이겼지? 읽어주고 기다리기 빠른 게 중요한 것이 아니라 꾸준히 열심히 하는 것이 중요한 거야! 을(를) 말하기 ▼ 빠른 게 중요한 것이 아니라 꾸준히 열심히 하는 것이 중요한 거야! 읽어주고 기다리기 약속대로 앞으로 나를 놀리지 마! 을(를) 말하기 ▼ 약속대로 앞으로 나를 놀리지 마! 읽어주고 기다리기 말풍선 지우기 종료 ▼ 신호 보내기
	 토끼와 거북이 종료 ▼ 신호를 받았을 때 모든 ▼ 소리 멈추기
[힌트 3] 추가 기능	'거북이'는 빠른 것보다 꾸준히 열심히 하는 것이 중요하다고 말하고, 종료 신호를 보냅니다. 종료 신호를 받은 '토끼와 거북이'는 모든 소리를 멈춥니다.

완성 작품 : https://naver.me/F6bThs6L

바로 함께! 즐겁게 배우는 챗GPT

 이번 시간에 배운 내용을 바탕으로 챗GPT와 다양한 이야기로 소통해 볼까요? 이때 부모님 또는 선생님과 함께하면 더 재미있고 안전하게 정보를 찾을 수 있을 거예요. 그럼 챗GPT와 함께 만든 동화를 바탕으로 코딩을 해 볼까요?

프롬프트 1 챗GPT와 함께 동화를 만들어 보세요.

 환경 보호와 관련된 주제의 어린이 동화를 짧게 만들어 줘! 제목도 함께 만들어 줘!

 제목 : 숲의 마법사와 마지막 나무

옛날 옛적에, 숲의 마법사가 살고 있었습니다. 그는 숲에서 가장 풍부한 자연과 끊임없이 놀라운 생명력을 지닌 마지막 나무를 보호하고 있었습니다.

그러던 어느 날, 사람들이 나무를 베어 가기 시작했습니다. 숲은 점점 사라지고, 마지막 나무만이 남아 있었습니다. 마법사는 사람들에게 "이 나무는 우리 모두의 생명을 지키는 나무입니다. 숲이 없으면 우리 모두가 위험해질 수 있습니다."라고 경고했습니다.

그런데도 사람들은 그의 말을 듣지 않았습니다. 그래서 마법사는 마지막으로 한 가지 주문을 외쳤습니다. "이 나무가 사라진다면, 모든 것이 사라질 것입니다!"

다음 날, 사람들이 마지막 나무를 베려고 할 때, 그들은 자신들의 모습이 나무에 비친 것을 보았습니다. 이제서야 그들은 마법사의 말이 무엇을 의미하는지 이해했습니다. 나무를 베면, 그들 자신이 사라지는 것이었습니다. 그들은 곧바로 도구를 내려놓고, 다시는 나무를 베지 않기로 결심했습니다.

그 이후로, 사람들은 숲을 보호하고 나무를 잘 가꾸기 시작했습니다. 그들은 이제 자연과 조화롭게 살아가며, 숲의 중요성을 깊이 이해하게 되었습니다. 그리고 그들은 항상 숲의 마법사의 말을 기억했습니다.

"나무를 보호하는 것은, 우리 자신을 보호하는 것입니다."

프롬프트 2 챗GPT와 함께 알고리즘을 만들어 보세요.

 방금 만든 동화를 엔트리로 만들려고 해. 알고리즘을 만들어 줘.

 네, 동화를 엔트리로 만드는 알고리즘을 아래와 같이 제시해 드리겠습니다. 여기서는 엔트리가 블록 코딩 플랫폼임을 가정하겠습니다.

1. **스토리 시작하기** : [시작하기] 블록을 사용해 주세요.

2. **배경 설정하기** : '숲' 모습을 한 오브젝트를 사용합니다.

3. **캐릭터 추가하기** : [오브젝트 추가하기]를 이용해 마법사와 사람들을 생성합니다.

4. **캐릭터 대사 추가하기** : [말하기] 블록을 사용하여 마법사와 사람들의 대화를 생성합니다. 이 과정에서 동화의 내용을 참고해 주세요.

5. **상황 전환하기** : '배경' 또는 '장면'을 변경할 수 있는 블록을 사용하여 나무가 점차 사라지는 상황을 표현합니다.

6. **결과 표현하기** : [말하기] 블록을 사용하여 사람들이 깨달음을 얻고 숲을 보호하게 되는 결말을 표현합니다.

위의 알고리즘은 기본적인 흐름을 설명하기 위한 것이며, 실제 코딩 과정에서는 동화의 내용을 보다 자세하게 표현하기 위해 추가적인 블록들을 활용할 수 있습니다. 예를 들어, '조건문', '반복문' 등을 사용하여 동작이나 대화의 흐름을 조절할 수 있습니다.

프롬프트 3 챗GPT와 함께 작품 만들기에 대해 이야기해 보세요.

 엔트리 [읽어주기] 블록을 활용해 만들어 볼만한 작품에는 어떤 것이 있을까?

 [읽어주기] 블록은 텍스트를 음성으로 변환해 주는 기능입니다. 이를 활용하면 다양하고 창의적인 프로젝트를 만들 수 있습니다. 아래는 몇 가지 예시입니다.

1. 오디오북 : [읽어주기] 블록을 이용하여 캐릭터가 동화나 소설을 읽어주는 오디오북을 만들 수 있습니다. 각 캐릭터에게 다른 목소리를 설정하여 다양한 표현을 시도해 볼 수 있습니다.

2. 인터랙티브 스토리 : 사용자의 선택에 따라 스토리가 바뀌는 인터랙티브 스토리를 만들 수 있습니다. [읽어주기] 블록을 활용하면 캐릭터들이 직접 대화를 나누는 것처럼 표현할 수 있어 더 몰입감 있는 스토리를 만들 수 있습니다.

3. 학습 도우미 : [읽어주기] 블록을 활용하여 학습 자료를 읽어주는 프로그램을 만들 수 있습니다. 예를 들어, 단어 카드를 만들고, 카드를 클릭하면 그 단어를 읽어주는 프로그램을 만들 수 있습니다.

4. 게임 : [읽어주기] 블록을 사용하여 게임의 설명이나 캐릭터 대사, 게임 결과 등을 읽어주는 음성 기능을 추가할 수 있습니다.

5. 애니메이션 : [읽어주기] 블록을 이용하여 애니메이션 캐릭터들이 대화하는 장면을 만들 수 있습니다.

[읽어주기] 블록은 텍스트를 음성으로 바꾸는 간단한 기능이지만, 이를 활용하면 다양한 창의적인 작품을 만들 수 있습니다. 어떤 작품을 만들지 결정한 후에 해당 주제에 맞게 [읽어주기] 블록을 활용해 보세요.

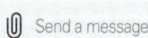

프롬프트 작성 아이디어 메모하기

챗GPT와 함께 창의적으로 생각하고, 새로운 것을 탐구하며, 자신만의 이야기를 만들어 보세요.

02 바로 알아보는 AI - 이미지 인식 기술

바로쏙쏙 AI 인공지능은 어떻게 사물을 구별할까요?

인공지능은 우리 주변의 세계를 어떻게 인식하고 구별할까요? 특히, 실생활에서 많이 쓰이는 사물을 어떻게 구분하는지 궁금할 텐데요. 이에 대해 사진 속 강아지를 예로 들어 이야기를 해 보려고 합니다.

사람들은 강아지 사진을 보면 바로 "강아지다!" 하고 알아볼 수 있는데요. 그렇다면 컴퓨터는 어떻게 강아지를 알아 볼 수 있을까요?

컴퓨터는 '이미지 처리(Image processing)'라는 기술을 통해 사진을 분석합니다. 이 과정에서 사진은 수많은 작은 점, 즉 '픽셀'로 바뀌어 컴퓨터가 이해하고 처리할 수 있는 형태로 저장됩니다.

컴퓨터가 사진 속 이미지를 보고 '강아지'라는 것을 판단할 수 있을 때, 우리는 컴퓨터가 그 이미지를 '인식'했다고 말합니다. 이때 중요한 것은 컴퓨터가 강아지의 특징(Feature)을 '어떻게 찾아내는가?'입니다. 컴퓨터는 '특징 추출' 과정을 통해 찾아낸 특징들을 조합하여 사진 속에 강아지가 있음을 스스로 인식할 수 있게 되는데요. 이와 같이 컴퓨터가 마치 사람의 눈처럼 이미지(사물)를 보고 무엇인지 구별해 내는 기술을 '컴퓨터 비전(Computer Vision)'이라고 합니다. 이 기술은 인공지능의 한 분야로, 컴퓨터가 사람이 보는 세계를 이해하고 해석할 수 있게 해 줍니다.

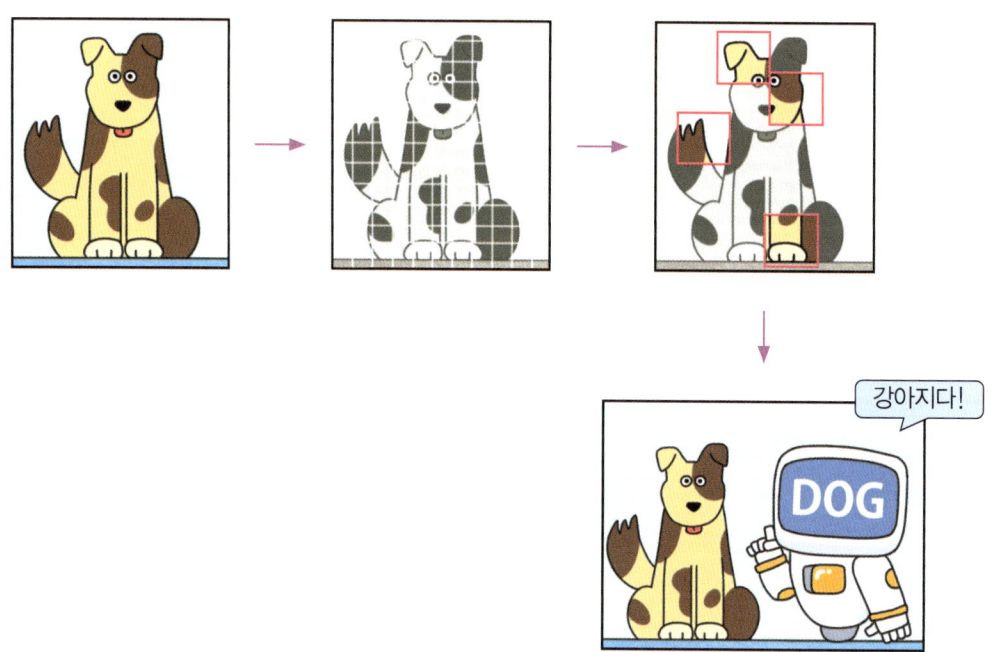

그런데 이미지에서 각종 특징을 찾아내는 일은 상당히 복잡하고 어려운 작업입니다. 사람이 직접 모든 특징을 찾아내려고 하면 놓치는 부분이 많고, 그 결과로 만들어진 인공지능 시스템의 성능도 기대만큼 높지 않았습니다. 이러한 문제를 해결하기 위해, 최근에는 '합성곱 신경망(CNN : Convolutional Neural Networks)'이라는 특별한 종류의 인공지능 알고리즘을 이미지 처리에 많이 사용하고 있습니다.

'합성곱 신경망'은 색상, 테두리, 각도 등과 같은 여러 특징들을 자동으로 찾아냅니다.

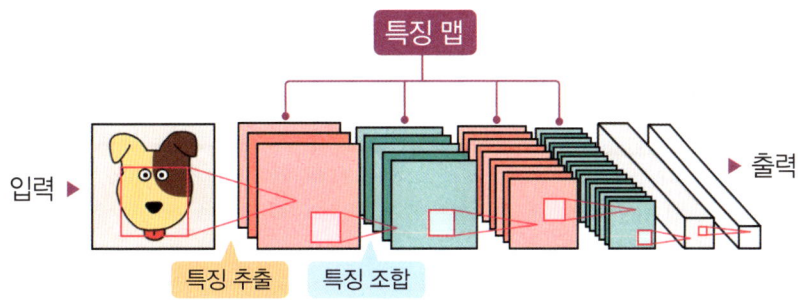

이를 위해 이미지의 픽셀 값 간의 차이를 계산하는데, 위 이미지의 빨간 박스와 같이 특정 영역을 선택하고 그 안의 픽셀 값에서 임의의 여러 숫자를 곱하여 특징을 추출합니다. 이러한 과정은 사람이 눈으로 볼 때 놓칠 수 있는 세부적인 부분까지 포착할 수 있게 해 줍니다. 이와 같은 작업이 반복되어 다양한 특징들을 담은 정보가 생성되는 것입니다.

생활쏙쏙 AI '이미지 인식 기술'은 어디에 쓰일까요?

'이미지 인식 기술'은 컴퓨터가 이미지나 비디오를 분석하여 그 안의 객체, 사람, 글자, 장면 등을 인식하고 이해하는 기술을 말합니다. 우리 생활 속에서 어떻게 활용되고 있는지 알아봅시다.

보안 시스템

여러분은 스마트폰의 잠금을 해제하는 얼굴 인식 기능을 활용해 본 적이 있을 것입니다. 인공지능 스마트 보안 시스템은 얼굴 인식 시스템을 사용하여 잠금 해제를 허용하거나 거부합니다.

자율주행 자동차

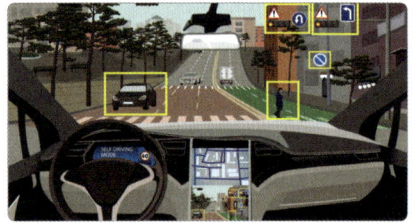

자율주행 자동차는 인공지능 이미지 인식 기술을 활용해 도로 상황을 인식하고, 다른 차량, 보행자, 신호등 등을 구분합니다. 이 기술을 통해 운전자는 안전하게 목적지까지 운행할 수 있게 됩니다.

의료 분야

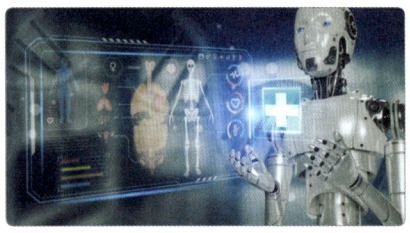

의료 분야에서 인공지능 이미지 인식 기술은 X-ray, MRI 등의 의료 이미지를 분석하여 질병을 진단하는 데 사용되고 있습니다. 예를 들어, 흉부 X-ray 사진 속에서 폐결핵이나 코로나 바이러스와 같은 질병의 증상을 찾아내는 데 도움을 줍니다.

스마트 팜

농작물의 성장 상태나 병충해를 감지하기 위해 인공지능 이미지 인식 기술이 활용되기도 합니다. 이를 통해 병충해가 퍼지기 전에 농작물을 보호할 수 있게 됩니다. 또한 농작물을 수확하기에 좋은 시기를 알려 주어 농업의 효율성과 생산성을 높일 수 있습니다.

블록쏙쏙 AI '비디오 감지' 명령 블록 알아보기

비디오 감지란?

'비디오 감지'는 카메라로 입력되는 이미지(영상)를 통해 사물을 인식하는 기능입니다. 이 기능을 통해 사용자는 자동으로 사물을 인식하는 인공지능으로부터 도움을 받을 수 있습니다.

- **비디오 감지 블록 분류** : '사람 인식', '사물 인식', '손 인식', '얼굴 인식' 중에서 사용할 블록을 각각 불러올 수 있습니다.
- **블록 사용** : 사물 인식 블록은 80종의 사물의 구별이 가능하고 인식한 사물의 개수도 구별이 가능합니다.
- 사물을 인식할 때 실제 사물의 크기로 인해 인식이 어렵다면 사물의 사진으로 인식할 수 있습니다.

'비디오 감지' 명령 블록 살펴보기

블록	설명
비디오 화면 보이기 ▼	카메라가 촬영하는 화면을 보이게 하거나 숨길 수 있습니다.
ABKO APC900 FHD WEBCAM (0735:0269) ▼ 카메라로 바꾸기	여러 대의 카메라가 연결된 경우 카메라를 선택할 수 있습니다. 연결된 카메라가 없다면 '대상 없음'이라고 뜹니다.
카메라가 연결되었는가?	카메라가 연결되었는지를 '참' 또는 '거짓'으로 판단할 수 있는 블록입니다. 단독으로 사용은 불가능하며 다른 블록에 끼워서 사용합니다.
비디오 화면 좌우 ▼ 뒤집기	실행화면에 나타나는 비디오 화면을 '상하', '좌우'로 뒤집을 수 있습니다.
비디오 투명도 효과를 0 으로 정하기	촬영되는 화면의 투명도 효과를 입력한 값으로 정합니다. '0~100' 사이의 범위로 설정할 수 있습니다. (기본 값은 '50'이며, '0' 이하는 '0'으로 '100' 이상은 '100'으로 처리됩니다.)
자신 ▼ 에서 감지한 움직임 ▼ 값	움직임의 정도를 값으로 수치화할 수 있는 블록입니다. 단독으로 사용은 불가능하며 다른 블록에 끼워서 사용합니다.

'사물 인식' 명령 블록 살펴보기

블록	설명
사물을 인식했을 때	사물을 인식했는지를 파악하고 시작하는 블록입니다.
사물 인식 시작하기 ▼	사물 인식을 시작하거나 중지할 수 있습니다.
인식한 사물 보이기 ▼	카메라가 인식한 사물을 보이게 하거나 숨길 수 있습니다.
사물을 인식했는가?	사물을 인식했는지를 '참' 또는 '거짓'으로 판단하는 블록입니다. 단독으로 사용은 불가능하며 다른 블록에 끼워서 사용합니다.
인식한 사물의 수	인식한 사물의 개수를 판단하는 블록이며, 최대 '3개'까지 인식합니다. 단독으로 사용은 불가능하며 다른 블록에 끼워서 사용합니다.
사물 중 자전거 ▼ 을(를) 인식했는가?	사물이 카메라에 인식되면 '참' 또는 '거짓'으로 판단하는 블록입니다. 단독으로 사용은 불가능하며 다른 블록에 끼워서 사용합니다.

바로 쓰는 AI_ TIP   엔트리 '비디오 감지' 기능 사용 방법

❶ 비디오 감지 기능 사용 전 유의사항 (출처 : 엔트리 User Guide)
  • 안정적인 동작을 위해 '크롬'이나 '웨일' 브라우저를 사용해 주세요.
  • '비디오 감지' 블록은 인터넷 익스플로러, iOS 운영 체제에서는 동작하지 않을 수 있습니다.
  • 노트북이 아닌 데스크톱 컴퓨터를 활용할 경우 별도의 카메라를 연결해야 합니다.

❷ 카메라를 연결했는데 블록이 동작하지 않거나, 영상이 제대로 입력되지 않는 경우 브라우저 설정을 변경해 주세요. '크롬' 브라우저를 사용할 경우 다음과 같이 변경해 봅니다.

  • 방법 1 : 주소 표시줄 왼쪽의 설정 아이콘을 클릭한 후, 카메라 버튼 활성화하기

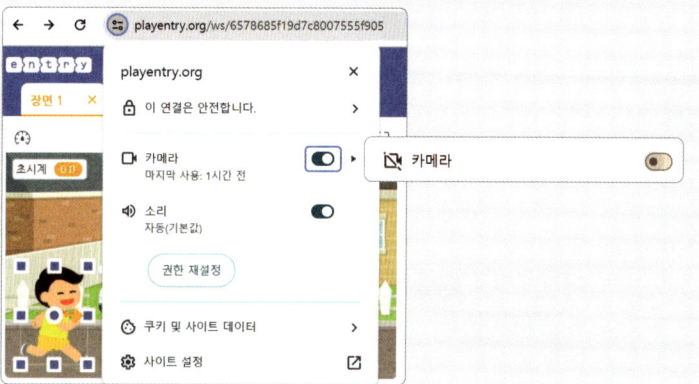

  • 방법 2 : 설정 〉 개인 정보 및 보안 〉 사이트 설정 〉 카메라 〉 엔트리 사이트의 카메라 사용 허용하기

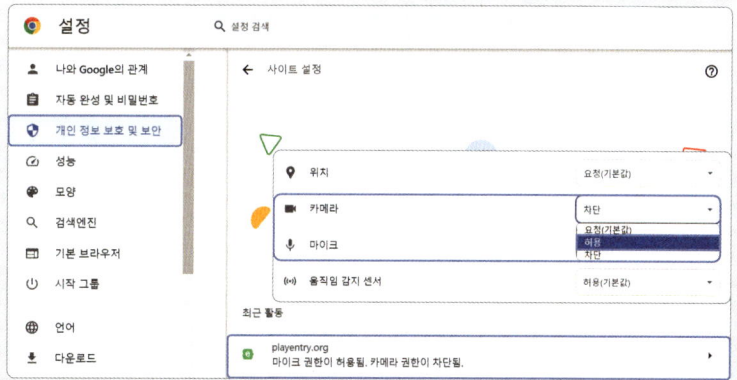

  ＊카메라를 통해 입력되는 영상은 서버에 저장되거나 외부로 공유되지 않습니다.

어린이 안전 지킴이 AI 산책 로봇

스타터 [AI Fn] 비디오 감지   [바로 AI] Level ★★☆☆☆

어린이가 산책할 때 발생하는 위험한 상황을 예방하기 위해서는 보호자가 필요합니다. 만약 보호자가 없을 경우 어떻게 해야 할까요? 안전을 지켜 주는 'AI 산책 로봇'이 있으면 좋지 않을까요? 이 로봇은 개, 자동차, 자전거 등 길에서 만나게 되는 위험을 감지하여 안내해 주는 기능을 가지고 있습니다. 엔트리의 '비디오 감지' 블록을 통해 위험 사물을 감지하여 어린이의 안전한 산책을 돕는 'AI 산책 로봇'을 만들어 볼까요?

완성 작품

• 완성 작품 주소 : https://naver.me/GDN2Uhsg   • 실습 작품 주소 : https://naver.me/5BkRjOWa

01 완성 작품 미리보기

시작	(산책 로봇이랑 산책 다녀올게요!)	[▶시작하기] 버튼을 클릭하면 산책을 시작합니다.
감지	(앞에 강아지가 있습니다.)	• 산책이 시작되면 인공지능 로봇이 '사물 인식' 기능을 활용하여 사물을 감지합니다. • 위험 사물이 카메라에 감지되면 안내를 해 줍니다.

02 알고리즘 작성하기

1 'AI 바로 쌤'과 함께 챗GPT 활용하기

'완성 작품 미리보기'를 확인했나요?
작품을 만들기 전에 혹시 궁금한 것이 있다면 챗GPT에게 질문해 보세요.
작품 스토리, 알고리즘, 코딩하는 방법 등 어느 것이든 좋습니다.

엔트리 '비디오 감지' 기능의 '사물 인식' 블록을 활용하여
강아지나 자전거, 그리고 자동차를 발견하면 알려 주는 프로그램의
알고리즘에 대해 질문하고 싶어요.

그렇군요. 그럼, 챗GPT에게 다음과 같이 질문을 해 보아요.

당신은 블록 코딩 전문가입니다. 엔트리 '비디오 감지'의 '사물 인식' 블록을 활용해 프로그램을 만들려고 합니다. 일정 시간 동안 비디오 감지를 통해 몇 가지 사물을 인식하고 알려 주려고 합니다. 알고리즘을 자세하게 알려 주세요.

1. 엔트리 환경 설정
- 엔트리 로그인 후, 새 프로젝트를 생성합니다.
- '확장 기능(인공지능 카테고리)'에서 '비디오 감지' 블록을 활성화시킵니다.

2. 사물 인식 기능 구현
- '비디오 감지' 블록 중 '비디오에 [사물]이 보이면'을 사용하여 인식할 사물을 설정합니다.
- 인식하고 싶은 사물마다 조건문을 추가합니다.
- 각 조건문 안에 '말하기' 블록을 넣어 해당 사물이 인식되었을 때 알림을 줄 수 있게 합니다.

3. 시간 기능 구현
- '데이터(속성 탭)'에서 '변수'를 만들고, '시간'이라고 이름을 지정합니다.
- 산책을 시작할 때 '초시계' 변수를 '0'으로 설정하고, '1초'마다 '시간' 변수의 값을 '1'씩 늘리는 반복문을 작성합니다.
- 일정 시간이 지났을 때(예 10분) 산책을 끝내기 위해 '만약' 블록을 사용하여 '초시계'의 값이 30(초)에 도달했는지 확인합니다.

4. 산책 종료 알림
- '시간'이 30초에 도달하면 '말하기' 블록을 사용해 "산책이 끝났어요!"라고 알림을 줍니다.

5. 전체 알고리즘 연결
- 이벤트가 시작될 때 '플래그(시작하기 버튼)'를 클릭하는 것으로 모든 알고리즘을 시작하게 설정합니다.
- 사물 인식과 초시계 기능이 동시에 작동하도록 나란하게 블록을 배치합니다.

 Send a message

 챗GPT는 이렇게 대답해 주었어요. 혹시 더 궁금한 점이 있나요?

엔트리에는 초시계 기능이 있으니 변수보다는 초시계 기능을 사용해서 알고리즘을 작성해 달라고 하고 싶어요.

 그렇군요. 그럼, 챗GPT에게 다음과 같이 질문을 해 보아요.

 엔트리에는 초시계 블록이 있어. 그것을 활용해서 일정 시간 동안만 프로그램이 작동하게 하고 싶어. 프로그램의 알고리즘을 자세히 알려 줘.

 엔트리에는 실제로 '초시계' 블록이 있어요. 제가 앞서 변수를 사용한 방법을 설명드렸는데, 기본으로 제공되는 '초시계' 기능을 활용하는 것이 더 효율적일 수 있습니다. '초시계' 블록을 사용하여 시간을 측정하고 이를 기반으로 프로그램을 만들어 보겠습니다.

1. 엔트리 환경 설정
- 엔트리에 로그인하고 새 프로젝트를 시작합니다.
- 필요한 경우 '확장 기능(인공지능 카테고리)'에서 '비디오 감지'를 활성화합니다.

2. 사물 인식 기능 구현
- '비디오 감지' 블록 중 '비디오에 [사물]이 보이면'을 사용하여 원하는 사물을 인식하도록 설정합니다.
- 인식하고 싶은 사물마다 조건문을 추가하고, 각각에 '말하기' 블록을 넣어서 사물을 인식했을 때 알림을 줄 수 있게 합니다.

3. 초시계 기능 사용
- '시작하기' 블록에 '초시계 시작' 블록을 넣어 산책이 시작될 때 초시계를 작동시킵니다.
- '만약' 블록을 사용하여 일정 시간(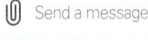 10분)이 경과했는지를 확인합니다. 예를 들어, '만약 초시계 값이 30초 이상이면'과 같이 설정할 수 있습니다.

4. 산책 종료 알림
- 설정한 시간에 도달하면 '말하기' 블록으로 "산책이 끝났어요!"라는 알림을 사용자에게 줍니다.
- 그리고 '초시계 정지' 블록을 사용하여 타이머를 멈춥니다.

챗GPT의 도움 답변을 바탕으로 알고리즘을 정리해 볼까요?

2 알고리즘 정리하기

1. 비디오 연결	2. 산책 시작	3. 사물 인식
어린이의 산책 의사 확인 및 카메라 연결을 점검함.	산책 시작 신호에 따른 로봇의 사물 인식 및 초시계를 작동함.	위험 사물을 인식했을 때 경고 메시지 전송함.

4. 산책 종료
산책 시간 종료 후 코드 종료 메시지를 발송함.

03 프로그래밍 준비하기

1 장면 미리보기

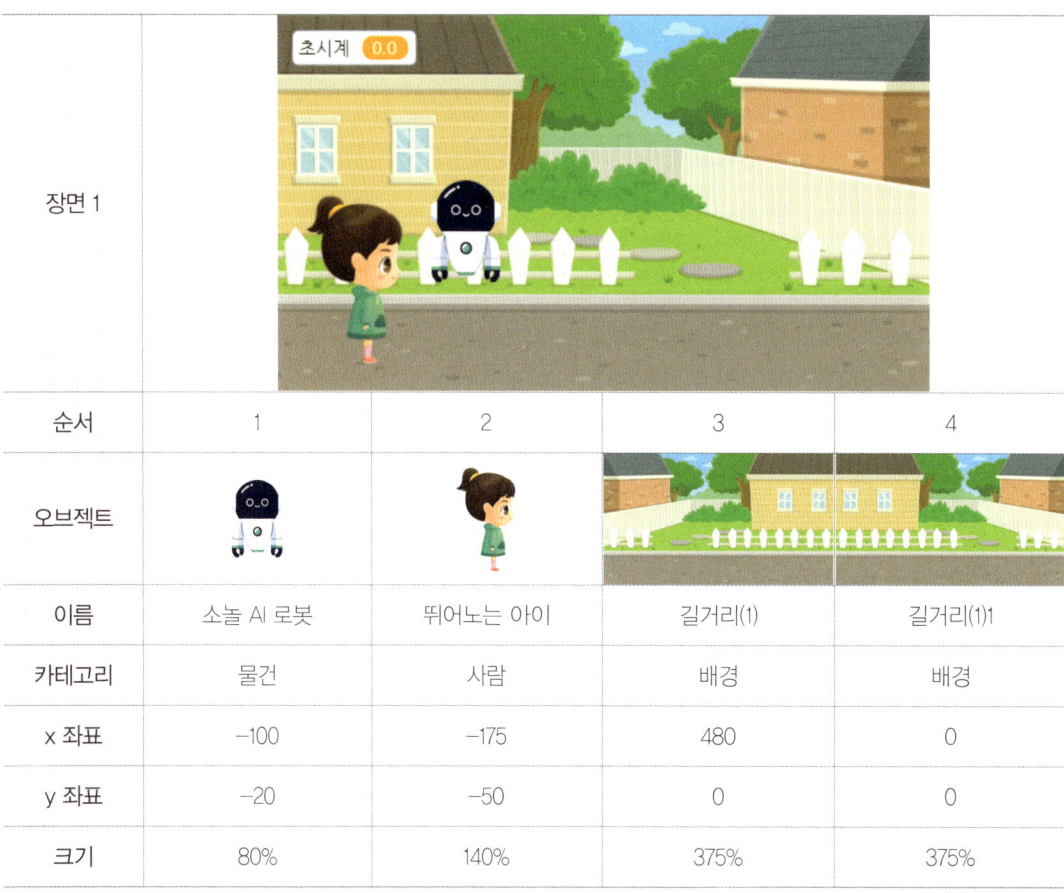

순서	1	2	3	4
오브젝트				
이름	소놀 AI 로봇	뛰어노는 아이	길거리(1)	길거리(1)1
카테고리	물건	사람	배경	배경
x 좌표	-100	-175	480	0
y 좌표	-20	-50	0	0
크기	80%	140%	375%	375%

 바로 쓰는 AI_ **TIP**   오브젝트 배치

- 순서 '3'의 '길거리(1)' 이미지의 x 좌표를 '480'으로 변경합니다.
- 순서 '4'의 '길거리(1)1' 이미지는 **[모양]** 탭의 좌우 반전을 이용하여 이미지를 반전시킵니다.

2 이미지 좌우 반전

❶ 오브젝트를 선택한 후 [모양] 탭에서 그림판을 확인할 수 있습니다.

❷ 그림판에서 [좌우 반전] – [저장하기] 버튼을 클릭하면 오브젝트를 좌우 반전시킬 수 있습니다.

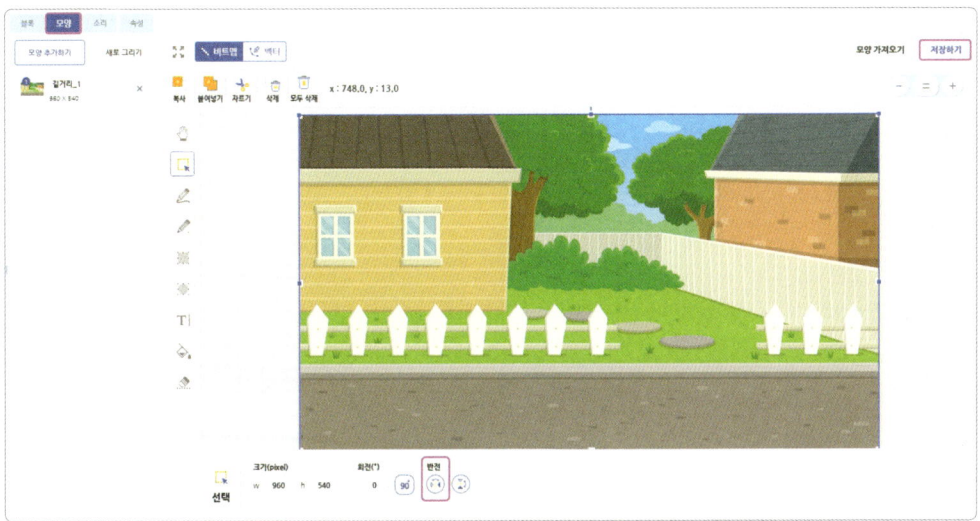

3 [속성] - [신호] 만들기

❶ [속성] 탭에서 [신호] – [신호 추가하기]를 클릭합니다.

❷ '산책 시작' 신호를 만듭니다.

3 인공지능 블록 불러오기

❶ 블록 꾸러미에서 [인공지능] - [인공지능 블록 불러오기]를 순서대로 클릭합니다.

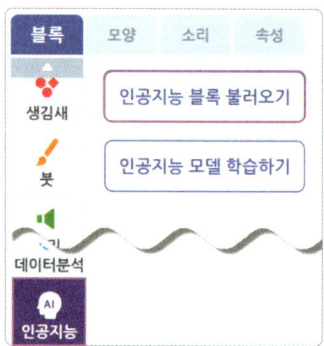

❷ [읽어주기] - [사물 인식] - [불러오기]를 순서대로 클릭합니다.

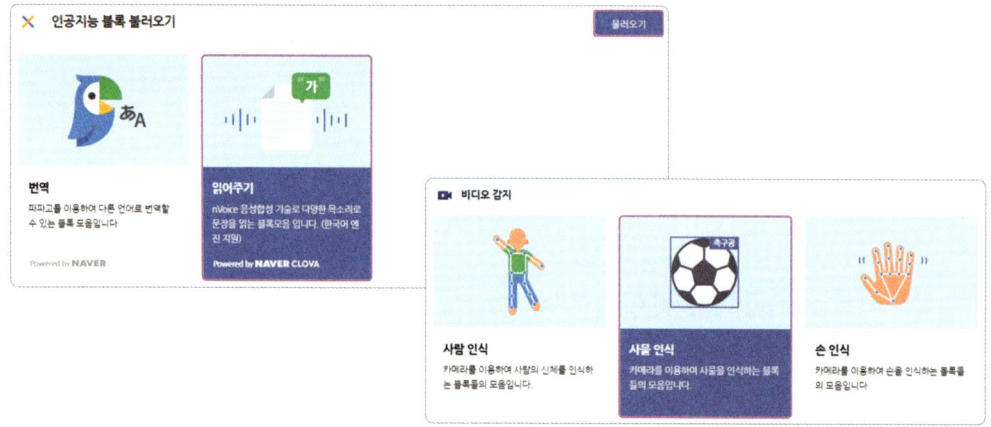

❸ [인공지능] 카테고리에 **읽어주기**, **비디오 감지**, **사물 인식** 블록이 새롭게 추가된 것을 확인합니다.

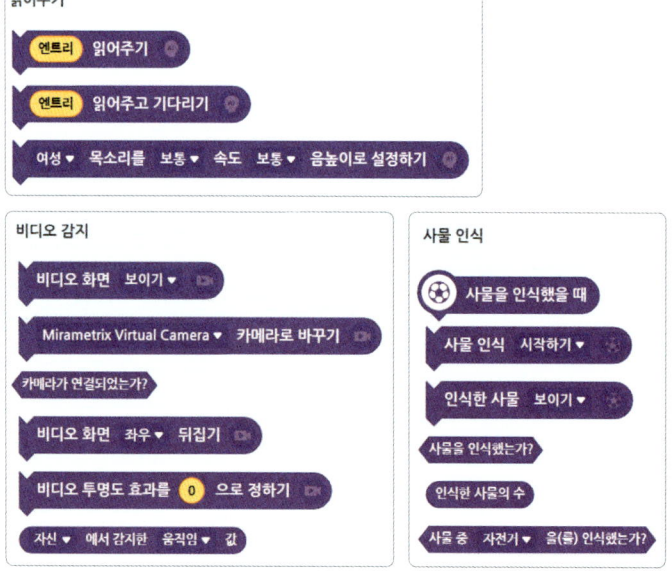

04 바로 프로그래밍하기 1 : 비디오 연결하기

1 무엇을 만들까요?
[▶ **시작하기**] 버튼을 클릭하면 비디오 연결을 확인하도록 만듭니다. 카메라가 연결되었을 때에는 산책을 하고, 연결되지 않았을 때에는 비디오 연결을 다시 요청합니다.

2 비디오 연결 상태를 어떻게 확인할까요?
❶ [시작]에서 [시작하기 버튼을 클릭했을 때]를 가져옵니다. 이어서 음성을 설정하는 [인공지능]의 [O 목소리를 O 속도 O 음높이로 설정하기]를 연결합니다.

❷ [흐름]의 [만일 〈참〉 (이)라면 O 아니면] 블록을 연결합니다. 〈참〉 부분에 [인공지능]의 〈카메라가 연결되었는가?〉를 넣어줍니다. [생김새]의 [O 말하기]와 [인공지능]의 [O 읽어주고 기다리기]를 연결하여 '뛰어노는 아이'의 대사가 화면에 보이고, 음성으로도 들리게 합니다.

❸ [생김새]의 [말풍선 지우기]와 [시작]의 [O 신호 보내기]를 연결합니다.

❹ [아니면]에 [생김새]의 [O 말하기]와 [인공지능]의 [O 읽어주고 기다리기]를 연결하여 완성합니다.

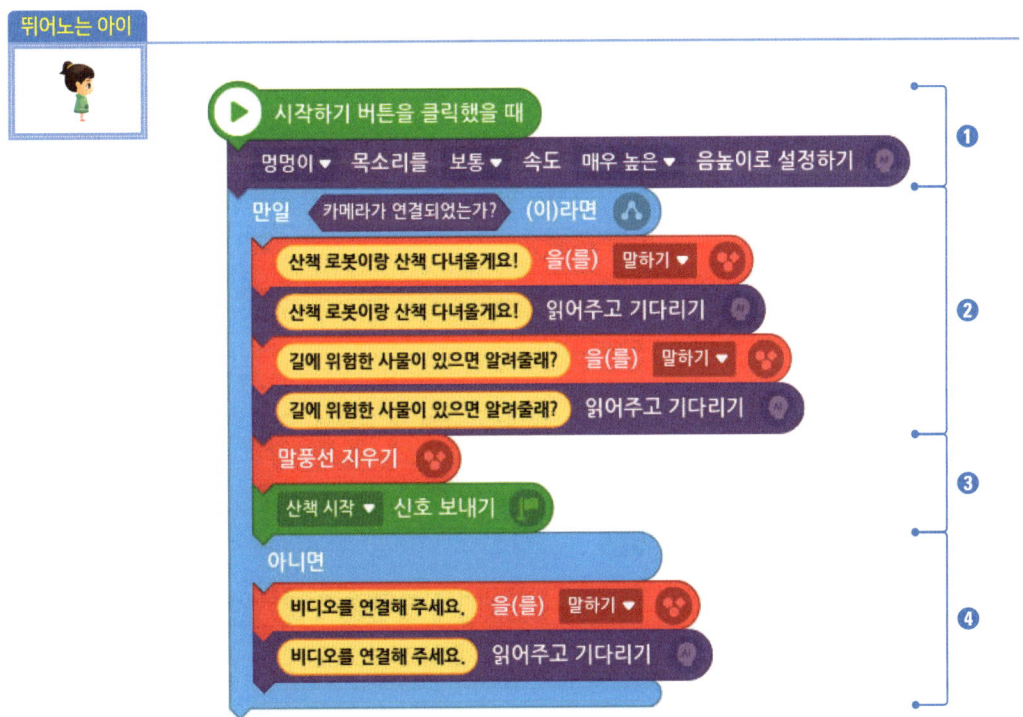

❶ 인공지능으로 '뛰어노는 아이'의 목소리를 설정합니다.
❷ 카메라 연결이 된 경우 산책을 시작하는 내용의 말풍선이 보이고, 아이의 목소리가 스피커를 통해 나옵니다.
❸ 모든 말을 끝내고, 본격적으로 산책을 하기 위해 '산책 시작' 신호를 보냅니다.
❹ 카메라 연결이 안 된 경우 메시지를 통해 알려 줍니다.

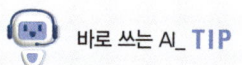 **바로 쓰는 AI_ TIP**   주요 명령 블록

분류	블록	설명
시작	시작하기 버튼을 클릭했을 때	실행화면에서 [▶ 시작하기] 버튼을 클릭하면 아래에 연결된 블록이 동작합니다.
흐름	만일 참 (이)라면 / 아니면	만일 판단이 '참'이라면 첫 번째 감싸고 있는 블록을 실행하고, '거짓'이면 두 번째 감싸고 있는 블록을 실행합니다.
인공지능	카메라가 연결되었는가?	컴퓨터에 카메라가 연결되어 있는 경우 '참'으로 판단합니다.
	엔트리 읽어주고 기다리기	노란색 영역 안에 있는 내용을 스피커를 통해 소리로 확인할 수 있습니다.
	여성▼ 목소리를 보통▼ 속도 보통▼ 음높이로 설정하기	선택한 목소리가 선택한 속도와 선택한 음높이로 설정됩니다.
생김새	안녕! 을(를) 말하기▼	노란색 영역 안에 있는 내용을 말풍선으로 나타냅니다.
	말풍선 지우기	실행화면에 말풍선이 보이지 않도록 합니다.
시작	산책 시작▼ 신호 보내기	[속성] 탭 – [신호 추가하기]에서 만든 신호를 보냅니다.

3 '산책 시작' 신호를 받은 아이는 어떻게 움직일까요?

❶ [시작]의 [O 신호를 받았을 때]를 가져옵니다. 계속 걷는 모양이 될 수 있게 [흐름]의 [계속 반복하기]를 연결합니다.

❷ [생김새]의 [다음 모양으로 바꾸기]와 [흐름]의 [O초 기다리기]를 연결하여 시간 차이를 두고 모양을 바꾸어 줍니다.

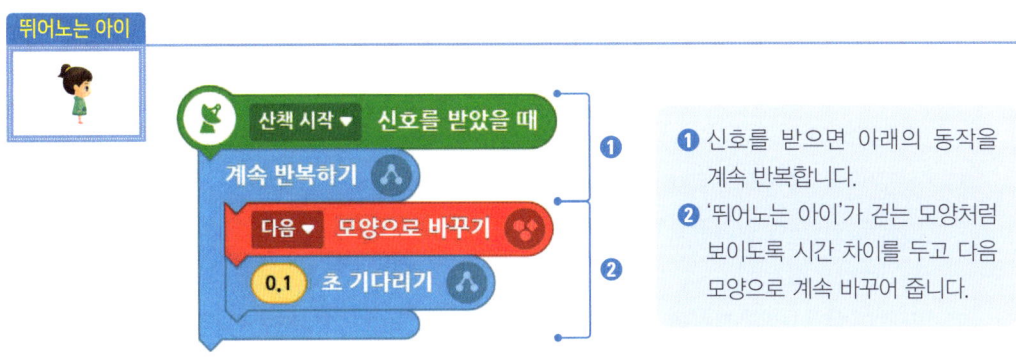

❶ 신호를 받으면 아래의 동작을 계속 반복합니다.
❷ '뛰어노는 아이'가 걷는 모양처럼 보이도록 시간 차이를 두고 다음 모양으로 계속 바꾸어 줍니다.

바로 쓰는 AI_TIP 주요 명령 블록, 모양 바꾸기 시간

시작	[산책 시작 신호를 받았을 때]	신호를 받았을 때, 아래에 연결된 블록이 동작합니다.
생김새	[다음 모양으로 바꾸기]	[모양] 탭을 이용하면 한 개의 오브젝트 형태를 다음 모양으로 바꿀 수 있습니다.
흐름	[계속 반복하기]	감싸고 있는 블록들을 계속해서 반복 실행합니다.
	[2 초 기다리기]	• 노란색 영역 안의 시간 동안 기다립니다. • 0.5초, 0.005초와 같이 소수점 사용도 가능합니다.
	모양 탭 (뛰어노는 아이_2 ~ 6, 각 0.1초)	

05　바로 프로그래밍하기 2 : 사물 인식하기

1　무엇을 만들까요?

산책 로봇이 카메라를 이용하여 사물을 인식하게 합니다. 산책하는 동안 카메라에 비친 사물을 감지하여 사용자에게 알려 주도록 만듭니다.

2　산책 로봇은 어떻게 위험을 감지할까요?

❶ [시작]의 [O 신호를 받았을 때]를 가져옵니다. 이어서 산책 시간을 확인하기 위해 [계산]의 [초시계 시작하기]를 연결합니다.

❷ [생김새]의 [O 모양으로 바꾸기]를 연결한 후, 모양을 바꾸어 줍니다. [생김새]의 [O 말하기]와 [인공지능]의 [O 읽어주고 기다리기]를 연결하여 '소놀 AI 로봇'의 대사가 화면에 보이고, 음성으로도 들리게 합니다.

❸ [인공지능]의 [비디오 화면 보이기]와 [사물 인식 시작하기]를 연결하여 사물 인식을 시작합니다.

❹ 사물 인식을 계속할 수 있게 [흐름]의 [계속 반복하기]를 연결합니다.

　❹-1 사물을 인식하도록 [흐름]의 [만일 O (이)라면]을 연결합니다. 인식한 사물을 확인하기 위해 [인공지능]의 〈사물 중 O 을(를) 인식했는가?〉를 끼워 넣습니다.

　❹-2 소리를 재생하는 [소리]의 [소리 재생하기]를 연결합니다.

　❹-3 [생김새]의 [O 말하기]와 [인공지능]의 [O 읽어주고 기다리기]를 연결하여 '소놀 AI 로봇'의 대사가 화면에 보이고, 음성으로도 들리게 합니다. [생김새]의 [말풍선 지우기]를 연결하여 완성합니다.

소놀 AI 로봇

❶ '산책 시작' 신호를 받으면 초시계를 동작합니다.
❷ '소놀 AI 로봇'이 감지하는 모양으로 바꾼 후, '산책 시작'을 말합니다.
❸ 비디오 화면을 보이게 하고, 사물 인식을 시작합니다.
❹ 계속 사물을 인식합니다. 만약, '개'를 발견한다면 "앞에 강아지가 있습니다."라는 말을 합니다.

 바로 쓰는 AI_TIP   주요 명령 블록

분류	블록	설명
계산	초시계 시작하기	초시계의 상태를 결정합니다.
생김새	소놀AI로봇_1▼ 모양으로 바꾸기	오브젝트를 선택한 모양으로 바꿉니다. (내부 블록을 분리하고 모양의 번호를 입력하여 모양을 바꿀 수도 있습니다.)
인공지능	비디오 화면 보이기▼	연결된 카메라가 촬영하는 것을 실행화면에서 보이게 하거나 숨깁니다. (기본 값으로 50%의 투명도가 적용되어 있습니다.)
	사물 인식 시작하기▼	사물 인식을 시작하거나 중지합니다. • **사물 인식** : 인식한 사물의 종류를 알 수 있습니다.
	사물 인식 시작하기▼	선택한 사물을 인식하면 '참'으로 판단합니다.
흐름	만일 참 (이)라면	만일 판단이 '참'이라면, 감싸고 있는 블록들을 실행합니다.
소리	소리 딩동▼ 재생하기	[소리] 탭에서 추가한 소리를 재생합니다. 오브젝트가 선택한 소리를 재생하는 동시에 다음 블록을 실행합니다.
	(실행화면 이미지)	배경 오브젝트가 보이지 않도록 눈 감은 모양으로 설정하면 실행화면에 비디오 화면이 나타납니다.

3 산책은 어떻게 종료할까요?

❶ [시작]의 [O 신호를 받았을 때]를 가져옵니다. 이어서 산책 시간을 계속 확인할 수 있게 [흐름]의 [계속 반복하기]를 연결합니다.

❶-1 초시계 시간을 인식하도록 [흐름]의 [만일 O (이)라면]을 가져옵니다. [판단]의 〈10 ≥ 10〉을 〈참〉 칸에 넣습니다. 왼쪽 칸에는 [계산]의 (초시계 값)을 오른쪽 칸에는 숫자 '30'을 입력합니다.

❶-2 산책 시간을 확인하기 위해 [계산]의 [초시계 시작하기]를 연결한 후, '정지하기'로 수정합니다. 이어서 [생김새]의 [O 말하기]와 [인공지능]의 [O 읽어주고 기다리기]를 연결하여 '소놀 AI 로봇'의 대사가 화면에 보이고, 음성으로도 들리게 합니다.

❶-3 모든 코드를 멈추기 위해 [흐름]의 [모든 코드 멈추기]를 연결합니다.

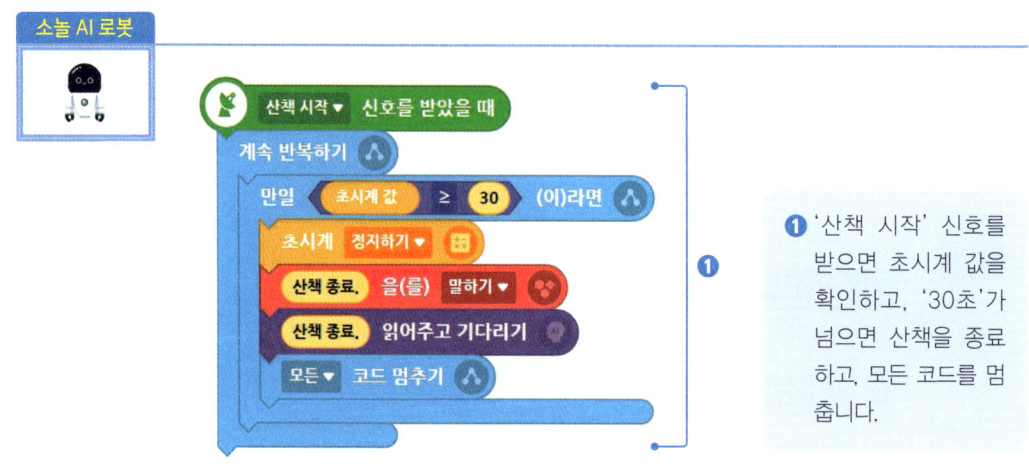

❶ '산책 시작' 신호를 받으면 초시계 값을 확인하고, '30초'가 넘으면 산책을 종료하고, 모든 코드를 멈춥니다.

바로 쓰는 AI_ TIP   주요 명령 블록

06 바로 프로그래밍하기 3 : 배경은 어떻게 움직일까요?

1 무엇을 만들까요?

'뛰어노는 아이' 오브젝트가 제자리에서 뛰는 동작을 하고, 배경인 '길거리' 오브젝트가 반대로 움직이면 마치 달리는 것과 같은 효과를 낼 수 있습니다. 두 개의 배경이 번갈아 가며 움직이게 하여 '뛰어노는 아이' 오브젝트가 달리는 효과를 만듭니다.

2 배경은 어느 방향으로 움직일까요?

❶ [시작]의 [O 신호를 받았을 때]를 가져옵니다. 배경을 계속 움직이도록 [흐름]의 [계속 반복하기]를 연결합니다.

❶-1 배경이 왼쪽으로 이동하도록 [움직임]의 [이동 방향으로 O 만큼 움직이기]를 연결합니다.

❶-2 배경의 위치를 확인하도록 [흐름]의 [만일 O (이)라면]을 연결합니다. [판단]의 〈10 ≤ 10〉을 끼워 넣습니다. 왼쪽 칸에는 [계산]의 (O의 x 좌푯값)을 오른쪽 칸에는 숫자 '-480'을 입력합니다.

❶-3 다음 위치로 돌아오도록 [움직임]의 [x: O 위치로 이동하기]를 연결합니다.

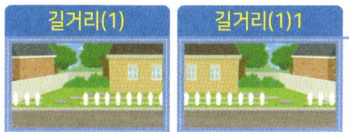

❶ 배경을 왼쪽으로 계속 이동시킵니다. 특정 위치가 되면 다음 위치인 'x : -480' 위치로 배경을 이동시킵니다.

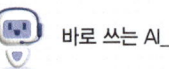 **바로 쓰는 AI_TIP** 주요 명령 블록, 움직이는 배경 효과

① 배경은 사용자가 입력한 속도로 이동합니다. (왼쪽으로 이동시키기 위해 음수 값을 입력합니다.

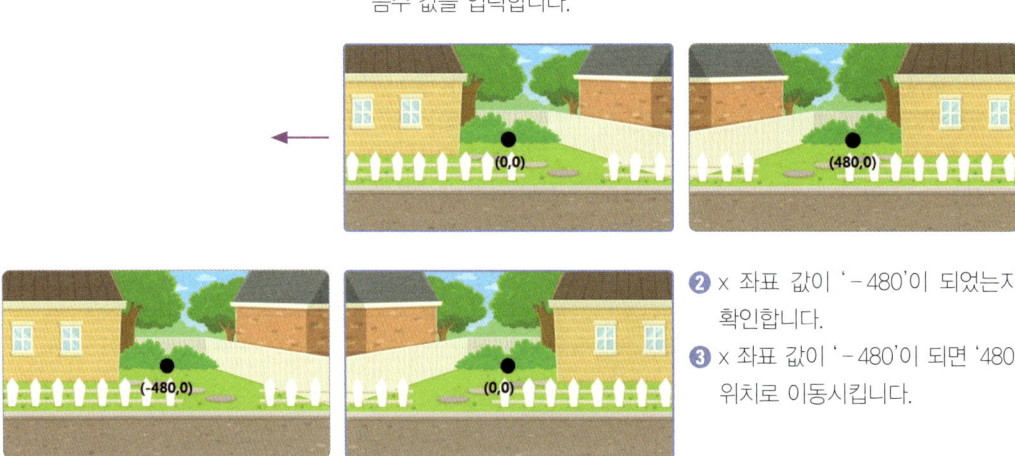

② x 좌표 값이 '–480'이 되었는지 확인합니다.
③ x 좌표 값이 '–480'이 되면 '480' 위치로 이동시킵니다.

④ 두 개의 배경이 계속 반복적으로 표시되면서 마치 움직이는 것 같은 느낌을 줍니다.

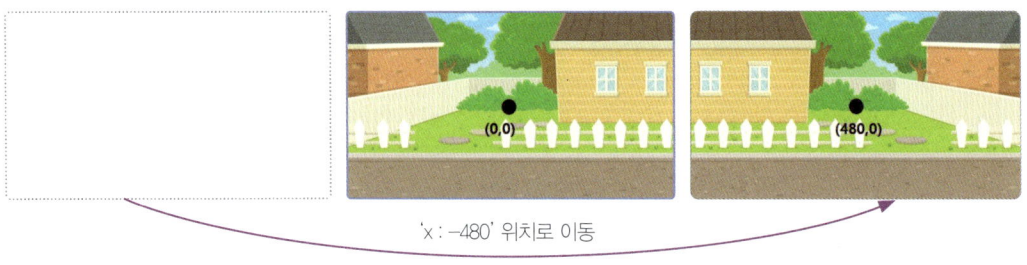

'x : –480' 위치로 이동

두 개의 배경을 위와 같이 활용하면 화면이 움직이는 효과를 낼 수 있습니다.

바로 한눈에! 코드 펼쳐보기

모두 펼쳐보기

소놀 AI 로봇

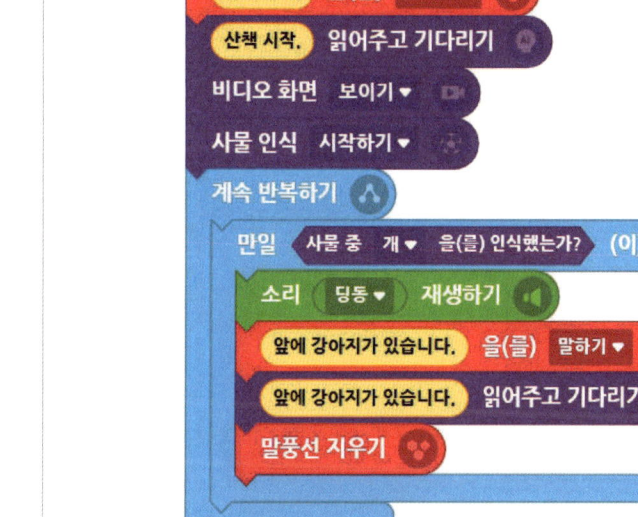

바로 점프! 더 나아가기

완성 작품

점프 미션	위험 사물을 추가하여 더욱 안전하게 산책하게 만들기
[힌트 1] 완성 작품 장면	초시계 8.5 / 앞에 자동차가 있습니다.
[힌트 2] 오브젝트별 코드 추가	소놀 AI 로봇 만일 참 (이)라면 사물 중 자동차▼ 을(를) 인식했는가? 소리 딩동▼ 재생하기 앞에 자동차가 있습니다. 을(를) 말하기▼ 앞에 자동차가 있습니다. 읽어주고 기다리기 말풍선 지우기
[힌트 3] 추가 기능	'소놀 AI 로봇'이 자동차를 발견했을 때 "앞에 자동차가 있습니다."를 안내할 수 있게 합니다. 새로 작성할 코드는 기존 [계속 반복하기] 안에 연결해야 합니다.

완성 작품 : https://naver.me/xoYi4P6O

바로 함께! 즐겁게 배우는 챗GPT

 이번 시간에 배운 내용을 바탕으로 챗GPT와 다양한 이야기로 소통해 볼까요? 이때 부모님 또는 선생님과 함께하면 더 재미있고 안전하게 정보를 찾을 수 있을 거예요. 그럼 챗GPT와 함께 어린이 사고 예방 안전 프로그램에 대해 소통해 볼까요?

프롬프트 1 챗GPT와 함께 알고리즘을 만들어 보세요.

 어린이 안전사고를 예방할 수 있는 블록 코딩 작품을 엔트리로 만들어 보려고 합니다. 이와 관련된 알고리즘을 알려 주세요.

 어린이 안전사고를 예방하는 블록 코딩 작품을 만들려면, 간단한 게임 형태로 안전 교육을 진행할 수 있습니다. 예를 들어, 안전한 행동을 선택하면 점수가 오르고, 위험한 행동을 선택하면 점수가 내려가는 형태의 게임을 만들어 볼 수 있습니다. 아래는 그에 대한 간략한 알고리즘입니다.

1. **시작 화면 설정** : '시작하기' 블록을 사용해 게임을 시작합니다. '말하기' 블록으로 게임의 규칙을 설명할 수 있습니다.

2. **문제 설정** : '말하기' 블록을 사용해 여러 가지 상황을 제시합니다. 예를 들어 "빨간 불이 켜져 있을 때 길을 건너도 될까요?", "모르는 사람이 과자를 준다면 받아도 될까요?" 등의 문제를 제시할 수 있습니다.

3. **답변 선택** : '선택하기' 블록을 사용해 '예' 또는 '아니오'를 선택하도록 합니다.

4. **점수 계산** : 선택한 답변이 올바르면 '변수 변경하기' 블록을 사용해 점수를 올리고, 틀리면 점수를 내립니다.

5. **결과 표시** : 모든 문제를 풀었을 때 '말하기' 블록을 사용해 최종 점수를 알립니다. 또한, 올바른 답변을 선택하지 못한 문제에 대한 해설을 제공할 수 있습니다.

이러한 방식으로 코딩을 통해 어린이가 안전에 대한 이해를 높이고, 위험한 상황을 피할 수 있는 안전한 행동을 학습하는 것을 돕는 게임을 만들 수 있습니다.

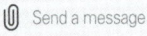

프롬프트 2 챗GPT와 함께 어린이 안전에 대해 이야기해 보세요.

 어린이가 산책을 할 때에 주변에 어떤 위험한 사물이 있을까요? 알려 주세요.

 어린이가 산책 중에 마주칠 수 있는 위험한 사물에는 여러 가지가 있습니다. 주로 다음과 같은 것을 주의해야 합니다.

1. **차량** : 도로를 건널 때나 길가에서 뛰어놀 때 차량으로부터 위험을 받을 수 있습니다. 특히, 주차된 차량 사이에서 갑자기 나오거나, 신호를 지키지 않고 길을 건너는 경우에는 사고 위험이 높아집니다.

2. **자전거나 스쿠터** : 도로나 인도에서 자전거나 스쿠터가 어린이를 쳐서 다치게 할 수 있습니다.

3. **날카로운 물체** : 유리 조각, 캔, 고철 등 날카로운 물체에 부딪히거나 밟을 경우 부상을 입을 수 있습니다.

4. **동물** : 강아지, 고양이와 같은 애완동물이나 길거리에 있는 동물로부터 물릴 위험이 있습니다. 또한 야생동물도 주의해야 합니다.

5. **계단이나 비탈길** : 넘어져서 다칠 수 있는 위험이 있습니다. 특히, 미끄럼틀이나 그네 등 놀이 기구 주변에서는 더욱 주의해야 합니다.

이 외에도 위험한 상황이 발생할 수 있으므로 어린이가 산책 중에는 부모님 또는 보호자의 지속적인 관찰이 필요합니다. 위험한 상황을 미리 예방하고, 어린이가 안전하게 산책할 수 있도록 돕는 것이 중요합니다.

프롬프트 3 챗GPT와 함께 작품 만들기에 대해 이야기해 보세요.

 엔트리 '비디오 감지' 블록을 활용해 만들어 볼만한 작품은 무엇일까?

 엔트리의 '비디오 감지' 블록을 활용하면, 웹캠을 통해 사용자의 움직임에 반응하는 다양한 작품을 만들 수 있습니다. 아래에 몇 가지 예시를 들어보겠습니다.

1. **움직임 감지 게임** : 사용자의 움직임으로 캐릭터를 조정하는 게임을 만들 수 있습니다. 예를 들어, 사용자가 왼쪽으로 움직이면 캐릭터도 왼쪽으로 움직이는 방식입니다.

2. **가상 악기** : 사용자의 움직임에 따라 다른 소리를 내는 가상의 악기를 만들 수 있습니다. 예를 들어, 손을 위로 들면 '도', 손을 아래로 내리면 '미' 소리를 내는 방식으로 구현할 수 있습니다.

3. **운동 코치** : 사용자의 운동 동작을 감지하여, 올바른 운동 자세를 할 수 있는 프로그램을 만들 수 있습니다. 예를 들어, 사용자가 스쿼트를 할 때 올바른 자세를 하고 있지 않다면 알려 주는 기능을 구현할 수 있습니다.

4. **인터랙티브 스토리** : 사용자의 움직임에 따라 스토리의 흐름이 바뀌는 인터랙티브 스토리를 만들 수 있습니다.

이 외에도 '비디오 감지' 블록을 활용하면, 사용자의 움직임을 입력으로 받아 다양한 반응을 보여 주는 창의적인 작품을 만들 수 있습니다. 창의력을 발휘하여 재미있는 작품을 만들어 보세요!

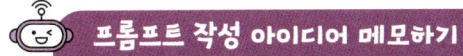

프롬프트 작성 아이디어 메모하기

챗GPT와 함께 창의적으로 생각하고, 새로운 것을 탐구하며, 자신만의 이야기를 만들어 보세요.

03 바로 알아보는 AI – 번역 기술

바로쏙쏙 AI 인공지능은 어떻게 번역을 할까요?

인공지능 번역 기술은 한 언어로 작성된 문장이나 문서를 다른 언어로 자동 번역하는 기술입니다. 기계가 언어의 문법, 구조, 의미를 이해하고 이를 다른 언어로 변환하여 사용자에게 알려 주지요. 최근에는 심층 학습과 인공 신경망 기술을 활용하여 더욱 정확하고 자연스러운 번역을 제공하는 방향으로 발전되고 있습니다. 인공 신경망은 인간의 뇌를 모방하여 만들어진 컴퓨터 알고리즘입니다. 컴퓨터는 이 알고리즘을 활용하여 매우 많은 양의 데이터에서 언어의 복잡한 패턴을 학습하고, 다양한 나라의 언어로 번역할 수 있습니다.

1. 데이터 수집	외국어로 된 여러 문장과 그 번역문을 모아요.
2. 데이터 전처리	모은 문장을 인공지능이 이해하기 쉽게 정리해요.
3. 모델 학습	인공지능이 한 언어를 다른 언어로 어떻게 바꾸는지 학습하도록 해요.
4. 인코딩	번역하려는 문장을 인공지능이 이해할 수 있는 숫자나 신호로 바꿔요.
5. 문맥 이해	문장의 뜻과 문장이 사용된 상황이나 주변 문장들과의 관계를 파악해요.
6. 디코딩	다시 인공지능이 사람이 이해할 수 있는 다른 언어로 문장을 바꿔요.
7. 후처리	번역된 문장을 더 자연스럽고 정확하게 수정해요.
8. 번역문 출력	최종적으로 번역된 글을 보여 줘요.

이러한 과정을 통해 인공지능은 복잡한 언어 구조와 문장의 흐름을 이해하며 정확한 번역을 제공하게 됩니다. 그러나 이 기술은 여전히 완벽하지 않으며, 특히 문장의 흐름이나 유머, 이론 등을 완전히 이해하거나 번역하는 데에는 어려움이 있습니다.

생활쏙쏙 AI '번역 기술'은 어디에 쓰일까요?

'번역 기술'은 인공지능이 사람의 언어를 다른 언어로 바꾸어 줄 수 있게 하는 기술을 말합니다. 이 기술은 우리 생활 속 여러 곳에서 활용되고 있습니다. 예를 들어, 인터넷을 통해 다른 나라의 언어를 우리 언어로 번역해 주거나, 글로 쓰여진 문서를 원하는 언어로 바꾸어 줍니다. 또한, 여행 중에 현지 언어를 모를 때, 모바일 앱 통역기를 통해 대화를 돕습니다. 이처럼 인공지능 번역 기술은 세계 각국의 언어 장벽을 허물고 사람들이 서로 더 쉽게 소통할 수 있게 도와줍니다. 주요 인공지능 번역 서비스에 대해 알아 봅시다.

구글 번역기(translate.google.co.kr)

무료로 제공되는 구글(Google)의 서비스입니다. 영어와 100가지 이상의 다른 언어를 통해 단어, 구문, 웹페이지를 즉시 번역합니다.

파파고(papago.naver.com)

파파고는 네이버 랩스(NAVER LABS)에서 자체 개발한 인공 신경망(Artificial Neural Network) 기반 번역 서비스입니다. 현재 사용 가능한 언어는 한국어, 영어, 일본어, 중국어, 프랑스어, 스페인어, 베트남어, 태국어, 인도네시아어, 러시아어, 독일어, 이탈리아어 등입니다.

딥엘(deepl.com)

딥엘(DeepL)은 인공지능 번역 서비스로, 2017년 독일에서 엔지니어와 연구자들로 구성된 팀에 의해 설립되었습니다. 심층 학습(deep learning)과 신경망(neural networks) 기술을 활용하여 자연스러운 번역을 제공합니다.

빙(bing.com/translator)

마이크로소프트에서 개발한 인공지능 번역기로, 100개 이상의 언어를 지원하며 문서, 음성, 대화 등 다양한 형태의 번역을 제공합니다.

애플 번역 앱

애플에서 제작한 디바이스에서 제공되는 번역 앱으로, 빠르고 쉽게 사용자의 음성 및 글자를 여러 언어로 번역합니다. 문장과 대화를 비롯해 사용자 생활 주변의 텍스트를 번역합니다.

블록쑥쑥 AI   '번역' 명령 블록 알아보기

번역이란?

 네이버에서 개발한 인공 신경망 기반 번역 서비스인 '파파고'를 활용하여 사용자가 입력한 문장이나 글자를 다양한 언어로 번역해 주는 기능입니다.

- **블록 사용** : '파파고'를 활용해서 입력된 텍스트의 언어가 무엇인지 파악하거나, 입력한 언어를 다른 언어로 번역하는 블록입니다.
- **텍스트 입력** : 3,000자까지 입력이 가능합니다.
- **언어 설정** : 한국어, 영어, 일본어, 중국어, 스페인어, 프랑스어, 독일어, 러시아어, 포르투갈어, 태국어, 베트남어, 인도네시아어, 힌디어 등 세계 각국의 언어로 번역할 수 있습니다.

'번역' 명령 블록 살펴보기

블록	설명
한국어▼ 엔트리 을(를) 영어▼ (으)로 번역한 값	입력한 문자를 다른 나라 언어로 번역합니다.
엔트리 의 언어	입력한 문자를 인식해서 어떤 언어인지 알려 줍니다.

Self Up! AI 단어장

[AI Fn] 번역　　　　　　　　　　　　　　　　　　　[바로 AI] Level ★★★☆☆

세계 곳곳에는 다양한 언어가 있고, 각 나라는 자신들만의 언어를 사용하고 있습니다. 세계가 하나로 더 가까워지면서 언어와 문화의 교류가 더욱 중요해졌는데요. 이러한 상황에서 인공지능 번역기는 우리가 언어의 벽을 넘어서 서로 소통할 수 있게 길을 열어 줍니다. 더 나아가, 언어 배우기에도 큰 힘이 됩니다. 새로운 언어를 바로바로 번역해 주기 때문에 더 쉽고 빠르게 배울 수 있게 도와주죠. 그럼 우리도 '번역' 기능을 활용해서 나만의 단어장을 만들어 볼까요?

완성 작품

- 완성 작품 주소 : https://naver.me/x3qFYhe8　　• 실습 작품 주소 : https://naver.me/5JVyzwuf

01 완성 작품 미리보기

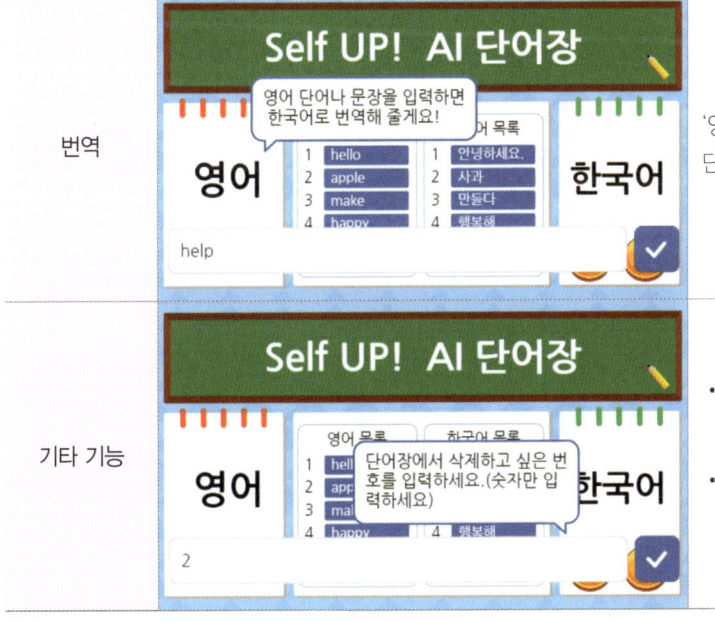

번역 — '영어' 또는 '한국어' 글상자를 클릭하면 단어 또는 문장을 입력할 수 있습니다.

기타 기능
- (–)를 클릭하면 목록에 있는 단어를 선택적으로 삭제할 수 있습니다.
- (X)를 클릭하면 모든 단어를 삭제할 수 있습니다.

02 알고리즘 작성하기

1 'AI 바로 쌤'과 함께 챗GPT 활용하기

'완성 작품 미리보기'를 확인했나요?
작품을 만들기 전에 혹시 궁금한 것이 있다면 챗GPT에게 질문해 보세요.
작품 스토리, 알고리즘, 코딩하는 방법 등 어느 것이든 좋습니다.

저는 엔트리 번역 기능을 활용해 영어 단어장을 만들 때,
알고리즘을 어떻게 작성해야 하는지 궁금해요.

그렇군요. 그럼, 챗GPT에게 다음과 같이 질문을 해 보아요.

당신은 엔트리 블록 코딩 전문가입니다! 엔트리 인공지능 블록 중 '번역'을 활용하여 영어를 공부할 수 있는 단어장을 만들려고 합니다. 영어를 입력하면 한국어로 번역하고, 한국어를 입력하면 영어로 번역하여 단어장에 저장하려면 어떻게 해야 할지 알려 주세요.

1. 엔트리의 인공지능 블록 중 '번역' 블록을 사용하여 영어를 한국어로 번역하거나 한국어를 영어로 번역할 수 있습니다.
2. 단어장을 저장하기 위해 리스트(List)를 사용할 수 있습니다. 리스트는 여러 개의 항목을 저장하고 관리할 수 있는 자료 구조입니다.
3. 영어를 입력받는 변수 'English_Word'와 한국어를 입력받는 변수 'Korean_Word', 그리고 단어를 저장할 리스트 'Vocabulary_List'를 생성합니다.
4. 사용자가 영어 단어를 입력하면 '번역' 블록을 사용하여 해당 단어를 한국어로 번역한 후, 'Korean_Word' 변수에 저장합니다.
5. 사용자가 한국어 단어를 입력하면 '번역' 블록을 사용하여 해당 단어를 영어로 번역한 후, 'English_Word' 변수에 저장합니다.
6. 번역된 영어 단어와 한국어 단어를 'Vocabulary_List'에 추가합니다. 이를 위해 리스트 항목에 추가하기 위한 블록을 사용합니다.
7. 사용자가 단어장을 확인하고 싶을 때, 'Vocabulary_List'를 활용하여 저장된 단어를 출력하거나 필요한 작업을 수행할 수 있습니다.

위의 방법을 활용하면, 엔트리 번역 기능을 통해 단어장을 만들 수 있습니다. 단어장을 활용하여 영어

단어와 한국어 단어를 번갈아가며 입력하고 저장할 수 있습니다. 이를 통해 영어 공부에 도움이 되는 자료를 만들 수 있습니다.

 챗GPT는 이렇게 대답해 주었어요. 혹시 더 궁금한 점이 있나요?

리스트에 저장된 단어들을 삭제하는 방법을 알고 싶어요.

 그렇군요. 그럼, 챗GPT에게 다음과 같이 질문을 해 보세요.

 오브젝트를 클릭하면 리스트에 저장된 단어들을 하나씩 지우거나 전체를 한 번에 지울 수 있는 기능을 추가하고 싶어. 알고리즘을 자세히 알려 줘.

1. 단어 하나 지우기
   - '오브젝트를 클릭했을 때' 블록을 끌어와 시작점으로 설정합니다.
   - '묻고 답하기(묻고 대답 기다리기)' 블록을 사용하여 사용자에게 지울 단어의 번호를 묻습니다.
   - '리스트(자료 카테고리)'에서 '[찾은 위치]의 항목 삭제하기' 블록을 사용하여 해당 위치의 단어를 삭제합니다.

2. 전체 단어 지우기
   - 리스트의 항목 수를 확인합니다.
   - 리스트의 항목 수만큼 리스트 항목을 하나씩 삭제합니다.

 챗GPT의 도움 답변을 바탕으로 알고리즘을 정리해 볼까요?

2 알고리즘 정리하기

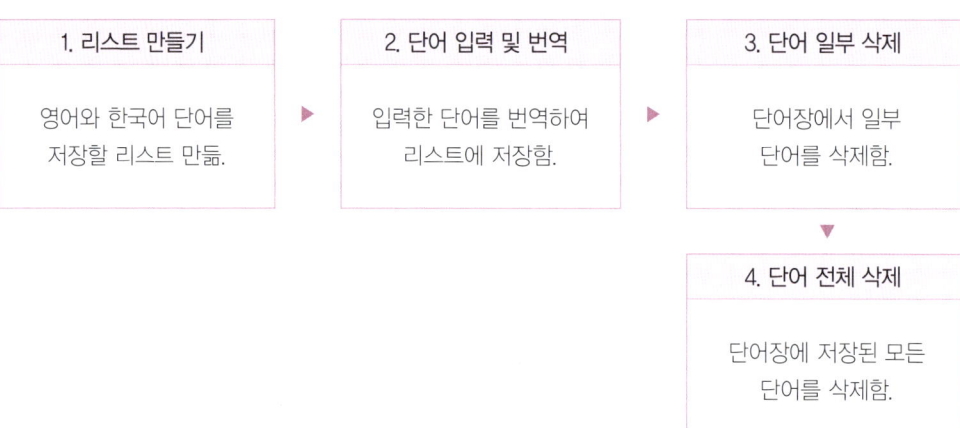

03 프로그래밍 준비하기

1 미리보기

순서	1	2	3	4	5	6
오브젝트	A	A	A	⊖	✖	
이름	Self UP! AI 단어장	영어	한국어	삭제 버튼_1	닫기 버튼	나의 공책
카테고리	글상자	글상자	글상자	인터페이스	인터페이스	배경
x 좌표	0	−175	175	150	200	0
y 좌표	85	−30	−30	−100	−100	0
크기	160%	50%	60%	40%	40%	375%

2 글상자 추가하기

❶ [+ 오브젝트 추가하기]를 클릭합니다.

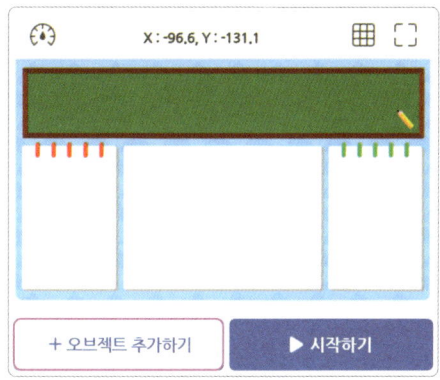

❷ [글상자] 탭을 클릭합니다. 'Self UP! AI 단어장'이라고 입력하고, 글상자의 여러 속성(글자체, 색상, 배경색 등)을 수정할 수 있습니다. **[추가하기]** 버튼을 클릭하면 글상자 오브젝트가 추가됩니다.

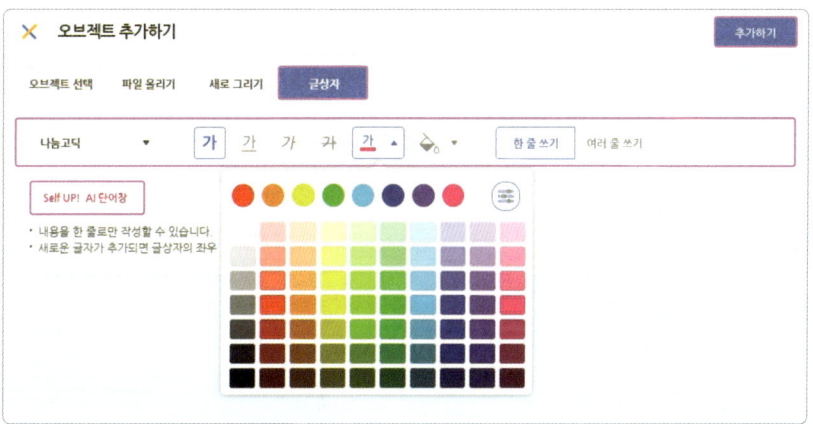

❸ 글상자 오브젝트는 [글상자] 탭에서 내용을 수정할 수 있습니다.

3 [속성] - [리스트] 만들기

❶ [속성] 탭에서 [리스트] – [리스트 추가하기]를 통해 '영어 목록', '한국어 목록' 리스트를 만듭니다.

*프로그램을 다시 시작해도 속성이 삭제되지 않게 하려면 반드시 '공유 리스트로 사용(서버에 저장)'을 체크하도록 합니다.

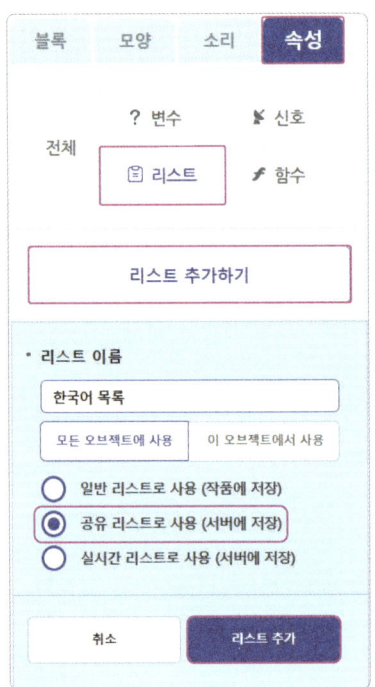

❷ 영어 목록과, 한국어 목록 두 개의 리스트가 추가된 것을 확인합니다.

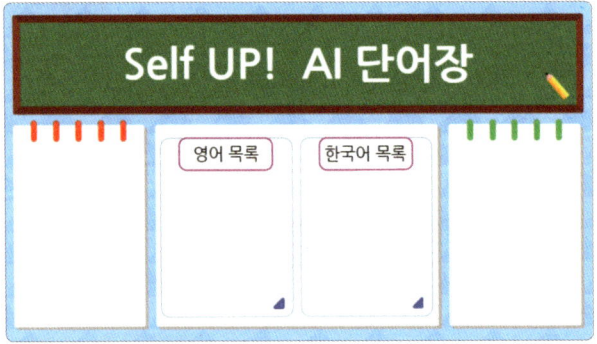

4 인공지능 블록 불러오기

❶ 블록 꾸러미에서 [인공지능] – [인공지능 블록 불러오기]를 순서대로 클릭합니다.

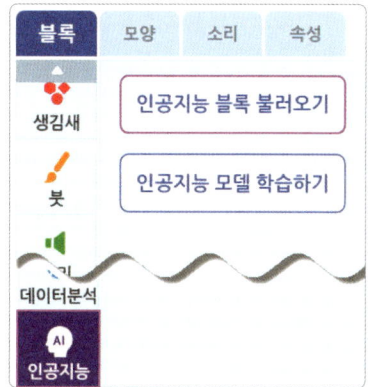

❷ [번역] – [불러오기]를 순서대로 클릭합니다.

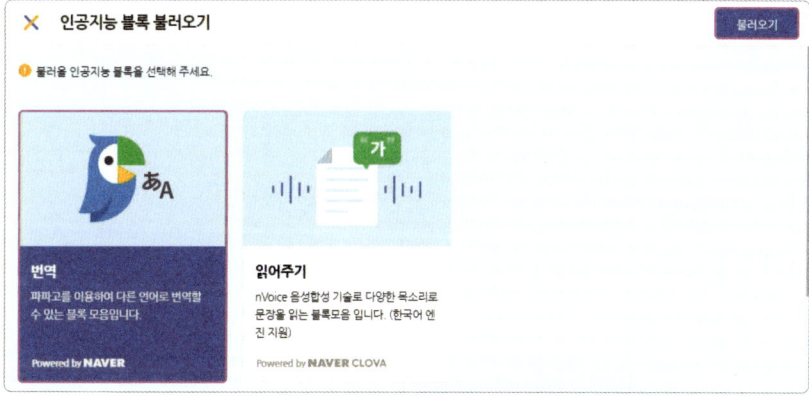

❸ [인공지능] 카테고리에 **번역** 블록이 새롭게 추가된 것을 확인합니다.

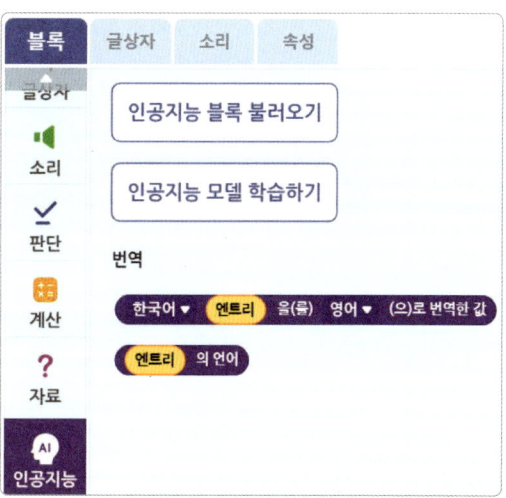

04 바로 프로그래밍하기 1 : 입력한 내용을 목록에 추가하고 번역하기

1 무엇을 만들까요?

'영어' 오브젝트를 클릭하면 영어 단어 또는 문장을 확인하고, 영어 목록과 한국어 목록에 추가하도록 합니다. 만약 영어 단어 또는 문장을 입력하지 않으면 안내 문구를 보여 주도록 만듭니다.

2 어떻게 리스트에 값을 추가하고 번역할까요?

❶ [시작] 카테고리에서 [오브젝트를 클릭했을 때]를 가져옵니다. [자료]의 [O 을(를) 묻고 대답 기다리기]를 연결한 후, "영어 단어나 문장을 입력하면 한국어로 번역해 줄게요!"라고 입력합니다.

❷ [흐름]의 [만일 〈참〉 (이)라면 O 아니면] 블록을 연결합니다. 〈참〉 부분에 [판단]의 〈10=10〉을 넣은 후, [인공지능]에서 (O 의 언어)를 두 개 가져와 블록 양쪽에 끼워 넣습니다. 이어서 왼쪽 칸에 [자료]의 (대답)을 넣고, 오른쪽 칸을 'hello'로 수정합니다.

❸ [자료]의 [O 항목을 영어 목록에 추가하기]와 (대답) 블록을 연결합니다.

❹ [자료]의 [O 항목을 영어 목록에 추가하기]를 연결한 후, '한국어 목록'으로 수정합니다. 이어서 [인공지능]에서 (한국어 O 을(를) 영어로 (으)로 번역한 값)을 가져와 (영어 O 을(를) 한국어 (으)로 번역한 값)로 수정합니다. 그리고 [자료]에서 (대답)을 넣습니다.

❺ [아니면]에 [생김새]의 [O 을(를) O 초 동안 말하기]를 연결합니다.

❶ 오브젝트를 클릭한 후에 번역할 내용을 입력할 수 있게 합니다.
❷ 입력한 내용이 영어인지 확인합니다.
❸ 영어가 맞으면 영어 목록에 추가합니다.
❹ 한국어로 번역한 내용은 한국어 목록에 추가합니다.
❺ 입력한 내용이 영어가 아니면 안내 문구를 보여 줍니다.

바로 쓰는 AI_TIP   주요 명령 블록

시작	오브젝트를 클릭했을 때	오브젝트를 클릭했을 때 아래에 연결된 블록들을 실행합니다.
흐름	만일 참 (이)라면 / 아니면	만일 판단이 '참'이라면 첫 번째 감싸고 있는 블록을 실행하고, '거짓'이면 두 번째 감싸고 있는 블록을 실행합니다.
자료	안녕! 을(를) 묻고 대답 기다리기	오브젝트가 입력한 문자를 말풍선으로 묻고, 대답을 입력받습니다. (이 블록이 실행되면 실행화면에 '대답 창'이 생성됩니다.)
	대답	사용자가 '대답 창'에 입력한 값입니다.
	10 항목을 영어 목록▼ 에 추가하기	입력한 값을 선택한 리스트의 마지막 항목에 추가합니다.
판단	10 = 10	• 입력한 두 값을 비교합니다. • = : 왼쪽에 위치한 값과 오른쪽에 위치한 값이 같은 경우 '참'으로 판단합니다.
인공지능	엔트리 의 언어	입력된 문자 값의 언어를 감지합니다. 입력은 문장 형태로 3,000자까지 능합니다.
	한국어▼ 엔트리 을(를) 영어▼ (으)로 번역한 값	입력한 문자 값을 선택한 언어로 번역합니다. 입력은 3,000자까지 가능합니다.
생김새	안녕! 을(를) 4 초 동안 말하기▼	노란색 영역 안에 있는 내용을 노란 영역 안에 있는 시간 동안 말풍선으로 보여 줍니다.

3 실행화면에 보이는 '대답'은 어떻게 숨길까요?

❶ [시작]에서 [시작하기 버튼을 클릭했을 때]를 가져옵니다. 실행화면에 대답이 보이지 않도록 [자료]의 [대답 숨기기]를 연결합니다.

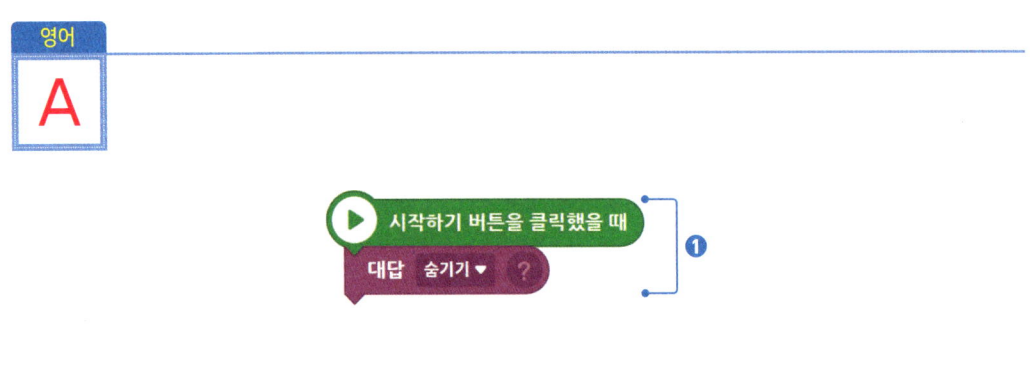

 실행화면에 있는 대답을 숨겨 줍니다.

바로 쓰는 AI_TIP   대답 아이콘 숨기기

[대답 숨기기] 블록을 사용하면 실행화면의 대답 아이콘이 나타나지 않습니다.

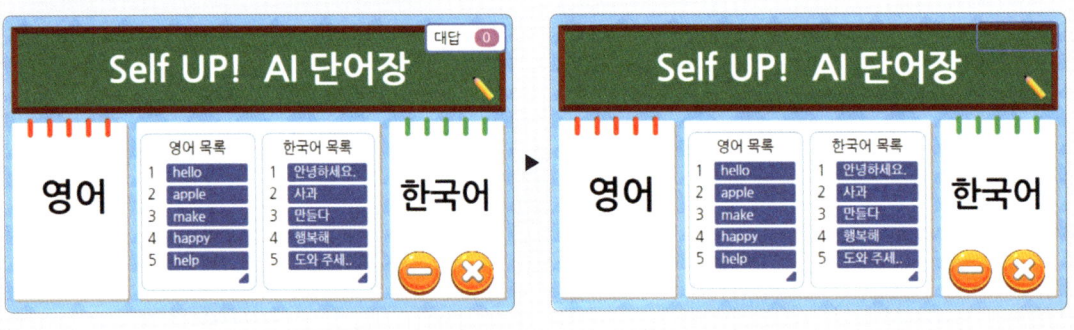

바로 쓰는 AI_TIP   주요 명령 블록

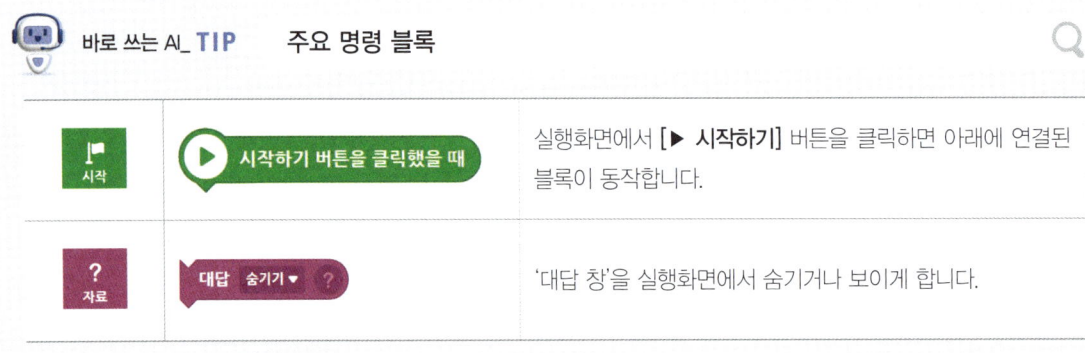

05 바로 프로그래밍하기 2 : 코드 복사, 붙여넣기, 수정하기

1 무엇을 만들까요?
'영어' 오브젝트의 코드를 복사하여 '한국어' 오브젝트에 붙여넣기 후 수정합니다. 이어서 '한국어' 오브젝트를 클릭하면 한국어 단어 또는 문장을 확인하고 한국어 목록과 영어 목록에 추가합니다. 만약, 한국어 단어 또는 문장을 입력하지 않으면 안내 문구를 보여 주도록 만듭니다.

2 코드를 어떻게 복사할까요?
❶ [오브젝트를 클릭했을 때] 블록 위에서 마우스를 우클릭한 후, [코드 복사]를 클릭합니다.

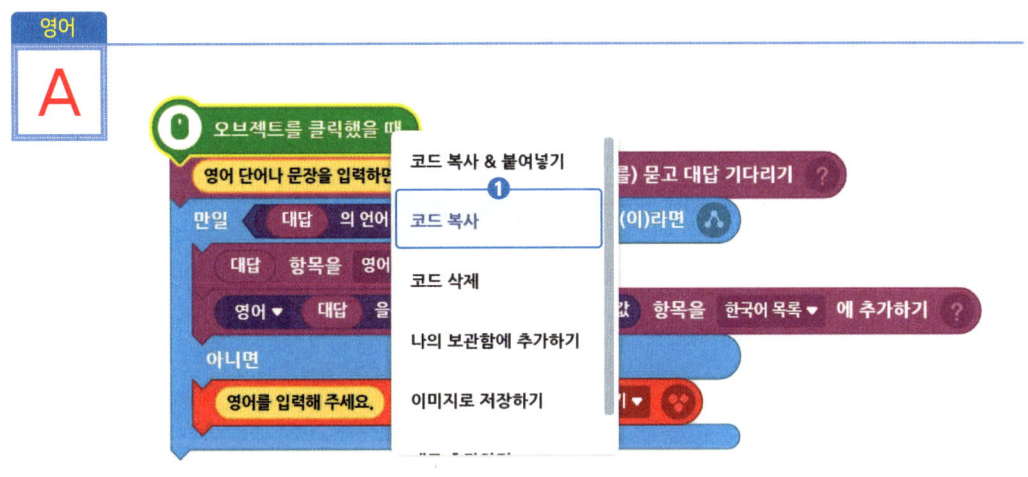

❶ 비슷한 동작은 코드를 '복사'하여 사용할 수 있습니다.

3 코드를 어떻게 붙여넣기 할까요?
❶ '한국어' 오브젝트를 클릭하고 블록 조립소 바탕에서 마우스를 우클릭한 후, [붙여넣기]를 클릭합니다.

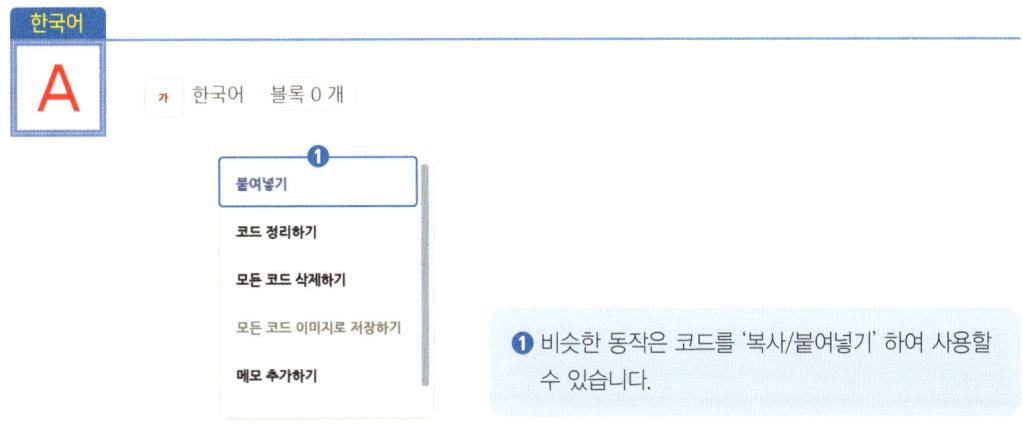

❶ 비슷한 동작은 코드를 '복사/붙여넣기' 하여 사용할 수 있습니다.

4 코드를 수정해 볼까요?

❶ [한국어를 입력하면 영어로 번역해 줄게요!]로 수정합니다.

❷ (안녕 의 언어)로 수정합니다.

❸ [(대답) 항목을 한국어 목록에 추가하기]로 수정합니다.

❹ [한국어 (대답) 을(를) 영어 (으)로 번역한 값) 항목을 영어 목록에 추가하기]로 수정합니다.

❺ [한국어를 입력해 주세요.]로 수정합니다.

❶ 오브젝트를 클릭한 후에 번역할 내용을 입력할 수 있게 합니다.
❷ 입력한 내용이 한국어인지 확인합니다.
❸ 한국어가 맞으면 한국어 목록에 추가합니다.
❹ 영어로 번역한 내용은 영어 목록에 추가합니다.
❺ 입력한 내용이 한국어가 아니면 안내 문구를 보여 줍니다.

06 바로 프로그래밍하기 3 : 리스트의 특정 위치 값 삭제하기

1 무엇을 만들까요?

'삭제 버튼_1'을 클릭하면 목록에서 삭제하고 싶은 문장의 '(리스트) 번호'를 입력하게 합니다. 그리고 영어 목록과 한국어 목록의 단어가 함께 삭제될 수 있도록 합니다.

2 특정 항목을 어떻게 삭제할까요?

❶ [시작]에서 [오브젝트를 클릭했을 때]를 가져옵니다. [자료]의 [O 을(를) 묻고 대답 기다리기]를 연결한 후, "단어장에서 삭제하고 싶은 번호를 입력하세요.(숫자만 입력하세요)"라고 입력합니다.

❷ [자료]의 [O 번째 항목을 영어 목록에서 삭제하기]를 연결한 후, [O 번째 항목을 한국어 목록에서 삭제하기]로 수정합니다. 이어서 (대답)을 넣습니다.

❸ [자료]의 [O 번째 항목을 영어 목록에서 삭제하기]를 연결한 후, (대답)을 넣습니다.

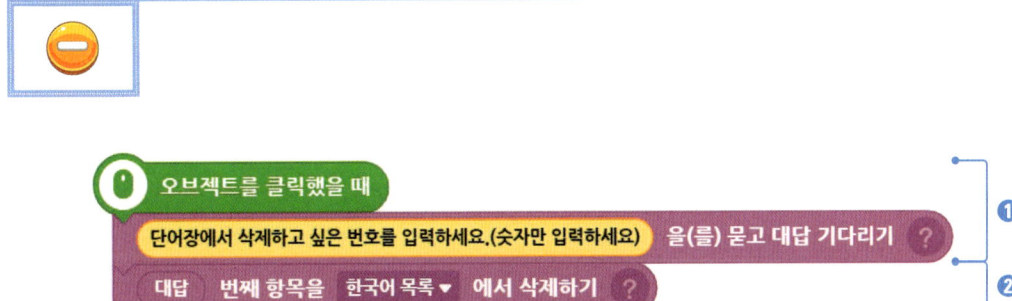

❶, ❷, ❸ 삭제하고 싶은 리스트의 목록 번호를 입력하면 한국어 목록, 영어 목록에서 단어가 삭제됩니다.

바로 쓰는 AI_TIP 주요 명령 블록

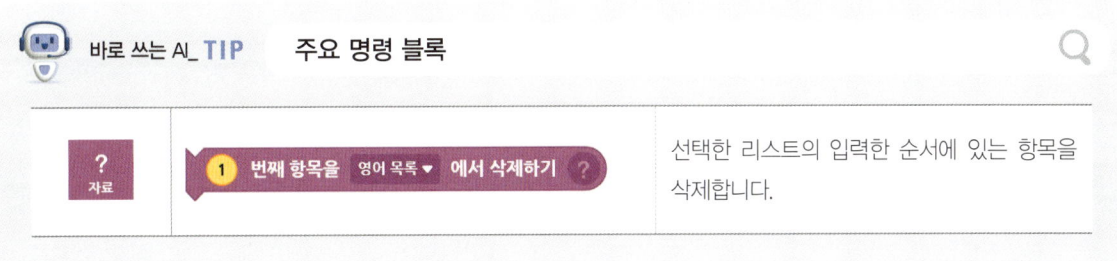

07 바로 프로그래밍하기 4 : 리스트의 전체 값 삭제하기

1 무엇을 만들까요?
'닫기 버튼'을 클릭하면 목록에 있는 모든 항목이 삭제될 수 있게 만듭니다.

2 전체 항목을 어떻게 삭제할까요?
❶ [시작]에서 [오브젝트를 클릭했을 때]를 가져옵니다. 이어서 [자료]의 [0 을(를) 묻고 대답 기다리기]를 연결한 후, "단어장에 입력한 단어를 모두 삭제하시겠습니까?(네/아니오)"라고 입력합니다.
❷ [흐름]의 [만일 〈참〉 (이)라면] 블록을 연결합니다. 〈참〉 부분에 [판단]의 〈10=10〉 블록을 넣어 줍니다. 이어서 왼쪽 칸에 [자료]의 (대답)을 넣고, 오른쪽 칸을 '네'로 수정합니다.
❸ [흐름]의 [0 번 반복하기] 블록을 연결한 후, [자료]의 (영어 목록 항목 수)를 넣습니다.
❹ [0 번째 항목을 영어 목록에서 삭제하기]를 2개 연결한 후, 첫 번째 블록을 [0 번째 항목을 한국어 목록에서 삭제하기]로 수정합니다.

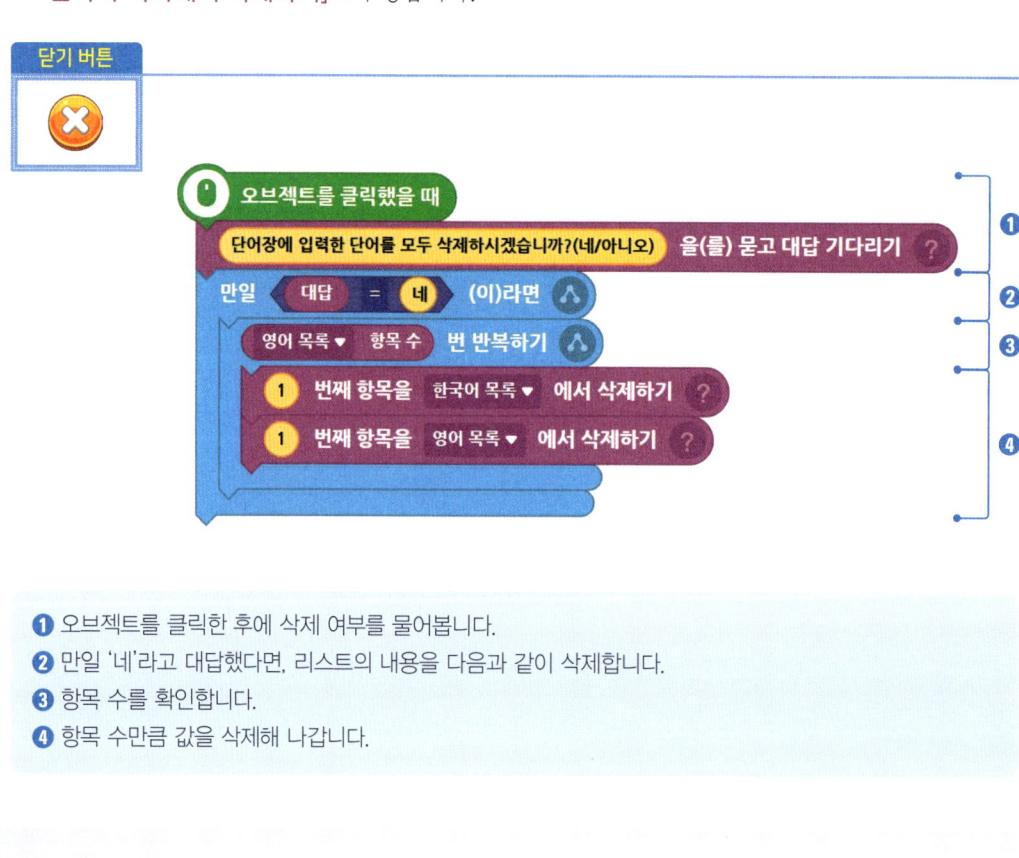

❶ 오브젝트를 클릭한 후에 삭제 여부를 물어봅니다.
❷ 만일 '네'라고 대답했다면, 리스트의 내용을 다음과 같이 삭제합니다.
❸ 항목 수를 확인합니다.
❹ 항목 수만큼 값을 삭제해 나갑니다.

바로 쓰는 AI_TIP 주요 명령 블록

자료	영어 목록 ▼ 항목 수	선택한 리스트가 보유한 항목의 개수입니다.

바로 한눈에! 코드 펼쳐보기

모두 펼쳐보기

A 영어

```
오브젝트를 클릭했을 때
  영어 단어나 문장을 입력하면 한국어로 번역해 줄게요! 을(를) 묻고 대답 기다리기
  만일 < 대답 의 언어 = hello 의 언어 > (이)라면
    대답 항목을 영어 목록▼ 에 추가하기
    영어▼ 대답 을(를) 한국어▼ (으)로 번역한 값 항목을 한국어 목록▼ 에 추가하기
  아니면
    영어를 입력해 주세요. 을(를) 2 초 동안 말하기▼
```

```
시작하기 버튼을 클릭했을 때
  대답 숨기기▼
```

A 한국어

```
오브젝트를 클릭했을 때
  한국어를 입력하면 영어로 번역해 줄게요! 을(를) 묻고 대답 기다리기
  만일 < 대답 의 언어 = 안녕 의 언어 > (이)라면
    대답 항목을 한국어 목록▼ 에 추가하기
    한국어▼ 대답 을(를) 영어▼ (으)로 번역한 값 항목을 영어 목록▼ 에 추가하기
  아니면
    한국어를 입력해 주세요. 을(를) 2 초 동안 말하기▼
```

 삭제 버튼_1
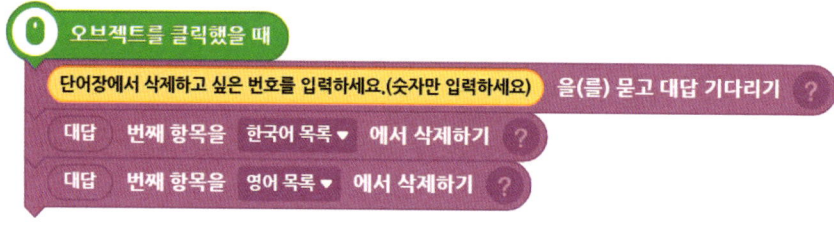

 닫기 버튼

바로 점프! 더 나아가기

점프 미션	AI 단어장에 저장된 영어 단어 중 무작위로 한 단어를 선정하여 퀴즈 내기
[힌트 1] 완성 작품 장면	Self UP! AI 단어장 — 영어 목록 (1 hello, 4 happy), 한국어 목록 (1 안녕하세요, 2 사과, 3 만들다, 4 행복해), "apple의 뜻은?"
[힌트 2] 오브젝트별 코드 추가	단어 번호를 저장할 변수를 다음과 같이 만듭니다. • [속성] 탭 – [변수] – [변수 추가하기]를 클릭하여, '단어 번호' 변수 추가하기 • '눈' 모양을 클릭하여 실행화면에서 '변수' 숨기기 **물음표 버튼** 오브젝트를 클릭했을 때 단어 번호▼ 를 1 부터 영어 목록▼ 항목 수 사이의 무작위 수 (으)로 정하기 영어 목록▼ 의 단어 번호 값 번째 항목 과(와) 의 뜻은? 을(를) 합친 값 을(를) 묻고 대답 기다리기 만일 참 (이)라면 　아니면 대답 = 한국어 목록▼ 의 단어 번호 값 번째 항목 정답입니다! 훌륭해요! 을(를) 2 초 동안 말하기▼ 아쉬워요! 다시 도전해 보세요. 을(를) 2 초 동안 말하기▼
[힌트 3] 추가 기능	'물음표 버튼'을 클릭하면 영어 목록을 무작위로 추출합니다. 퀴즈를 내고, 퀴즈의 값이 맞았는지 틀렸는지 확인합니다. 각 상황에 따라 메시지를 보여 줍니다.

완성 작품 : https://naver.me/xAV7OKxz

바로 함께! 즐겁게 배우는 챗GPT

 이번 시간에 배운 내용을 바탕으로 챗GPT와 다양한 이야기로 소통해 볼까요? 이때 부모님 또는 선생님과 함께하면 더 재미있고 안전하게 정보를 찾을 수 있을 거예요. 그럼 챗GPT와 함께 인공지능 번역 프로그램에 대해 이야기해 볼까요?

프롬프트 1 챗GPT와 함께 번역 프로그램에 대해 알아보세요.

 다양한 언어를 번역해 주는 파파고, 구글 번역 같은 프로그램은 어떤 원리와 방법으로 번역을 해 주나요? 이해하기 쉽게 설명해 주세요!

 파파고, 구글 번역과 같은 번역 프로그램은 기계 번역(Machine Translation) 기술을 사용하여 다양한 언어 간의 번역을 수행합니다. 이해하기 쉽게 설명드리겠습니다.

1. **기계 학습(인공지능 공부하기)** : 번역 프로그램은 대량의 언어 데이터를 사용하여 학습합니다. 이 데이터에는 번역된 문장과 원문으로 이루어진 말뭉치(데이터 세트)가 포함됩니다. 학습 과정에서 프로그램은 언어 간의 패턴, 구조, 문법 등을 학습하여 관계를 이해하게 됩니다.
2. **신경망 모델(똑똑한 두뇌 만들기)** : 번역 프로그램은 주로 인공 신경망 모델을 사용합니다. 이 모델은 입력 문장과 출력 문장 간의 관계를 학습하여 번역을 수행합니다. 인공 신경망은 여러 계층으로 구성된 네트워크로, 입력 문장을 받아 번역된 출력 문장을 생성하는 방식으로 작동합니다.
3. **문장 분석(문장 파헤치기)** : 입력된 문장은 프로그램에 의해 분석되어 구문, 어휘, 문법 등의 정보로 변환됩니다. 이를 통해 문장의 구조와 의미를 이해할 수 있습니다.
4. **문장 생성(새 문장 만들기)** : 프로그램은 분석된 정보를 바탕으로 번역된 문장을 생성합니다. 이 과정에서 언어 간의 문법, 어휘, 순서 등을 고려하여 자연스러운 번역 결과를 생성하려고 노력합니다.
5. **모델 개선(더 잘하려고 노력하기)** : 번역 프로그램은 지속적으로 모델을 개선하기 위해 피드백을 활용합니다. 사용자들의 입력과 번역 결과는 분석을 통해 모델의 성능을 향상시키는 데 사용됩니다. 이를 통해 번역의 정확도와 자연스러움을 개선하고, 새로운 언어 패턴이나 용어에 대한 학습을 지속적으로 진행합니다.

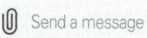

프롬프트 2 챗GPT를 나만의 영어 선생님으로 만들어 보세요.

저는 6학년 초등학생입니다. 외국인과 대화를 하고 싶은데 영어를 잘하지 못해서 어려워요. 영어를 3년 정도 배웠고 인사말, 자기소개 정도는 할 수 있습니다. 제 영어 실력을 높여 주는 영어 선생님이 되어 주세요.

1. 우선 영어로 말하고 한국어로 번역해 주세요.
2. 내가 쓴 한국어도 영어로 번역해 주세요.
3. 내가 쓴 영어 표현이 틀렸거나 부족하면 문장을 고쳐 주거나 더 나은 문장을 알려 주세요.
4. 내가 연습할 수 있도록 문장을 반복해 주세요.

Of course! Let's start practicing English together.
영어로 시작합시다! 함께 영어를 연습해 봅시다.

First, let's practice some basic conversational phrases.
먼저, 기본적인 대화 표현을 연습해 봅시다.

Let's begin!
시작합시다!

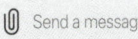

햄버거 가게에서 음식을 주문하는 상황으로 대화하고 싶어요. 당신은 점원, 나는 손님 역할이에요.

 네, 좋습니다! 그럼 햄버거 가게에서 주문하는 상황을 연습해 봅시다.

English(점원) : Hello, welcome to Burger Spot! What would you like to order today?

Korean(점원) : 안녕하세요, 버거 스팟에 오신 것을 환영합니다! 오늘 무엇을 주문하시겠어요?

* 계속 연습하시려면 이어서 대화를 진행해 보세요!

 가장 맛있는 메뉴를 추천해 주세요! 이 말을 영어로 번역한 후, 점원의 대답을 영어와 한국어로 알려 주세요.

 English(Customer) : Please recommend the most delicious menu!

Korean(Customer) : 가장 맛있는 메뉴를 추천해 주세요!

English(Cashier) : Our most popular menu item is the Deluxe Cheeseburger.

Korean (Cashier) : 가장 인기 있는 메뉴는 디럭스 치즈버거입니다.

프롬프트 작성 아이디어 메모하기

챗GPT와 함께 창의적으로 생각하고, 새로운 것을 탐구하며, 자신만의 이야기를 만들어 보세요.

04 바로 알아보는 AI - 음성 인식 기술

인공지능은 어떻게 음성 인식을 할까요?

음성 인식 기술이란, 우리가 말하는 것을 컴퓨터가 알아듣고 글자로 바꿔 주는 기술입니다. 예전에는 '히든 마르코프 모델(HMM)'이라는 복잡한 수학 규칙을 사용해 사람의 말소리에서 특정 패턴을 찾아냈어요. 이 방식은 많은 데이터가 필요했고, 사람이 직접 소리의 특징을 찾아내야 했기 때문에 오류가 많이 생길 수 있었습니다. 하지만 최근에는 '딥러닝'이라는 기술 덕분에 음성 인식이 더 발전했지요. 이 기술은 크게 세 부분으로 나뉘어 작동합니다.

❶ **음향 모델링(Acoustic Modeling)** : 이 단계에서는 말하는 소리를 분석해서 각각의 소리가 무슨 음소(가장 작은 단위의 소리)인지 알아냅니다. 예를 들어, "사과"라고 말했을 때, 'ㅅ', 'ㅏ', 'ㄱ', 'ㅘ' 등의 음소를 찾는 작업이 이루어집니다.

❷ **언어 모델링(Language Modeling)** : 이 단계에서는 단어와 문장이 어떤 순서로 이어져야 자연스러운지를 학습합니다. 예를 들어, "나는 밥을 먹었다"가 "나는 먹었다 밥을"보다 더 자연스러운 문장이라는 것을 학습하는 것입니다.

❸ **탐색(Decoding)** : 마지막으로, 앞에서 학습한 소리와 문장의 규칙을 모두 고려하여 맞을 것 같은 확률이 가장 높은 단어나 문장을 선택합니다. 이 과정을 통해 사람의 음성이 텍스트로 변환됩니다.

이와 같이 세세한 기술 과정을 거쳐 더욱 정교한 음성 인식이 가능해졌습니다. 이 모든 것이 가능한 이유는 인공지능이 대량의 음성 데이터와 텍스트 데이터를 학습함으로써 사람의 언어를 이해하고, 그 형식을 학습하기 때문입니다.

생활쏙쏙 AI '음성 인식 기술'은 어디에 쓰일까요?

'음성 인식 기술'은 사람의 말소리를 컴퓨터나 디지털 기기가 인식하고 이해할 수 있게 하는 기술을 말합니다. 우리 생활 속에서 어디에 활용되고 있는지 알아봅시다.

스마트폰과 태블릿

스마트폰이나 태블릿에서는 음성 인식 기술은 가상 '시리(Siri)', '빅스비(Bixby)', '구글 어시스턴트(Google Assistant)' 등의 가상 비서로 활용되고 있습니다. 가상 비서는 사용자의 음성 명령을 인식하여 음악 재생, 날씨 정보 제공, 알람 설정 등 다양한 기능을 수행합니다.

스마트홈

스마트 스피커를 통해 집안의 조명, 에어컨, TV 등의 홈 가전 제품을 음성으로 제어할 수 있습니다. '아마존 에코(Amazon Echo)'나 '구글홈(Google Home)'이 대표적인 예입니다.

스마트 자동차

최근의 자동차는 음성 인식 기술을 통해 운전자가 운전대에서 손을 놓지 않고도 내비게이션 설정, 전화 걸기, 음악 재생 등을 할 수 있게 되었습니다.

고객 서비스 센터

고객 서비스 센터에서는 음성 인식 기술을 활용해 고객의 목소리를 인식하고, 그에 맞는 서비스를 제공합니다. 이를 통해 고객 서비스의 효율성을 높이고, 고객 만족도를 향상시키는 데 이용됩니다.

블록 쏙쏙 AI '오디오 감지(음성 인식)' 명령 블록 알아보기

오디오 감지란?

'오디오 감지(음성 인식)'는 인공지능이 주변에서 들리는 소리나 말을 감지하고, 그 내용을 텍스트 데이터로 변환하는 기능입니다.

- **블록 사용 :** 네이버가 개발한 인공지능 음성 인식 엔진 '클로바 스피치'를 활용합니다. 마이크로 입력되는 음성을 인식해 문자로 바꿔 주는 블록입니다.

'오디오 감지' 명령 블록 살펴보기

마이크가 연결되었는가?	컴퓨터에 마이크가 연결되어 있는지 확인합니다.
마이크 소리 크기	마이크를 통해 컴퓨터에 입력된 소리의 크기를 나타냅니다.

'음성 인식' 명령 블록 살펴보기

한국어 ▼ 음성 인식하기	• 엔트리 실행화면에 음성 인식 창이 나타나고 목소리를 인식합니다. 한국어, 영어, 일본어 중 인식할 음성의 언어를 선택할 수 있습니다. • '듣고 있어요' 상태에서 더 이상 음성이 입력되지 않는다고 판단하면(약 2초간) 자동으로 듣기를 마칩니다.
10 초 동안 한국어 ▼ 음성 인식하기	사용자가 음성 인식을 위한 대기 시간을 직접 설정할 수 있습니다. 대기시간이 끝나면 음성 인식이 종료됩니다.
인식한 음성 보이기 ▼	엔트리 실행화면에 인식된 음성의 언어와 내용을 글자로 나타냅니다.
음성을 문자로 바꾼 값	• 인식한 음성을 글자로 바꿔 줍니다. • 소리가 입력되지 않았거나, 음성 인식 도중에 오류가 발생할 경우 '0'이라고 표현합니다.

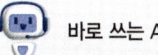 **바로 쓰는 AI_ TIP** 엔트리 '오디오 감지' 기능 사용 방법

❶ 오디오 감지 기능 사용 전 유의사항 (출처 : 엔트리 User Guide)
- 안정적인 동작을 위해 '크롬(Chrome)'이나 '웨일(Whale)' 브라우저를 사용해 주세요.
- '오디오 감지' 블록은 인터넷 익스플로러, 사파리에서는 동작하지 않을 수 있습니다.
- 데스크톱 컴퓨터를 활용할 경우 마이크 또는 마이크가 있는 유선 이어폰을 연결해야 합니다.
- 노트북, 태블릿 PC의 경우 자체 내장 마이크가 있어 별도의 마이크 연결 없이 사용할 수 있습니다.
- 음성 채팅, 화상 회의, 음성 녹음 등 다른 프로그램에서 마이크를 사용하고 있을 경우에 엔트리 프로그램에서 음성 인식 기능을 사용하지 못할 수 있습니다. 마이크를 사용하는 다른 프로그램을 종료한 후, 엔트리 음성 인식 기능을 사용해 주세요.

❷ 마이크를 연결했는데 블록이 동작하지 않거나, 음성이 제대로 입력되지 않는 경우 브라우저 설정을 변경해 주세요. '크롬' 브라우저를 사용할 경우 다음과 같이 변경해 봅니다.

- **방법 1** : 주소 표시줄 왼쪽의 설정 아이콘을 클릭한 후, 마이크 버튼 활성화하기

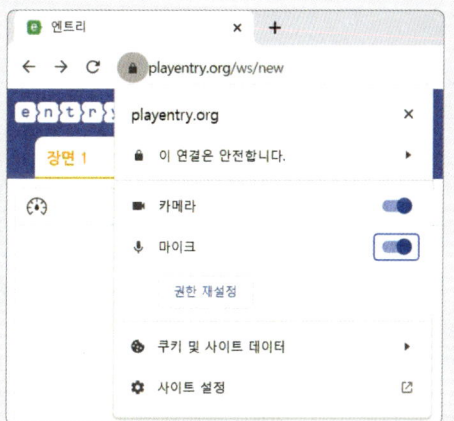

- **방법 2** : 설정 〉 개인 정보 보호 및 보안 〉 사이트 설정 〉 마이크 〉 엔트리 사이트의 마이크 사용 허용하기

＊마이크를 통해 입력되는 소리는 절대로 서버에 저장되거나 외부로 공유되지 않습니다.

AI 스피커로 만드는 스마트홈

[AI Fn] 오디오 감지　　　　　　　　　　　　　　　**[바로 AI] Level ★★☆☆**

"빅스비, 오늘 날씨 알려 줘.", "시리야, 오늘 할 일 알려 줘.", "클로바, 기분 좋은 음악 틀어 줘." 여러분은 이 중에 사용해 본 명령이 있나요? 우리는 인공지능 스피커를 활용하여 필요한 정보를 얻거나 일정을 관리하고, 나아가 자신이 좋아하는 콘텐츠를 즐기거나 다른 기기를 제어할 수도 있습니다. 이번 시간에는 우리 삶에 편리함을 주는 인공지능 스피커를 활용하여 똑똑한 우리집을 만들어 볼까요?

- 완성 작품 주소 : https://naver.me/FpZltl07　　• 실습 작품 주소 : https://naver.me/GKxPgdP5

01 완성 작품 미리보기

설명		인공지능 스피커를 사용하는 방법을 확인합니다.
동작		음성으로 명령을 내려 가전 제품을 동작시킵니다.

02 알고리즘 작성하기

1 'AI 바로 쌤'과 함께 챗GPT 활용하기

'완성 작품 미리보기'를 확인했나요?
작품을 만들기 전에 혹시 궁금한 것이 있다면 챗GPT에게 질문해 보세요.
작품 스토리, 알고리즘, 코딩하는 방법 등 어느 것이든 좋습니다.

엔트리 '오디오 감지' 기능의 '음성 인식' 기능을 활용해 음성 명령으로
집안의 가전 기기를 켜고 끄는 방법에 대해 질문하고 싶어요.

그렇군요. 그럼, 챗GPT에게 다음과 같이 질문을 해 보세요.

당신은 블록 코딩 전문가입니다. 엔트리 오디오 감지(음성 인식) 블록을 활용해서 음성 명령을 내리면 음악이 재생되고, 로봇 청소기가 작동되며, 전등을 켜거나 끄는 스마트홈 프로그램을 만들고 싶어. 알고리즘을 자세히 알려 줘.

1. 엔트리 오디오 감지(음성 인식) 블록을 사용하여 음성을 감지합니다.

2. 음성 명령을 텍스트로 변환합니다.
   • 변환된 텍스트를 분석하여 사용자의 의도를 파악합니다.

3. 사용자의 의도에 따라 음악 재생, 로봇 청소기 작동, 전등 켜기/끄기 등의 작업을 수행합니다.

4. 해당 작업을 수행하기 위해 필요한 다른 블록들을 활용합니다. 예를 들어, 음악 재생을 위해 음악 재생 블록을 사용하거나, 로봇 청소기를 작동시키기 위해 로봇 청소기 제어 블록을 사용할 수 있습니다.

5. 앞에서 명령한 동작을 완료하면 다시 '오디오 감지' 블록을 사용하여 새로운 음성 명령을 감지합니다.

Send a message

챗GPT는 이렇게 대답해 주었어요. 혹시 더 궁금한 점이 있나요?

음성 인식을 할 때, 제 말을 어떻게 인식했는지 글자로 보고 싶어요.

 그렇군요. 그럼, 챗GPT에게 다음과 같이 질문을 해 보세요.

 엔트리에서 음성 인식 기능을 활용했을 때 내가 말한 것이 텍스트로 보일 방법을 알려 줘.

1. 사용자의 음성을 입력 받는 '음성 인식' 블록을 사용하여 사용자의 음성을 텍스트로 변환합니다. 이 블록은 사용자의 음성을 인식하여 텍스트로 변환하는 기능을 수행합니다.

2. 변환된 텍스트를 '말하기' 블록을 사용하여 화면에 텍스트로 표시합니다. 이 블록은 변환된 텍스트를 화면에 출력하는 기능을 수행합니다.

 챗GPT의 도움 답변을 바탕으로 알고리즘을 정리해 볼까요?

2 알고리즘 정리하기

1. 음성 감지	2. 명령 : 음악	3. 명령 : 청소
오디오 감지 블록을 사용하여 음성을 감지함.	"음악 재생" 또는 "음악 종료"라고 말하면 음악을 재생하거나 멈춤.	"청소 시작" 또는 "청소 끝"이라고 말하면 로봇청소기가 집안을 돌아다니며 청소하거나 멈춤.

03 프로그래밍 준비하기

1 미리보기

장면			
순서	1	2	3
오브젝트			
이름	방(2)	로봇청소기(3)	[묶음] 마이크 버튼
카테고리	배경	물건	인터페이스
x 좌표	0	−150	0
y 좌표	0	−80	0
크기	375%	70%	90%

2 모양 바꾸기

❶ [모양] 탭을 클릭하면 1개 오브젝트에 몇 가지 모양이 있는지 확인할 수 있습니다.
❷ 필요에 따라 모양을 추가할 수 있습니다.
❸ 오브젝트 이름에 나타나 있는 [묶음]은 1개 이상의 다양한 모양을 가진 오브젝트를 의미합니다.

3 소리 추가하기

❶ '[묶음] 마이크 버튼' 오브젝트를 클릭한 후, [소리] 탭에서 [소리 추가하기]를 클릭합니다.

❷ 원하는 음악을 선택한 후 [추가하기] 버튼을 클릭합니다.

4 [속성]-[신호] 만들기

❶ [속성] 탭에서 [신호] – [신호 추가하기]를 클릭하여 신호를 만듭니다.
❷ '청소 시작', '청소 끝' 신호를 만듭니다.

5 인공지능 블록 불러오기

❶ 블록 꾸러미에서 [인공지능] – [인공지능 블록 불러오기]를 순서대로 클릭합니다.

❷ [음성 인식] – [불러오기]를 순서대로 클릭합니다.

❸ [인공지능] 카테고리에 **오디오 감지**와 **음성 인식** 블록이 새롭게 추가된 것을 확인합니다.

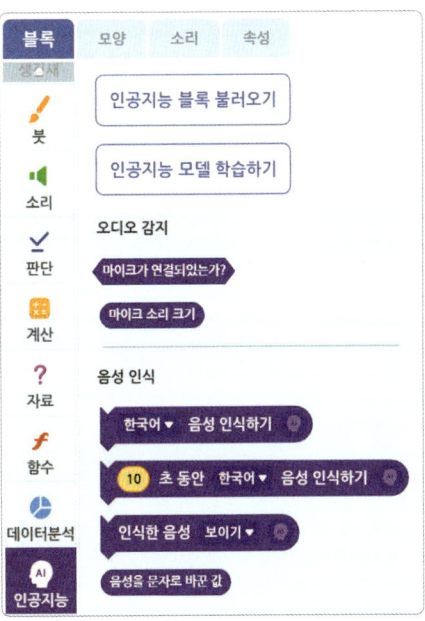

04 바로 프로그래밍하기 1 : 마이크 연결 확인하기

1 어떻게 음성으로 명령어를 인식할까요?

음성 인식 기능을 사용하려면 마이크가 연결되어 있어야 합니다. 인공지능 블록 중에서 마이크 연결 상태를 확인하는 블록을 사용해 마이크가 연결되어 있으면 명령 메시지가 표시되도록 설정할 수 있습니다.

2 마이크의 연결 상태는 어떻게 확인할까요?

❶ [시작]에서 [시작하기 버튼을 클릭했을 때]를 가져옵니다. [흐름]의 [〈참〉 이(가) 될 때까지 기다리기] 블록을 연결한 후, [인공지능]의 〈마이크가 연결되었는가?〉를 〈참〉에 넣어 줍니다.

❷ [생김새]의 [O 을(를) O 초 동안 말하기]를 연결한 후, 안내 메시지를 작성합니다.

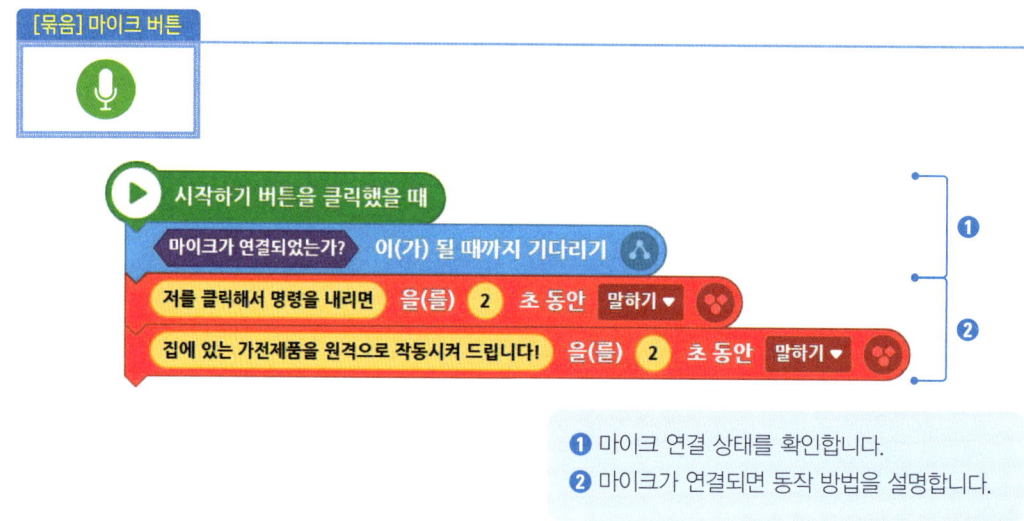

❶ 마이크 연결 상태를 확인합니다.
❷ 마이크가 연결되면 동작 방법을 설명합니다.

바로 쓰는 AI_TIP 주요 명령 블록

3 청소는 어떻게 시작할까요?

❶ [시작]에서 [오브젝트를 클릭했을 때]를 가져옵니다. 이어서 [인공지능]의 [O 초 동안 한국어 음성 인식하기]와 [인식한 음성 보이기]를 연결합니다.

❷ [흐름]의 [만일 〈참〉 (이)라면] 블록을 연결합니다. 〈참〉 부분에 [판단]의 〈10=10〉 블록을 넣어 줍니다. 이어서 왼쪽 칸에 [인공지능]의 (음성을 문자로 바꾼 값)을 넣고, 오른쪽 칸은 '음악 재생'으로 수정합니다. 그리고 [소리]의 [소리 O 재생하기]를 연결합니다.

❸ [흐름]의 [만일 〈참〉 (이)라면]을 가져옵니다. 〈참〉 부분에 [판단]의 〈10=10〉 블록을 넣어줍니다. 이어서 왼쪽 칸에 [인공지능]의 (음성을 문자로 바꾼 값)을 넣고, 오른쪽 칸은 '음악 종료'로 수정합니다. 그리고 [소리]의 [모든 소리 멈추기]를 연결합니다.

❹ [흐름]의 [만일 〈참〉 (이)라면] 블록을 연결합니다. 〈참〉 부분에 [판단]의 〈10=10〉 블록을 넣어 줍니다. 이어서 왼쪽 칸에 [인공지능]의 (음성을 문자로 바꾼 값)을 넣고, 오른쪽 칸은 '청소 시작'으로 수정합니다. 그리고 [생김새]의 [O 을(를) O 초 동안 말하기]와 [시작]의 [청소 시작 신호 보내기]를 연결합니다.

❺ [흐름]의 [만일 〈참〉 (이)라면] 블록을 연결합니다. 〈참〉 부분에 [판단]의 〈10=10〉 블록을 넣어 줍니다. 이어서 왼쪽 칸에 [인공지능]의 (음성을 문자로 바꾼 값)을 넣고, 오른쪽 칸은 '청소 끝'으로 수정합니다. 그리고 [생김새]의 [O 을(를) O 초 동안 말하기]와 [시작]의 [청소 시작 신호 보내기]를 연결한 후, [청소 끝 신호 보내기]로 수정합니다.

[묶음] 마이크 버튼

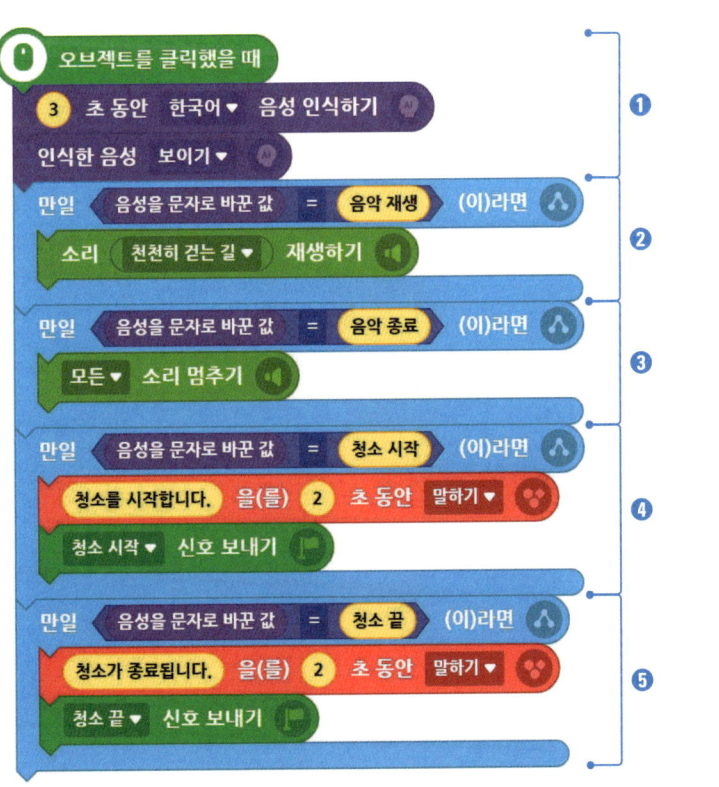

❶ 오브젝트를 클릭했을 때 '한국어' 음성을 인식합니다.
❷ '음악 재생'을 인식하면 음악을 재생합니다.
❸ '음악 종료'를 인식하면 음악을 멈춥니다.
❹ '청소 시작'을 인식하면 '로봇청소기'가 청소를 시작합니다.
❺ '청소 끝'을 인식하면 '로봇청소기'가 청소를 종료합니다.

바로 쓰는 AI_TIP   주요 명령 블록

분류	블록	설명
시작	오브젝트를 클릭했을 때	오브젝트를 클릭했을 때 아래에 연결된 블록을 실행합니다.
	청소 시작▼ 신호 보내기	선택한 신호를 보냅니다.
인공지능	10 초 동안 한국어▼ 음성 인식하기	입력한 시간 동안 마이크를 통해 녹음된 음성을 선택한 언어로 인식합니다.
	인식한 음성 보이기▼	인식한 음성을 실행화면에 보이게 하거나 숨깁니다.
	음성을 문자로 바꾼 값	• 인식한 음성을 글자로 바꿔 줍니다. • 소리가 입력되지 않았거나, 음성 인식 도중에 오류가 발생할 경우 '0'이라고 표현합니다.
판단	10 = 10	• 입력한 두 값을 비교합니다. • = : 왼쪽에 위치한 값이 오른쪽에 위치한 값과 같은 경우 '참'으로 판단합니다.
소리	소리 천천히 걷는 길▼ 재생하기	오브젝트가 선택한 소리를 재생하는 동시에 다음 블록을 실행합니다.
	모든▼ 소리 멈추기	재생하는 소리 중 선택한 소리를 멈춥니다.

05 바로 프로그래밍하기 2 : 로봇청소기 동작하기

1 무엇을 만들까요?

'로봇청소기(3)' 오브젝트는 '청소' 신호를 받으면 움직이면서 청소를 하거나 멈추게 합니다. 로봇청소기가 실행화면 안에서 움직이게 하려면, 먼저 2차원 좌표에 대해 알아본 후 위치 값을 입력합니다.

2 로봇청소기는 어떻게 움직일까요?

① [시작]에서 [청소 시작 신호를 받았을 때]를 가져옵니다. 이어서 [흐름]의 [계속 반복하기]를 연결합니다.

② 오른쪽으로 움직일 수 있도록 [움직임]의 [0 초 동안 x: 0 y: 0 위치로 이동하기]를 2개 연결합니다.

③ 왼쪽으로 움직일 수 있도록 [움직임]에서 [0 초 동안 x: 0 y: 0 위치로 이동하기]를 2개 연결합니다.

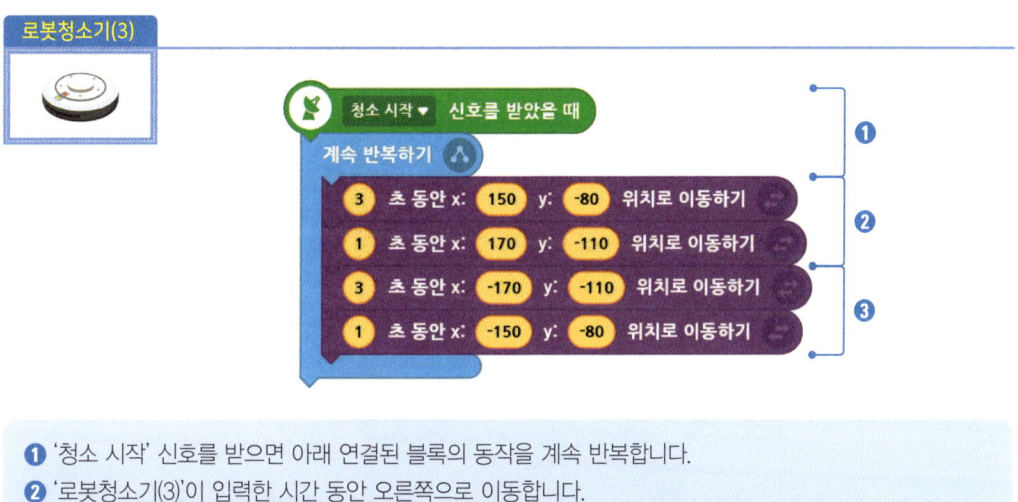

① '청소 시작' 신호를 받으면 아래 연결된 블록의 동작을 계속 반복합니다.
② '로봇청소기(3)'이 입력한 시간 동안 오른쪽으로 이동합니다.
③ '로봇청소기(3)'이 입력한 시간 동안 왼쪽으로 이동합니다.

바로 쓰는 AI_TIP   주요 명령 블록

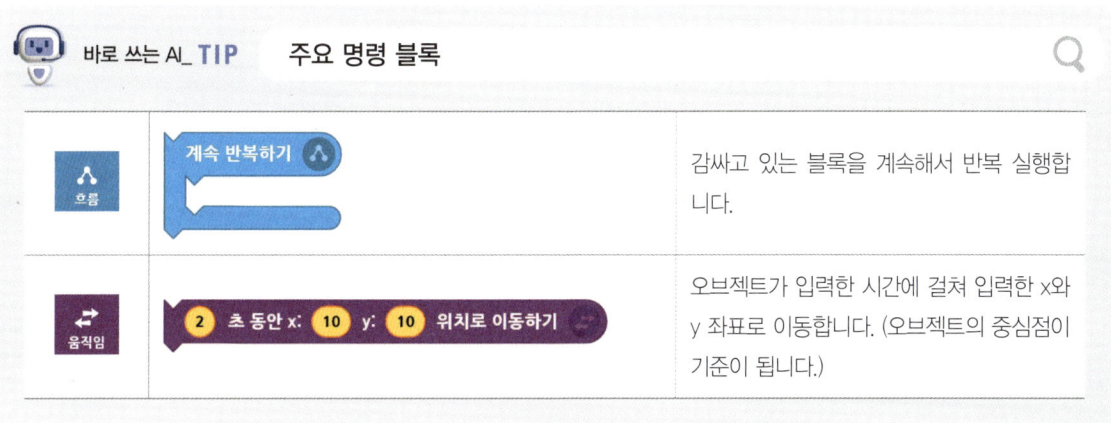

 **바로 쓰는 AI_TIP** 　**좌표**

- 실행화면에서는 위치를 나타내는 좌표 값을 확인할 수 있습니다.
- 좌표 값을 이용하면 오브젝트를 원하는 위치로 정확하게 이동시킬 수 있습니다.

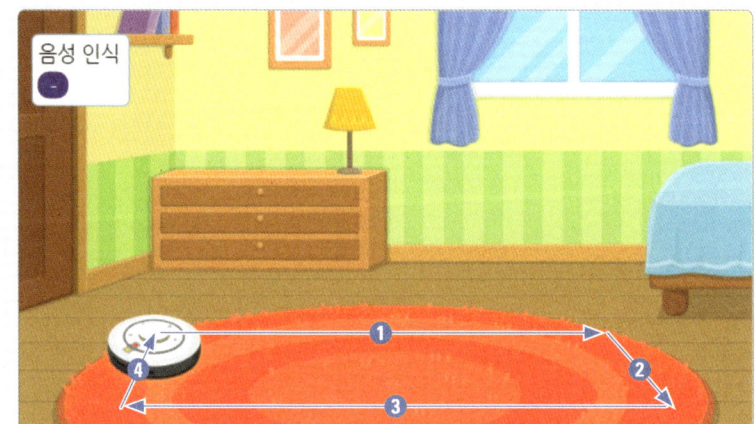

❶ 3초 동안 x : 150, y : -80
❷ 1초 동안 x : 170, y : -110
❸ 3초 동안 x : -170, y : -110
❹ 1초 동안 x : -150, y : -80

3　로봇 청소기는 어떻게 멈출까요?

❶ [시작]에서 [청소 시작 신호를 받았을 때]를 가져와 '청소 끝'으로 수정합니다. 이어서 [흐름]의 [자신의 다른 코드 멈추기]와 [움직임]의 [0 초 동안 x: 0 y: 0 위치로 이동하기]를 연결합니다.

❶ '청소 끝' 신호를 받으면 움직이는 동작을 멈추고, 처음 있던 자리로 돌아갑니다.

바로 한눈에! 코드 펼쳐보기

모두 펼쳐보기

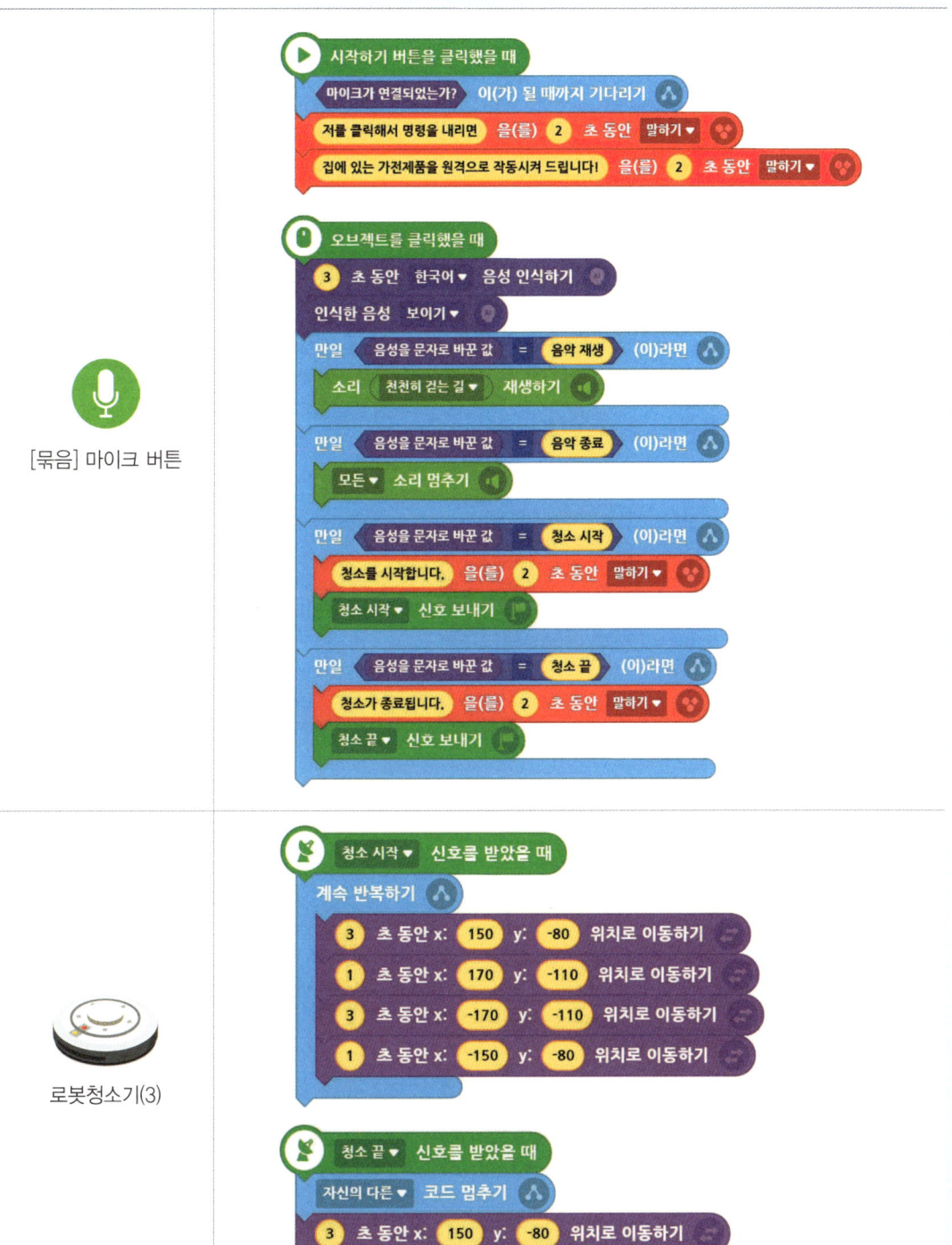

바로 점프! 더 나아가기

점프 미션	[확장] 카테고리에서 날씨를 추가한 후, 지역의 기온을 알려 주는 명령 내리기
[힌트 1] 완성 작품 장면	음성 인식:한국어 / 서울의 기온은 0.3입니다.
[힌트 2] 오브젝트별 코드 추가	[확장]에서 날씨를 추가합니다. [묶음] 마이크 버튼 만일 〈참 (이)라면〉 음성을 문자로 바꾼 값 = 서울 기온 안녕! 을(를) 4 초 동안 말하기▼ 서울의 기온은 과(와) 현재 서울▼ 전체▼ 의 기온(℃)▼ 과(와) 입니다. 을(를) 합친 값 을(를) 합친 값
[힌트 3] 추가 기능	'[묶음] 마이크 버튼'을 클릭한 후, "서울 기온"이라고 말하면 서울의 전체 기온을 알려 줍니다. [계산] 카테고리의 (O 과(와) O 을(를) 합친 값) 블록은 여러 개 겹쳐서 사용할 수 있습니다.

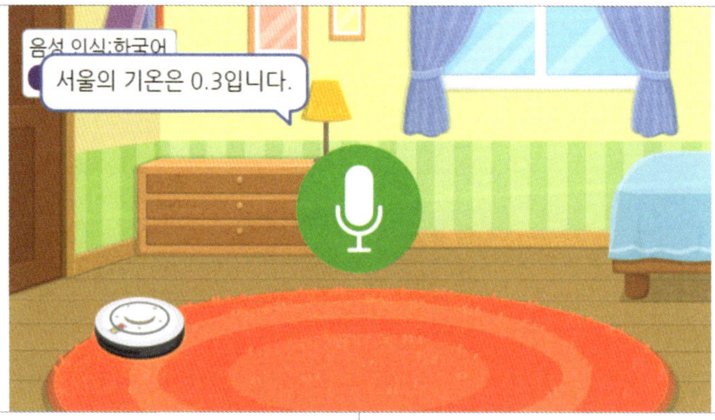

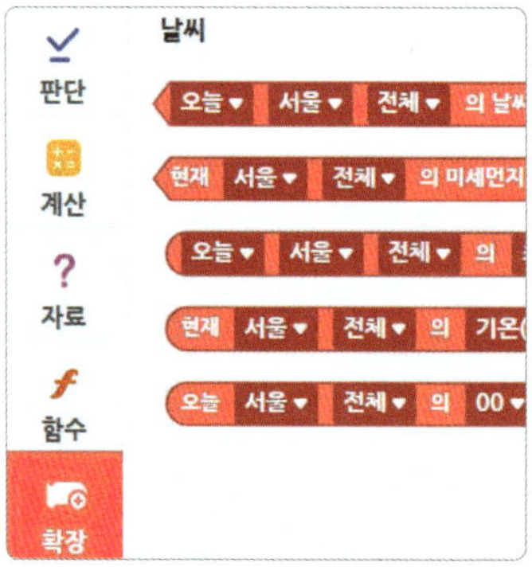

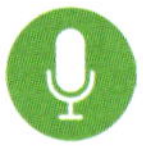

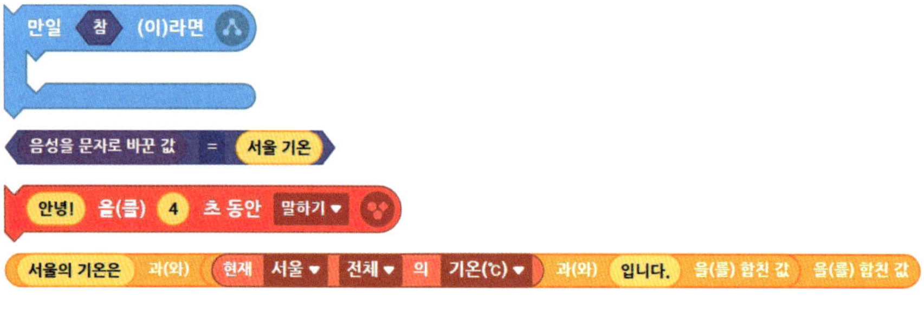

완성 작품 : https://naver.me/Fm2Pz8ci

바로 함께! 즐겁게 배우는 챗GPT

 이번 시간에 배운 내용을 바탕으로 챗GPT와 다양한 이야기로 소통해 볼까요? 이때 부모님 또는 선생님과 함께하면 더 재미있고 안전하게 정보를 찾을 수 있을 거예요. 그럼 챗GPT와 함께 오디오 감지 기능에 대해 대화를 나눈 후, 재미있게 코딩하는 방법을 알아볼까요?

프롬프트 1 챗GPT와 함께 인공지능 스피커에 대해 알아보세요.

 인공지능 스피커는 어떤 원리로 작동할까? 초등학생도 이해할 수 있도록 쉽게 설명해 줘!

 인공지능 스피커는 음성을 수집하고 처리하여 사용자의 의도를 이해하며, 그에 따른 작업을 수행하고 응답합니다. 이 과정에서 음성 인식, 자연어 처리, 기계 학습 등 다양한 기술이 융합되어 사용자와 자연스럽게 상호 작용할 수 있는 스피커를 만들어 냅니다.

1. **음성 수집 및 전송** : 사용자가 "헤이, (스피커의 이름)"와 같은 특정 명령을 하면, 스피커 안에 설치된 마이크가 사용자의 음성을 수집합니다.
2. **음성 신호 처리** : 수집된 음성은 전기적인 신호로 변환되고, 이를 컴퓨터가 이해할 수 있는 디지털 데이터로 변환합니다. 이때 음성 신호 처리 기술이 사용됩니다.
3. **음성 인식** : 변환된 음성 데이터는 음성 인식 소프트웨어를 통해 텍스트로 변환됩니다. 이 단계에서는 언어 모델과 음성 데이터 베이스를 활용하여 사용자가 말한 내용을 이해하려고 노력합니다.
4. **자연어 처리** : 변환된 텍스트 데이터는 자연어 처리 기술을 사용하여 의미를 파악합니다. 이는 문장의 의도를 이해하고 사용자의 명령을 해석하는 과정을 포함합니다.
5. **명령 실행 및 응답** : 인식된 명령이나 질문에 대한 답변을 생성하기 위해 인공지능 스피커는 지능적인 알고리즘을 사용합니다. 이를 통해 음성 스피커는 음악 재생, 날씨 정보 제공, 일정 확인, 스마트홈 기기 제어 등 다양한 작업을 수행할 수 있습니다.
6. **계속적인 학습** : 인공지능 스피커는 사용자의 피드백과 상호 작용을 통해 계속해서 학습하고 발전합니다. 새로운 언어 패턴이나 명령에 대해 스피커가 학습하여 더 나은 사용자 경험을 제공할 수 있도록 노력합니다.

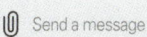

프롬프트 2 챗GPT와 함께 '오디오 감지' 기능으로 재미있게 코딩하는 방법을 알아보세요.

엔트리에서 '오디오 감지' 블록을 사용하여 게임 코딩을 하려고 해. 만들 수 있는 게임을 몇 가지 소개해 줘. '오디오 감지'는 '음성을 문자로 인식' 하는 기능을 가지고 있어.

1. **음성 명령 퍼즐 게임** : 플레이어가 특정 단어나 문장을 말함으로써 문을 열거나, 퍼즐 조각을 움직이거나, 숨겨진 물건을 찾는 등의 작업을 수행할 수 있는 게임입니다. 각 스테이지마다 특정 음성 명령이 요구되며, 플레이어는 이를 해결하여 다음 단계로 진행할 수 있습니다.

2. **음성 인식 마법 게임** : 플레이어가 마법사 캐릭터를 조종하며, 다양한 마법 주문을 음성으로 외워서 실행하는 게임입니다. 각 주문마다 고유한 단어나 문장이 있으며, 플레이어의 명령에 따라 불, 얼음, 바람 등 다양한 마법을 사용할 수 있습니다.

3. **음성 명령으로 운영하는 요리 게임** : 플레이어가 요리사가 되어 음성 명령으로 재료를 자르고, 요리하고, 조리법에 따라 요리를 완성하는 게임입니다. "양파 자르기", "불 조절", "저어주기" 등의 명령을 통해 실시간으로 요리 과정을 진행합니다.

4. **음성 인식을 통한 교육 게임** : 어린이를 대상으로 한 교육 게임에서도 음성 인식 기능을 활용할 수 있습니다. 예를 들어, 영어 단어 발음 연습 게임에서 플레이어가 단어를 정확하게 발음하면 그에 맞는 이미지나 의미가 화면에 나타나는 방식입니다.

5. **음성 명령으로 컨트롤하는 액션 게임** : 캐릭터가 다양한 액션(점프, 구르기, 공격 등)을 수행할 때, 플레이어가 해당 액션에 맞는 단어를 말하여 캐릭터를 조종하는 게임입니다. 예를 들어, "점프"라고 말하면 캐릭터가 장애물을 넘고, "공격"이라고 말하면 적을 공격하는 식입니다.

이러한 게임들은 플레이어가 직접 음성으로 게임과 상호 작용할 수 있게 해 주므로, 게임 플레이에 더 몰입할 수 있고, 특히 언어 학습이나 발음 연습 등 교육적 목적으로도 활용될 수 있습니다. 엔트리의 드래그 앤 드롭 인터페이스와 함께 '오디오 감지' 및 '음성을 문자로 인식' 기능을 사용하면, 코드 작성에 대한 사전 지식이 없어도 창의적이고 상호 작용이 풍부한 게임을 쉽게 만들 수 있습니다.

프롬프트 3 챗GPT와 함께 게임 프로그램 알고리즘을 알아보세요.

 게임 프로그램 아이디어 중 '음성 퀴즈 게임'을 만들고 싶어. 알고리즘을 알려 줘!.

1. **문제와 정답 데이터 준비** : 게임에 사용될 다양한 문제와 해당 문제의 정답 데이터를 준비합니다. 예를 들면, "세계에서 가장 큰 강은 무엇인가요?"라는 문제와 "아마존 강"이라는 정답을 준비합니다.

2. **음성 인식** : 사용자의 음성을 인식하는 기능을 구현합니다. 이를 위해 엔트리 인공지능 블록의 오디오 감지 기능을 활용하거나, 음성 인식 라이브러리를 사용할 수 있습니다. 사용자가 음성으로 정답을 말하면 이를 인식하여 처리할 수 있어야 합니다.

3. **문제 출제** : 준비한 문제와 정답 데이터 중에서 랜덤하게 하나의 문제를 선택하여 사용자에게 제시합니다. 예를 들어, "세계에서 가장 큰 강은 무엇인가요?"라는 문제를 사용자에게 제시합니다.

4. **음성 입력 받기** : 사용자는 음성으로 정답을 말해야 합니다. 게임은 사용자의 음성 입력을 기다리고, 입력된 음성을 인식하여 처리합니다.

5. **정답 확인** : 사용자가 말한 정답과 실제 정답을 비교하여 정답 여부를 확인합니다. 예를 들어, 사용자가 "아마존 강"이라는 정답을 말했다면, 이를 실제 정답과 비교하여 정답 여부를 판단합니다.

6. **점수 계산** : 정답을 맞춘 경우 사용자의 점수를 증가시킵니다. 게임 진행에 따라 점수를 계산하는 방식은 다양하게 구현할 수 있습니다.

7. **다음 문제 제시** : 현재 문제를 해결한 후에는 다음 문제를 제시합니다. 이를 위해 2단계부터 6단계까지의 과정을 반복합니다.

8. **게임 종료** : 일정한 문제 수나 시간이 지나면 게임을 종료합니다. 종료 시 사용자의 최종 점수를 표시하고, 다시 게임을 할지 여부를 묻는 선택지를 제공할 수 있습니다.

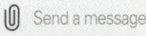

PART 03

바로 엔트리 인공지능 - 메이커

Chapter 05 안전한 학교생활 안내 AI

스타터 [AI Fn] 오디오 감지, 읽어주기 [바로 AI] Level ★★☆☆☆

우리는 학교에서 여러 과목을 통해 다양한 교육을 받게 됩니다. 안전한 학교생활에 관련된 교육을 받기도 하는데요. 그중에 화상 처치와 고열 예방 교육도 빠질 수 없습니다. 안전 교육에 대한 데이터 정보는 인공지능의 음성 인식, 읽어주기 기능을 통해 보다 쉽고 간편하게 전달 받을 수 있습니다. 이번 시간에는 안전한 생활을 위한 화상 처치 방법과 고열 예방 방법에 대해 알아보는 프로그램을 만들어 볼까요?

완성 작품

- 완성 작품 주소 : https://naver.me/5tetrqcj
- 실습 작품 주소 : https://naver.me/FRcv8pZm

01 완성 작품 미리보기

설명		'화상 처치'라고 말하면 화상 처치 방법에 대해 알려 줍니다.
동작		'고열 예방'이라고 말하면 고열 예방 방법에 대해 알려 줍니다.

02 알고리즘 작성하기

1 'AI 바로 쌤'과 함께 챗GPT 활용하기

'완성 작품 미리보기'를 확인했나요?
작품을 만들기 전에 혹시 궁금한 것이 있다면 챗GPT에게 질문해 보세요.
작품 스토리, 알고리즘, 코딩하는 방법 등 어느 것이든 좋습니다.

엔트리 음성 인식 기능을 활용해 '화상 처치', '고열 예방'이라는 단어를 들으면 그에 따른 대처 방법을 말해 주는 프로그램의 알고리즘을 물어보고 싶어요.

그렇군요. 그럼, 챗GPT에게 다음과 같이 질문을 해 보세요.

당신은 블록 코딩 전문가입니다. 엔트리로 인공지능 음성 인식 기능을 이용해 프로그래밍하려고 합니다. 사용자가 '화상 처치' 또는 '고열 예방'이라고 말하면 그에 따른 대처 방법을 말해 주려고 합니다. 이 프로그램의 알고리즘을 자세히 알려 주세요.

1. 먼저, 사용자의 음성을 입력 받는 음성 인식 블록을 사용하여 사용자의 음성을 텍스트로 변환합니다.

2. 변환된 텍스트를 분석하는 블록을 사용하여 사용자가 '화상 처치' 또는 '고열 예방'이라고 말했는지 판단합니다.

3. 판단 결과에 따라 그에 따른 대처 방법을 말해 주는 블록을 실행합니다. 예를 들면, '화상 처치'에 대한 방법을 말해 주는 블록과 '고열 예방'에 대한 예방 방법을 말해 주는 블록을 각각 실행할 수 있습니다.

4. 마지막으로, 프로그램이 제대로 작동했는지 사용자에게 알리는 블록을 실행합니다. 예를 들면, '예방 방법을 말해 드렸습니다.'라는 메시지를 출력하는 블록을 사용할 수 있습니다.

챗GPT는 이렇게 대답해 주었어요. 혹시 더 궁금한 점이 있나요?

알고리즘을 조금 더 쉽고 간단하게 알려 줄 수는 없을까요?

 그렇군요. 그럼, 챗GPT에게 다음과 같이 질문을 해 보세요.

 엔트리 '확장' 카테고리의 블록 중 '생활안전 국민행동요령' 데이터를 활용해서 '화상 처치', '고열 예방'에 대한 음성을 인식하면 자동으로 예방법을 알려 주면 좋겠어.

 1. 사용자의 음성을 입력 받는 음성 인식 블록을 사용하여 사용자의 음성을 텍스트로 변환합니다.

2. 변환된 텍스트를 분석하는 블록을 사용하여 사용자가 '화상 처치' 또는 '고열 예방'이라고 말했는지 판단합니다.

3. 판단 결과에 따라 엔트리 확장 블록 중 '생활안전 국민행동요령'의 '화상 처치' 방법 또는 '고열 예방' 방법을 실행합니다.

 Send a message

 챗GPT의 도움 답변을 바탕으로 알고리즘을 정리해 볼까요?

2 알고리즘 정리하기

1. 음성 인식	▶	2. 명령 : 화상 처치	▶	3. 명령 : 고열 예방
음성 인식 블록을 사용하여 사용자의 음성을 텍스트로 변환함.		명령어가 '화상 처치'라면 화상 처치 방법에 대해 소개함.		명령어가 '고열 예방'이라면 고열 예방 방법에 대해 소개함.

03 프로그래밍 준비하기

1 미리보기

장면		
순서	1	2
오브젝트		
이름	교실(2)	선생님(3)
카테고리	배경	사람
x 좌표	0	190
y 좌표	0	−50
크기	375%	100%

2 [속성] - [변수] 만들기

❶ [속성] 탭의 [변수] – [변수 추가하기]를 통해 '방법 개수'를 만듭니다.
❷ '방법 개수' 변수가 추가된 것을 확인할 수 있습니다. 이 변수는 방법의 수를 세기 위해 필요합니다.

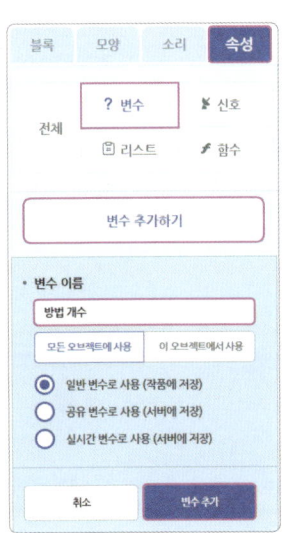

3 [속성]-[신호] 만들기

❶ [속성] 탭의 [신호] – [신호 추가하기]를 클릭합니다.
❷ '고열 예방', '화상 처치' 신호를 만듭니다.

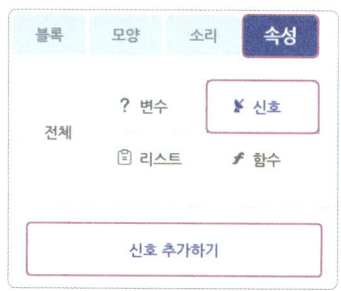

4 '확장' 블록 추가하기

❶ [확장]의 [확장 블록 불러오기]를 클릭합니다.

❷ [생활안전 국민행동요령] – [불러오기]를 클릭합니다.

5 인공지능 블록 불러오기

❶ 블록 꾸러미에서 [인공지능] – [인공지능 블록 불러오기]를 순서대로 클릭합니다.

❷ [읽어주기], [음성 인식] – [불러오기]를 순서대로 클릭합니다.

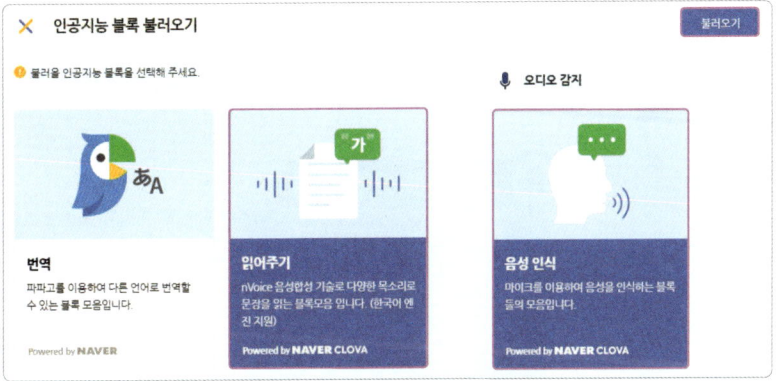

❸ [인공지능] 카테고리에 **오디오 감지**, **음성 인식**, **읽어주기** 블록이 새롭게 추가된 것을 확인합니다.

04 바로 프로그래밍하기 : 음성 인식 및 읽어주기

1 마이크는 어떻게 한국어 음성을 인식할까요?

'음성 인식' 기능을 사용하려면 마이크가 연결되어 있어야 합니다. 인공지능 블록 중에 마이크 연결 상태를 확인하는 블록을 사용해 마이크가 연결되어 있으면 한국어를 인식하게 합니다.

2 마이크 연결 상태는 어떻게 확인할까요?

❶ [시작]에서 [오브젝트를 클릭했을 때]를 가져옵니다. 이어서 [흐름]의 [〈참〉 이(가) 될 때까지 기다리기] 블록을 연결합니다. 〈참〉에 [인공지능]의 〈마이크가 연결되었는가?〉를 넣어 줍니다.

❷ [인공지능]의 [한국어 음성 인식하기], [인식한 음성 보이기]를 연결합니다.

❸ [시작]의 [O 신호 보내기] 2개를 연결한 후, 각각 [화상 처치 신호 보내기], [고열 예방 신호 보내기]로 수정합니다.

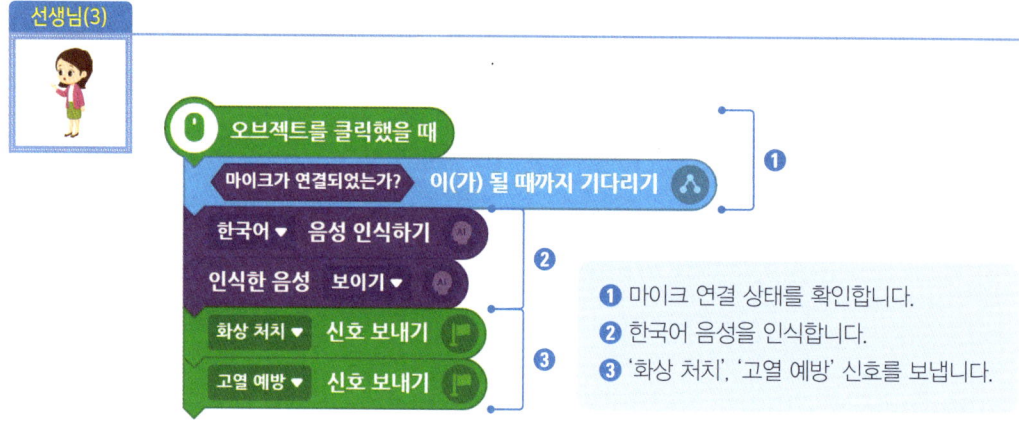

바로 쓰는 AI_TIP 주요 명령 블록

3 '화상 처치' 음성을 인식하면 어떤 동작을 해야 할까요?

① [시작]의 [화상 처치 신호를 받았을 때]를 가져옵니다. [흐름]의 [만일 〈참〉 (이)라면] 블록을 연결한 후, 〈참〉 부분에 [판단]의 〈10=10〉 블록을 넣어 줍니다. 왼쪽 칸에 [인공지능]의 (음성을 문자로 바꾼 값)을 넣고, 오른쪽 칸은 '화상 처치'로 수정합니다.

② [자료]의 [방법 개수를 0 (으)로 정하기]를 연결한 후, 값을 '1'로 수정합니다. [생김새]의 [0 을(를) 말하기]와 [인공지능]의 [0 읽어주기 기다리기]를 연결한 후, 안내 메시지를 입력합니다.

③ 화상 처치 안내 메시지를 모두 말할 수 있도록 [흐름]의 [0번 반복하기]를 가져옵니다.

③-1 화상 처치 메시지를 모두 말하도록 [확장]의 (응급처치에서 화상 처치 방법의 수)를 횟수 값에 넣습니다.

③-2 [생김새]의 [0 을(를) 말하기]를 연결합니다. 이어서 [확장]의 (응급처치에서 화상처치 방법 0 번째 항목)을 넣고, 항목 값에 [자료]의 (방법 개수 값)을 넣습니다.

③-3 [인공지능]의 [0 읽어주고 기다리기]를 연결합니다. 이어서 [확장]의 (응급처치에서 화상 처치 방법 0 번째 항목)을 넣고, 항목 값에 [자료]의 (방법 개수 값)을 넣습니다.

③-4 [자료]의 [방법 개수에 0 만큼 더하기]를 연결한 후, 값을 '1'로 수정합니다.

선생님(3)

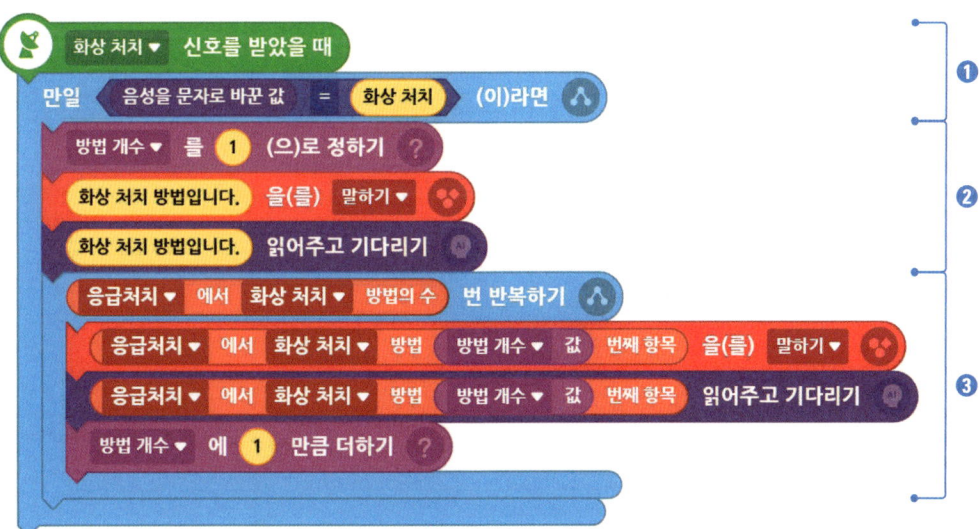

① '화상 처치'라는 음성을 인식합니다.
② '화상 처치' 예방 방법을 안내합니다.
③ '화상 처치' 예방 방법 7개를 알려 줍니다.

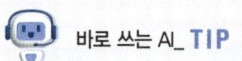 바로 쓰는 AI_TIP   주요 명령 블록

분류	블록	설명
시작	고열 예방 신호를 받았을 때	선택한 신호를 받으면 아래에 연결된 블록을 실행합니다.
흐름	10 번 반복하기	입력한 횟수만큼 감싸고 있는 블록들을 계속해서 반복 실행합니다.
	엔트리 읽어주고 기다리기	입력한 문자 값을 읽어준 후 다음 블록을 실행합니다.
AI 인공지능	음성을 문자로 바꾼 값	• 인식한 음성을 글자로 바꿔 줍니다. • 소리가 입력되지 않았거나, 음성 인식 도중에 오류가 발생할 경우 '0'이라고 표현합니다.
생김새	안녕! 을(를) 말하기	오브젝트가 입력한 내용을 말풍선으로 말하는 동시에 다음 블록을 실행합니다.
확장	응급처치 에서 화상 처치 방법의 수	선택한 생활 속 문제가 발생했을 때 해야 할 행동 요령의 수입니다.
	응급처치 에서 화상 처치 방법 1 번째 항목	선택한 생활 속 문제가 발생했을 때 해야 할 행동 요령에 대한 정보입니다.
자료	방법 개수 를 10 (으)로 정하기	선택한 변수의 값을 입력한 값으로 정합니다.
	방법 개수 에 10 만큼 더하기	선택한 변수에 입력된 값을 더합니다.
	방법 개수 값	선택된 변수에 저장된 값입니다.

4 '고열 예방' 음성을 인식하면 어떤 동작을 해야 할까요?

❶ [화상 처치 신호를 받았을 때] 블록 위에서 마우스 우클릭을 합니다. [코드 복사 & 붙여넣기] 메뉴를 클릭합니다.

❷ 다음 블록 이미지를 참고하여 값을 수정합니다.

[화상 처치 신호를 받았을 때] ➜ [고열 예방 신호를 받았을 때],
(화상 처치) ➜ (고열 예방), (화상 처치 방법입니다.) ➜ (고열 예방 방법입니다.),
(응급처치에서 화상 처치 방법의 수) ➜ (응급처치에서 고열 예방 방법의 수),
(응급처치에서 화상 처치 방법 O 번째 항목) ➜ (응급처치에서 고열 예방 방법 O 번째 항목)

❶ '화상 처치' 코드를 '복사&붙여넣기' 합니다.
❷ '화상 처치'를 '고열 예방'으로 수정합니다.

바로 한눈에! 코드 펼쳐보기

모두 펼쳐보기

오브젝트를 클릭했을 때
- 마이크가 연결되었는가? 이(가) 될 때까지 기다리기
- 한국어 음성 인식하기
- 인식한 음성 보이기
- 화상 처치 신호 보내기
- 고열 예방 신호 보내기

화상 처치 신호를 받았을 때
- 만일 〈음성을 문자로 바꾼 값 = 화상 처치〉 (이)라면
  - 방법 개수를 1 (으)로 정하기
  - 화상 처치 방법입니다. 을(를) 말하기
  - 화상 처치 방법입니다. 읽어주고 기다리기
  - 응급처치에서 화상 처치 방법의 수 번 반복하기
    - 응급처치에서 화상 처치 방법 방법 개수 값 번째 항목 을(를) 말하기
    - 응급처치에서 화상 처치 방법 방법 개수 값 번째 항목 읽어주고 기다리기
    - 방법 개수에 1 만큼 더하기

선생님(3)

고열 예방 신호를 받았을 때
- 만일 〈음성을 문자로 바꾼 값 = 고열 예방〉 (이)라면
  - 방법 개수를 1 (으)로 정하기
  - 고열 예방 방법입니다. 을(를) 말하기
  - 고열 예방 방법입니다. 읽어주고 기다리기
  - 응급처치에서 고열 예방 방법의 수 번 반복하기
    - 응급처치에서 고열 예방 방법 방법 개수 값 번째 항목 을(를) 말하기
    - 응급처치에서 고열 예방 방법 방법 개수 값 번째 항목 읽어주고 기다리기
    - 방법 개수에 1 만큼 더하기

바로 점프! 더 나아가기

완성 작품

점프 미션	[코드 복사 & 붙여넣기]를 활용하여 '식중독 대처'에 대해 알아보는 코드 추가하기
[힌트 1] 완성 작품 장면	
[힌트 2] 오브젝트별 코드 추가	[속성] 탭 – [신호] – [신호 추가하기]에서 '식중독' 신호를 추가합니다.
[힌트 3] 추가 기능	[화상 처치 신호를 받았을 때]에서 [코드 복사&붙여넣기] 메뉴를 활용해 코드를 만들고, 식중독 대처 방법에 대해 알려 주는 코드로 수정합니다.

완성 작품 : https://naver.me/GbrRpQhM

바로 함께! 즐겁게 배우는 챗GPT

 이번 시간에 배운 내용을 바탕으로 챗GPT와 다양한 이야기로 소통해 볼까요? 이때 부모님 또는 선생님과 함께하면 더 재미있고 안전하게 정보를 찾을 수 있을 거예요. 그럼 챗GPT와 함께 안전하게 학교생활하는 방법에 대해 알아본 내용을 바탕으로 코딩을 해 볼까요?

프롬프트 1 챗GPT와 함께 폭력 예방법에 대해 알아보세요.

 나는 13살 초등학생이야. 우리 반의 남자 친구들끼리 폭력적으로 싸움을 했어. 학교 폭력 예방법을 알고 있었다면 좋았을까? 그렇다면 폭력을 쓰는 친구들이 앞으로 어떻게 해야 할지 알려 줄 수 있어?

 그럼, 학교 폭력 예방법을 알고 있었다면 그 상황에서 더 나은 대처를 할 수 있었을 거야. 폭력은 문제를 해결하는 방법이 아니라는 것을 이해하는 것이 중요해. 이제 너의 친구들이 앞으로 어떻게 해야 하는지 몇 가지 조언을 해 줄게.

1. **사과하고 화해하기** : 먼저, 싸움에 관련된 친구들이 서로 사과하고 화해하는 것이 중요해. 각자의 행동에 대해 책임을 지고, 상대방의 입장에서 생각해 보는 시간을 갖는 것이 좋아.

2. **갈등 해결 방법 배우기** : 갈등이 생겼을 때 폭력이 아닌 대화와 협상을 통해 문제를 해결하는 방법을 배우는 것이 필요해. 선생님, 부모님, 학교 상담사와 같은 어른들의 도움을 받아보는 것도 좋은 방법이야.

3. **감정 표현 방법 익히기** : 화가 나거나 실망했을 때, 그 감정을 어떻게 표현해야 하는지 배우는 것이 중요해. 감정을 적절하게 표현하는 법을 배우면, 싸움으로 이어질 수 있는 상황을 피할 수 있어.

4. **학교 폭력 예방 프로그램 참여하기** : 학교에서 제공하는 폭력 예방 프로그램에 참여해서 폭력의 심각성을 이해하고, 폭력을 예방하는 방법을 배우는 것이 좋아. 이런 프로그램은 갈등 해결 기술과 폭력 없는 학교 문화를 만드는 데 도움을 줄 수 있어.

5. 긍정적인 친구 관계 유지하기 : 서로를 존중하고 지지하는 긍정적인 친구 관계를 유지하는 것이 중요해. 이런 관계는 신뢰를 바탕으로 하며, 싸움이나 갈등이 생겼을 때도 서로를 이해하고 도울 수 있는 토대가 돼.

6. 스트레스 관리 방법 배우기 : 스트레스나 분노를 건강하게 관리하는 방법을 배우는 것도 중요해. 운동, 취미 생활, 명상 등 자신에게 맞는 스트레스 해소 방법을 찾아 보고, 꾸준히 실천해 보자.

이러한 조언들을 친구들과 함께 실천한다면, 앞으로 더 긍정적이고 평화로운 학교생활을 할 수 있을 거야. 모두가 함께 노력해야 학교 폭력 없는 안전한 환경을 만들 수 있어.

프롬프트 2 챗GPT와 함께 코딩할 주제에 대해 알아보세요.

앞의 내용을 바탕으로 엔트리 인공지능 코딩을 하려고 해.
'오디오 감지'와 '읽어주기' 기능을 사용할 건데, 어떻게 만들면 좋을지 몇 가지 아이디어를 줘.

엔트리의 오디오 감지와 읽어주기 기능을 활용하여 학교 폭력 예방과 관련된 프로젝트를 만드는 것은 매우 의미 있는 작업이 될 수 있어. 여기 몇 가지 아이디어를 소개할게.

1. 갈등 해결 상황 시뮬레이션 게임
목표 : 사용자가 오디오 입력을 통해 다양한 갈등 상황에 대응하는 방법을 배울 수 있게 하는 프로그램 만들기
- 사용자에게 갈등 상황을 읽어주고, 몇 가지 대응 방법을 제시한다.
- 사용자가 오디오로 자신의 선택을 말하면, 그에 따른 결과를 읽어준다.
- 각각의 선택이 가져오는 결과를 통해 평화롭게 갈등을 해결하는 방법을 학습한다.

2. 폭력 대응 퀴즈
목표 : 사용자가 학교 폭력 상황의 올바른 대응 방법을 선택할 수 있도록 하는 퀴즈 게임 만들기
- 다양한 학교 폭력 상황을 제시하고, 몇 가지 대응 옵션을 읽어준다.
- 사용자가 오디오로 대응 방법을 선택하면, 선택한 대응 방법의 장단점을 설명해 준다.
- 올바른 대응 방법을 선택했을 때 긍정적인 피드백을 제공하여 학습을 강화한다.

3. 감정 표현 학습 도우미
목표 : 사용자가 자신의 감정을 건강하게 표현하는 방법을 배울 수 있도록 돕는 도우미 만들기
- 감정과 관련된 단어나 상황을 읽어주고, 사용자에게 자신의 감정을 오디오로 표현해 보도록 한다.
- 사용자가 감정을 표현하면, 긍정적인 방법으로 감정을 관리하는 팁을 읽어준다.
- 스트레스가 많은 상황에 대처하는 방법, 분노를 조절하는 기술 등을 음성으로 안내한다.

이 아이디어들을 기반으로 엔트리의 프로젝트를 만들 때, 각 상황에 맞는 스크립트를 세심하게 구성하고, 사용자의 입력에 따라 다양한 반응을 할 수 있도록 프로그래밍하는 것이 중요해.

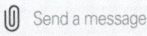

프롬프트 3 챗GPT와 함께 게임 프로그램 알고리즘을 알아보세요.

소개해 준 코딩 아이디어 중에 '갈등 해결 상황 시뮬레이션 게임'을 코딩해 보려고 해. 알고리즘을 만들어 줘.

'갈등 해결 상황 시뮬레이션 게임'을 코딩하기 위한 기본 알고리즘을 단계별로 설명해 줄게. 이 프로젝트를 진행할 때, 엔트리에만 적용하는 내용보다는 일반적인 절차에 대해 설명할게.

1단계 : 게임 시작하기
- 게임의 목표를 알려 주고, 시작 버튼을 누르게 해.

2단계 : 문제 상황 보여 주기
- 학교에서 일어날 수 있는 문제들을 하나씩 보여 줘.
- 사용자에게 하나의 갈등 상황을 무작위로 또는 순차적으로 제시해.

3단계 : 어떻게 할지 결정하기
- 문제를 해결할 수 있는 몇 가지 방법을 제시하고, 네가 선택할 수 있게 해.
- 사용자가 오디오 입력 또는 클릭을 통해 자신의 대응 방법을 선택하도록 해.

4단계 : 선택에 따라 결과 알려 주기
사용자의 선택에 따라 다른 결과를 보여 주는 로직을 구현해. 올바른 대응 방법을 선택했다면 긍정적인 결과와 피드백을, 그렇지 않은 경우는 더 나은 선택을 할 수 있도록 유도하는 피드백을 제공해.

5단계 : 배운 것 공유하기
- 각 상황에서 배울 수 있는 중요한 점을 알려 줘. 이는 사용자가 실생활의 갈등을 마주했을 때 유용하게 적용할 수 있는 지식이 되어야 해.

6단계 : 다음 단계로 이동 또는 게임 끝내기
- 사용자가 다음 갈등 상황을 경험할 수 있도록 다음 버튼을 제공하거나, 모든 상황을 마쳤다면 게임 종료를 선택할 수 있게 해.
- 게임 종료 시, 사용자에게 그동안의 학습 내용을 간략히 요약해 주고, 긍정적인 메시지를 남겨서 사용자가 느낀 점을 공유할 수 있는 기회를 제공해.

전쟁 반대 캠페인을 위한 다국어 AI 번역기

[AI Fn] 번역, 오디오 감지, 읽어주기   **[바로 AI]** Level ★★☆☆

캠페인이란, 우리가 원하는 중요한 목표를 이루기 위해 계획을 세우고 여러 사람들이 함께 오래도록 활동하는 것을 말해요. 현재 세계적으로 전쟁은 큰 문제가 되고 있습니다. 전쟁은 경제, 환경, 문화 등을 파괴하며 사람들을 죽게 만들기도 합니다. 그래서 전 세계의 사람들 중에는 전쟁에 반대하는 목소리를 높이기 위한 행동에 나서기도 합니다. 우리는 전쟁 반대를 위해 무엇을 할 수 있을까요? 더 많은 사람들이 캠페인에 참여할 수 있도록 다양한 나라의 언어로 '전쟁 반대' 메시지를 번역해서, 널리 퍼뜨릴 수 있는 프로그램을 만들어 보는 것은 어떨까요?

완성 작품

- 완성 작품 주소 : https://naver.me/GJEia8ec   • 실습 작품 주소 : https://naver.me/FENO9tjs

01 완성 작품 미리보기

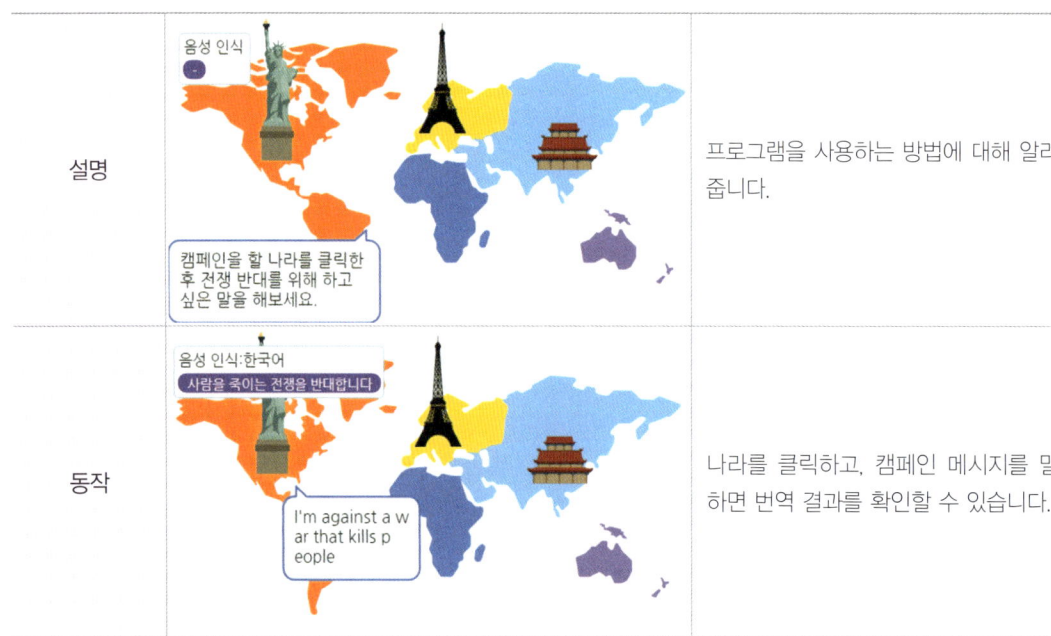

설명		프로그램을 사용하는 방법에 대해 알려 줍니다.
동작		나라를 클릭하고, 캠페인 메시지를 말하면 번역 결과를 확인할 수 있습니다.

02 알고리즘 작성하기

1 'AI 바로 쌤'과 함께 챗GPT 활용하기

'완성 작품 미리보기'를 확인했나요?
작품을 만들기 전에 혹시 궁금한 것이 있다면 챗GPT에게 질문해 보세요.
작품 스토리, 알고리즘, 코딩하는 방법 등 어느 것이든 좋습니다.

엔트리의 오브젝트를 클릭하면 '오디오 감지'를 할 수 있게 만들고 싶어요. 그리고 음성 인식된 한국어를 각 나라의 말로 번역해 주는 기능을 만들고 싶어요.

그렇군요. 그럼, 챗GPT에게 다음과 같이 질문을 해 보아요.

당신은 블록 코딩 전문가입니다. 엔트리로 인공지능 오디오 감지, 번역 기능을 이용해 프로그래밍하려고 합니다. 사용자가 각 나라의 대표 건물 이미지를 클릭하면 음성 인식을 실행하고 한국말을 각 나라의 말로 번역해서 말풍선으로 보여 주는 프로그램을 만들려고 합니다. 알고리즘을 자세하게 알려 주세요.

1. **사용자 인터페이스 설정(오브젝트 설정)**
   - **건물 이미지 준비** : 각 나라를 대표하는 건물의 이미지를 준비합니다.
   - **화면 구성** : 이러한 이미지들을 사용자 인터페이스(실행화면)에 배치합니다.

2. **이벤트 처리기 설정**
   - **이미지 클릭 이벤트** : 사용자가 이미지를 클릭하면 특정 이벤트가 발생하도록 설정합니다. 이 이벤트는 음성 인식을 시작하는 신호가 됩니다.

3. **음성 인식 및 처리**
   - **음성 인식 시작** : 사용자가 이미지를 클릭하면 음성 인식을 시작합니다.
   - **인식된 음성 처리** : 인식된 음성(한국어)을 변수에 저장합니다.

4. **번역 기능 구현**
   - **번역 블록 사용** : 저장된 한국어 텍스트를 해당 나라의 언어로 번역합니다.
   - **번역 결과 저장** : 번역된 텍스트를 또 다른 변수에 저장합니다.

5. 말풍선으로 번역 결과 표시
- **말풍선 블록 사용** : 번역된 텍스트를 말풍선 형태로 해당 건물 이미지 옆에 표시합니다.

6. 반복 및 최적화
- **반복 테스트** : 모든 나라의 대표 건물 이미지에 대해 이 프로세스를 반복합니다.
- **문제 해결 및 최적화** : 사용자 경험을 향상시키기 위해 버그를 수정하고 프로세스를 최적화합니다.

 Send a message

 챗GPT는 이렇게 대답해 주었어요. 혹시 더 궁금한 점이 있나요?

한국어로된 전쟁 반대 캠페인 문구를 각 나라말로 읽어주면 더욱 실감날 것 같아요.

 그렇군요. 그럼, 챗GPT에게 다음과 같이 질문을 해 보세요.

 위 프로그램을 엔트리 읽어주기 기능을 이용해 번역된 말로 읽어주면 좋겠어. 알고리즘을 다시 정리해 줘.

 1. 각 나라의 대표 건물 이미지를 클릭할 때마다 해당 국가의 언어로 번역하는 이벤트를 설정합니다.

2. 이미지를 클릭하면, '음성 인식 실행(한국어 음성 인식하기)' 블록을 실행합니다.

3. '음성 인식 실행(음성을 문자로 바꾼 값)' 블록은 사용자의 음성을 텍스트로 변환합니다.

4. 변환된 텍스트는 '번역' 블록을 통해 해당 국가의 언어로 번역됩니다.

5. 번역된 텍스트는 '말풍선 보여주기' 블록을 통해 사용자에게 보여집니다.

6. 동시에 인공지능, '읽어주기' 블록을 통해 번역된 텍스트를 읽어 줍니다.

 Send a message

 챗GPT의 도움 답변을 바탕으로 알고리즘을 정리해 볼까요?

2 알고리즘 정리하기

1. 오브젝트 설정	2. 음성 인식	3. 번역
각 나라를 대표하는 건물 이미지를 준비함.	음성 인식을 시작하고, 한국어로 캠페인 문구를 읽음.	음성 인식된 문구를 각 나라의 언어로 번역하고 읽음.

03 프로그래밍 준비하기

1 미리보기

순서	1	2	3	4
오브젝트				
이름	세계지도 – 전체	자유의 여신상	에펠탑	중국건물(1)
카테고리	환경	건물	건물	건물
x 좌표	0	−140	10	120
y 좌표	0	70	80	20
크기	400%	80%	70%	50%

2 인공지능 블록 불러오기

❶ 블록 꾸러미에서 [인공지능] – [인공지능 블록 불러오기]를 순서대로 클릭합니다.

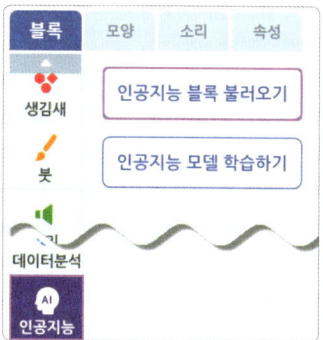

❷ [번역], [읽어주기], [음성 인식] – [불러오기]를 순서대로 클릭합니다.

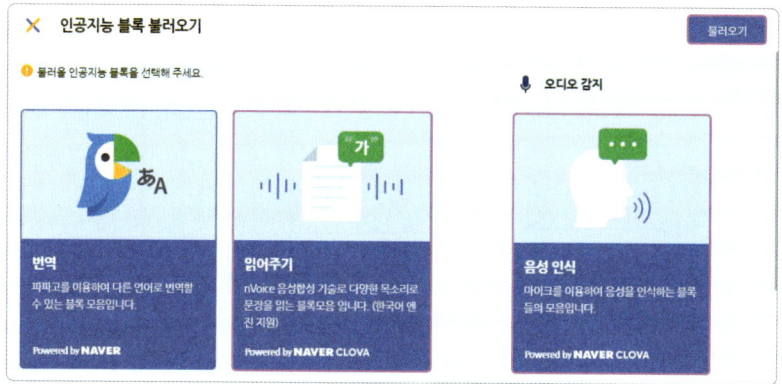

❸ [인공지능] 카테고리에 **오디오 감지**, **음성 인식**, **읽어주기**, **번역** 블록이 새롭게 추가된 것을 확인합니다.

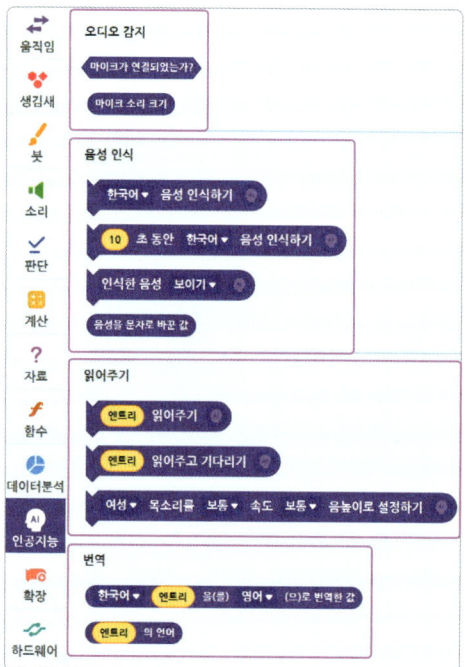

04　바로 프로그래밍하기 1 : 사용 방법 안내하기

1　사용 방법은 어떻게 안내할까요?

　　읽어주기 기능을 활용하여 음성과 말풍선으로 사용 방법을 안내합니다.

2　어떤 목소리로 메시지를 전달할까요?

　❶ [시작]에서 [시작하기 버튼을 클릭했을 때]를 가져옵니다. 이어서 [인공지능]의 [○ 목소리를 ○ 속도 ○ 음높이로 설정하기]를 연결한 후, 원하는 목소리로 설정합니다.

　❷ [생김새]의 [○ 을(를) 말하기]와 [인공지능]의 [○ 읽어주고 기다리기]를 연결한 후, 안내 메시지를 입력합니다.

　❸ [생김새]의 [○ 을(를) 말하기]와 [인공지능]의 [○ 읽어주고 기다리기]를 연결한 후, 안내 메시지를 입력합니다. 이어서 [생김새]의 [말풍선 지우기]를 연결합니다.

[세계지도 - 전체]

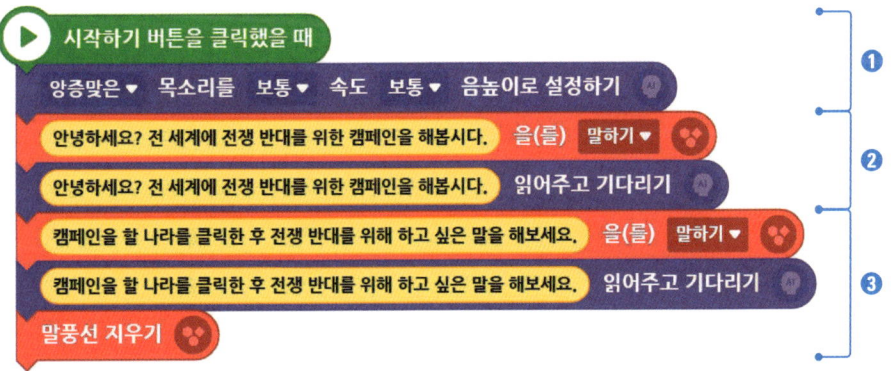

❶ 안내 받을 목소리를 설정합니다.
❷, ❸ 안내 메시지를 음성으로 듣고, 말풍선으로도 확인합니다.

바로 쓰는 AI_TIP 주요 명령 블록

시작	시작하기 버튼을 클릭했을 때	실행화면에서 [▶ 시작하기] 버튼을 클릭하면 아래에 연결된 블록이 동작합니다.
	엔트리 읽어주고 기다리기	노란색 영역 안에 있는 내용을 스피커를 통해 소리로 확인할 수 있습니다.
인공지능	여성▼ 목소리를 보통▼ 속도 보통▼ 음높이로 설정하기	인공지능을 통해 다양한 목소리와 속도를 조절할 수 있습니다.
생김새	안녕! 을(를) 말하기▼	노란색 영역 안에 있는 내용을 말풍선으로 보여 줍니다.
	말풍선 지우기	실행화면에 말풍선이 보이지 않도록 합니다.

05 바로 프로그래밍하기 2 : 중국어로 메시지 전달하기

1 어떻게 중국어로 메시지를 전달할까요?
인공지능 번역기를 활용하여, 인식한 음성을 번역하여 보여 줍니다.

2 음성을 인식한 후 어떻게 번역할까요?

❶ [시작]에서 [오브젝트를 클릭했을 때]를 가져옵니다. 이어서 [인공지능]의 [한국어 음성 인식하기]를 연결합니다.

❷ [인공지능]의 [O 읽어주고 기다리기]와 (음성을 문자로 바꾼 값)을 연결합니다.

❸ [생김새]의 [O 을(를) 말하기]를 연결합니다. 이어서 [인공지능]의 (한국어 O 을(를) 영어 (으)로 번역한 값)을 넣고, (한국어 O 을(를) 중국어간체 (으)로 번역한 값)으로 수정한 후 (음성을 문자로 바꾼 값)을 끼워 넣습니다.

❹ [인공지능]의 [O 읽어주고 기다리기]를 연결합니다. 이어서 (한국어 O 을(를) 영어 (으)로 번역한 값)을 넣고, (한국어 O 을(를) 중국어간체 (으)로 번역한 값)으로 수정한 후 (음성을 문자로 바꾼 값)을 끼워넣습니다. 그리고 [생김새]의 [말풍선 지우기]를 연결합니다.

중국건물(1)

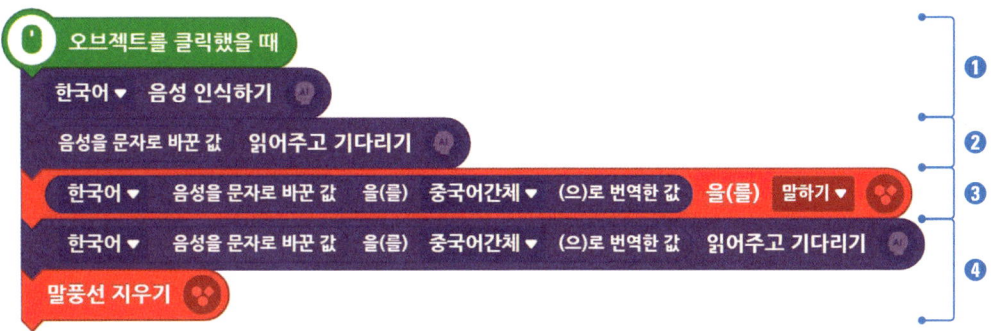

❶ 한국어 음성을 인식합니다.
❷ 인식한 음성을 문자로 바꾸고 읽어 줍니다.
❸ 중국어로 번역된 값을 화면에 보여 줍니다.
❹ 중국어로 번역된 값을 모두 읽은 후에 말풍선을 지워 줍니다.

바로 쓰는 AI_TIP 주요 명령 블록

06 바로 프로그래밍하기 3 : 프랑스어로 메시지 전달하기

1 어떻게 프랑스어로 메시지를 전달할까요?

인공지능 번역기를 활용하여, 인식한 음성을 번역하여 보여 줍니다.

2 음성을 인식한 후 어떻게 번역할까요?

❶ '중국건물(1)' 오브젝트의 [오브젝트를 클릭했을 때] 블록 위에서 마우스 우클릭을 합니다. [**코드 복사**] 메뉴를 클릭합니다.

❷ '에펠탑' 오브젝트를 클릭한 후, 블록 조립소의 바탕에서 마우스 우클릭을 하여 [**붙여넣기**] 메뉴를 클릭합니다.

❸ (한국어 (음성을 문자로 바꾼 값) 을(를) 중국어간체 (으)로 번역한 값) ➡ (한국어 (음성을 문자로 바꾼 값) 을(를) 프랑스어 (으)로 번역한 값)으로 수정합니다.

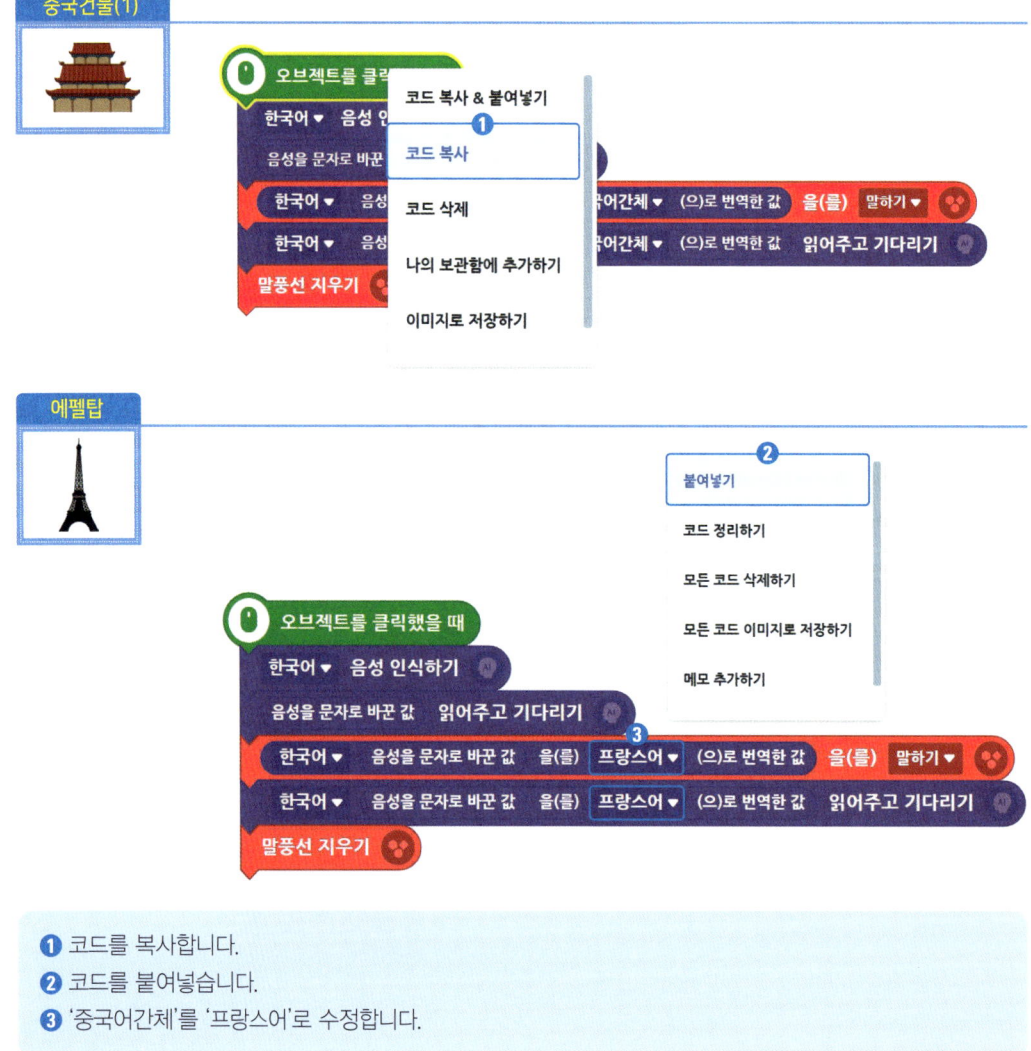

❶ 코드를 복사합니다.
❷ 코드를 붙여넣습니다.
❸ '중국어간체'를 '프랑스어'로 수정합니다.

07 바로 프로그래밍하기 4 : 영어로 메시지 전달하기

1 어떻게 영어로 메시지를 전달할까요?

인공지능 번역기를 활용하여, 인식한 음성을 번역하여 보여 줍니다.

2 음성을 인식한 후 어떻게 번역할까요?

❶ '에펠탑' 오브젝트의 코드를 '복사'한 후, '자유의 여신상' 오브젝트의 블록 조립소에 '붙여넣기'합니다.

❷ (한국어 (음성을 문자로 바꾼 값) 을(를) 프랑스어 (으)로 번역한 값) ➡ (한국어 (음성을 문자로 바꾼 값) 을(를) 영어 (으)로 번역한 값)으로 수정합니다.

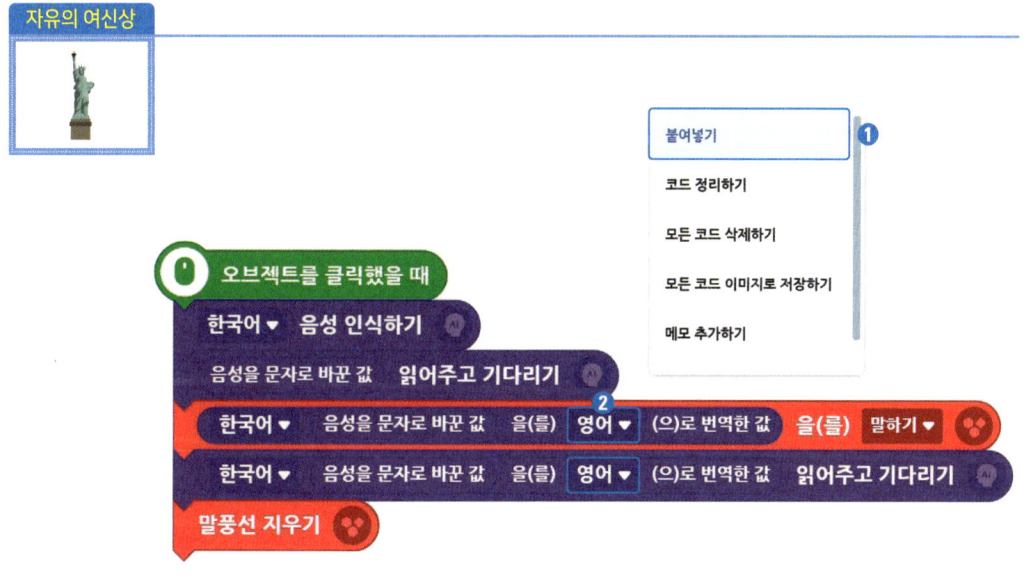

❶ 코드를 붙여넣습니다.
❷ '프랑스어'를 '영어'로 수정합니다.

> **바로 한눈에! 코드 펼쳐보기**

모두 펼쳐보기

바로 점프! 더 나아가기

완성 작품

점프 미션	러시아어로 반전 운동 캠페인을 하기 위해 러시아와 관련된 오브젝트와 코드 추가하기
[힌트 1] 완성 작품 장면	
오브젝트 추가	 <table><tr><td>이름</td><td>궁전(2)</td></tr><tr><td>카테고리</td><td>건물</td></tr><tr><td>x 좌표</td><td>160.0</td></tr><tr><td>y 좌표</td><td>50.0</td></tr><tr><td>크기</td><td>40%</td></tr></table>
[힌트 2] 오브젝트별 코드 추가	 궁전(2)
[힌트 3] 추가 기능	코드 복사와 붙여넣기를 이용합니다. '궁전(2)' 오브젝트를 클릭했을 때 러시아어로 캠페인 구호를 번역해 줍니다.

완성 작품 : https://naver.me/xZGN4mpq

> **바로 함께!** 즐겁게 배우는 챗GPT

 이번 시간에 배운 내용을 바탕으로 챗GPT와 다양한 이야기로 소통해 볼까요? 이때 부모님 또는 선생님과 함께하면 더 재미있고 안전하게 정보를 찾을 수 있을 거예요. 그럼 챗GPT와 함께 전쟁 예방법에 대해 알아본 내용을 바탕으로 코딩 준비를 해 볼까요?

프롬프트 1 챗GPT와 함께 캠페인 구호에 대해 알아보세요.

 전쟁 반대를 위한 캠페인 구호를 10가지 추천해 줘.

 전쟁 반대를 위한 캠페인 구호는 평화와 화합의 메시지를 강조하는 것이 중요합니다.
다음은 그러한 메시지를 담은 10가지 구호 제안입니다.

1. 평화만이 길이다 – 전쟁은 아니다!

2. 손잡고 서로를 이해하자, 전쟁 대신 평화를!

3. 무기 대신 대화를 선택하자!

4. 모든 생명은 소중하다 – 전쟁은 그것을 잊게 한다!

5. 갈등은 대화로, 폭력은 평화로!

6. 전쟁 없는 세상을 위하여 – 오늘부터 행동하자!

7. 폭력에는 끝이 없다 – 평화로 나아가자!

8. 아이들에게 평화로운 미래를 선물하자!

9. 사랑과 평화로 세상을 채우자!

10. 함께라면 평화가 가능하다 – 전쟁은 그만!

이러한 구호들은 사람들에게 평화의 중요성을 알리고 전쟁의 부정적인 영향을 고려하게 만드는 데 도움이 될 수 있습니다.

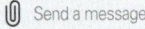

프롬프트 2 챗GPT와 함께 전쟁 예방에 대해 논의해 보세요.

 전쟁 예방을 위해 우리가 지녀야 할 마음가짐을 말해 줘.

 전쟁 예방을 위한 마음가짐에는 여러 중요한 요소들이 있습니다.

1. **이해와 공감** : 타문화, 국가, 또는 이념에 대한 깊은 이해와 공감은 싸움의 근본적인 원인을 이해하는 데 도움이 됩니다. 서로의 입장을 이해하려는 노력은 갈등을 줄이고 대화를 하는 데 기여할 수 있습니다.

2. **평화적 의사소통** : 갈등 상황에서 공격적이거나 적대적인 언어를 피하고, 대신 서로 존중하는 태도로 의사소통하는 것이 중요합니다. 이는 오해를 줄이고 공동의 해결책을 마련하는 데 도움이 됩니다.

3. **공동의 이익 인식** : 서로 공동의 이익과 목표를 인식하고 강조하는 것이 중요합니다. 이는 갈등을 넘어 협력으로 나아가는 길을 제시할 수 있습니다.

4. **이해성과 양보** : 이해성과 양보는 갈등 해결의 핵심 요소입니다. 양측이 완벽한 해결책을 얻기는 어려울 수 있으나, 양보를 통해 좋은 결과를 도출할 수 있습니다.

5. **교육과 인식 증진** : 교육은 사람들이 다른 문화와 역사를 이해하고, 갈등의 근본 원인을 파악하는 데 중요한 역할을 합니다. 또한 평화와 함께하는 것의 가치를 증진시키는 데 기여할 수 있습니다.

6. **비폭력의 원칙** : 비폭력은 갈등 해결과 전쟁 예방의 핵심 원칙입니다. 폭력 대신 대화와 논의, 그리고 다른 평화적 수단을 통해 문제를 해결하려는 노력이 필요합니다.

이러한 마음가짐들은 전쟁 예방뿐만 아니라, 지속 가능한 평화를 만드는 데도 중요한 역할을 합니다. 개인, 공동체, 국가 간의 협력과 이해를 통해 보다 평화로운 세계를 만들어 나갈 수 있습니다.

프롬프트 3 챗GPT와 함께 전쟁 예방을 위한 AI 기술에 대해 알아보세요.

전쟁 예방을 위해 AI 기술의 도움을 받을 수 있을까? 좋은 아이디어가 있으면 알려 줘.

전쟁을 막기 위해 AI 기술이 어떻게 도와줄 수 있는지 알아보았어요.

1. **분쟁 예측하기** : AI는 정치, 경제, 사회 데이터를 분석하여 갈등이 생길 수 있는 곳을 미리 알려 줍니다. 그래서 위험한 상황을 미리 예방할 수 있어요.

2. **가짜 뉴스 찾기** : AI가 많은 뉴스를 살펴보고 가짜 뉴스를 찾아내서 우리에게 경고해 줄 거예요. 그래서 우리가 허위 정보에 속지 않게 해 줄 거예요.

3. **외교적 대화 도우미** : AI가 외교적인 대화를 분석해서 긴장을 풀고 해결책을 제안해 줄 거예요.

4. **무기 통제와 감시** : AI가 국제적인 무기 사용을 감시하고 위반 사항을 찾아낼 거예요. 그래서 안전한 세상을 만들어 줄 거예요.

5. **도움이 필요한 곳에 도움 보내기** : AI가 위기 상황에서 필요한 도움을 빠르게 찾아주고, 필요한 물품을 나눠 줄 거예요.

6. **사이버 공격 막기** : AI가 사이버 공격을 발견하고 대응해 줄 거예요. 그래서 인터넷 세상이 더 안전해질 거예요.

7. **사회적 문제 찾기** : AI가 소셜 미디어에서 문제를 찾아내고 해결책을 마련해 줄 거예요. 그래서 우리 사회가 더 조화롭게 살 수 있도록 도움이 될 거예요.

8. **세계가 더 가까워지기** : AI가 다른 나라와의 소통을 도와주고 협력을 촉진해 줄 거예요. 그래서 우리가 서로를 더 잘 이해할 수 있게 될 거예요.

9. **환경을 지키기** : AI가 환경 변화를 감시하고 자원을 관리해 줄 거예요. 그래서 우리가 지구에서 더 잘 살아갈 수 있게 될 거예요.

10. **교육과 이해 증진** : AI가 맞춤형 교육을 제공해 줄 거예요. 그래서 우리가 서로 다른 문화와 가치를 더 잘 이해하고 평화롭게 살아갈 수 있게 될 거예요.

이러한 아이디어들은 AI 기술의 발전과 함께 더욱 효과적으로 구현될 수 있으며, 전쟁과 갈등을 예방하는 데 중요한 역할을 할 수 있습니다.

프롬프트 4 챗GPT와 함께 전쟁 예방과 관련된 코딩 알고리즘을 알아보세요.

나는 초등학생이야. AI가 전쟁 예방에 기여할 수 있는 방법을 알리기 위해 엔트리로 코딩을 하려고 해. 주제와 알고리즘을 알려 줘.

초등학생인데, AI와 전쟁 예방에 관심을 갖고 있다니 대단하네요! 엔트리로 코딩하는 프로젝트를 통해 AI가 전쟁 예방에 어떻게 기여할 수 있는지 탐구하는 것은 매우 의미 있는 주제입니다. AI를 이용하여 전쟁 예방에 기여할 수 있는 방법에는 여러 가지가 있지만, 여기서는 초등학생도 이해하고 구현할 수 있는 몇 가지 아이디어와 간단한 알고리즘을 소개하겠습니다.

[주제 1 : 갈등 감지와 중재]
- **설명** : AI를 사용하여 소셜 미디어나 뉴스 기사에서 갈등의 낌새를 감지하는 알고리즘을 개발할 수 있습니다. 이러한 정보를 바탕으로 사전에 서로 화해를 시킬 수 있습니다.
- **알고리즘 아이디어** : 키워드 기반의 간단한 텍스트 분석을 통해 갈등이나 전쟁과 관련된 단어들이 얼마나 자주 등장하는지 확인합니다. 예를 들어, '갈등', '전쟁', '대립'과 같은 단어들이 자주 나타난다면, 그 지역이나 주제에 대해 주의가 필요할 수 있습니다.

[주제 2 : 평화 교육]
- **설명** : AI를 활용하여 다양한 문화와 역사에 대한 교육 콘텐츠를 만들고, 이를 통해 서로의 차이를 이해하고 존중하는 방법을 배울 수 있습니다.
- **알고리즘 아이디어** : 간단한 퀴즈 게임을 만들어 사용자에게 세계 각국의 문화와 역사에 대해 질문합니다. 올바른 답을 선택하면 평화적인 메시지를 표시합니다.

[주제 3 : 위기 상황 모의 실험]
- **설명** : AI를 이용하여 가상의 위기 상황을 생성하고, 사용자가 이를 해결하기 위한 다양한 방법을 찾아 볼 수 있도록 합니다. 이를 통해 문제 해결 능력과 평화적 해결책을 찾는 능력을 키울 수 있습니다.
- **알고리즘 아이디어** : '만약'으로 가정한 시나리오를 기반으로 간단한 스토리를 만들고, 사용자가 다양한 선택을 할 수 있게 합니다. 각 선택은 다른 결과로 이어지며, 목표는 가능한 평화적인 해결책을 찾는 것입니다.

AI 건강체력평가(PAPS) 연습 게임

스타터

[AI Fn] 읽어주기, 비디오 감지   [바로 AI] Level ★★★☆☆

여러분은 건강체력평가를 앞두고 어떤 준비를 하나요? 좋은 평가 결과를 얻기 위해 미리 체력 훈련 연습을 하지는 않나요? PAPS 프로그램은 여러분의 체력을 측정하고 개인별 맞춤 운동을 추천해 건강을 개선할 수 있게 도움을 주는 프로그램인데요. 엔트리의 '비디오 감지' 기능을 활용하면 PAPS를 만들 수 있습니다. 사람의 움직임을 포착해 속도를 분석하고, 달리기 속도 결과를 기록할 수 있지요. 이를 바탕으로 자신의 기록을 뛰어넘을 수 있도록 도전하게 됩니다. 인공지능 기술을 적용한 PAPS 연습 프로그램을 함께 만들어 볼까요?

완성 작품

- 완성 작품 주소 : https://naver.me/xn60BplY   • 실습 작품 주소 : https://naver.me/GRmRSw52

01 완성 작품 미리보기

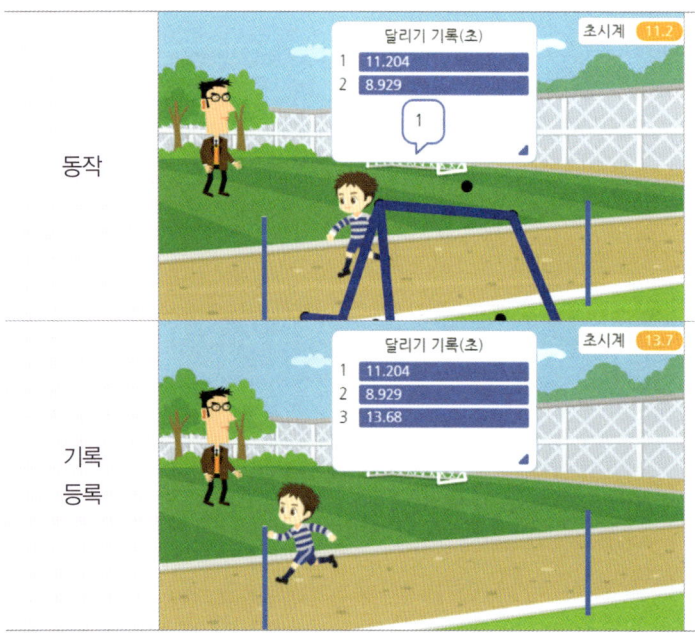

동작 — 사람의 움직임을 측정하여 달리기를 시작합니다.

기록 등록 — 도착선에 닿으면 기록을 리스트에 등록합니다.

02 알고리즘 작성하기

1 'AI 바로 쌤'과 함께 챗GPT 활용하기

'완성 작품 미리보기'를 확인했나요?
작품을 만들기 전에 혹시 궁금한 것이 있다면 챗GPT에게 질문해 보세요.
작품 스토리, 알고리즘, 코딩하는 방법 등 어느 것이든 좋습니다.

엔트리 '비디오 감지'의 동작 인식을 이용해서 움직임이 클수록
오브젝트가 빨리 움직이게 하고 싶어요. 어떻게 해야 해요?

그렇군요. 그럼, 챗GPT에게 다음과 같이 질문해 보세요.

당신은 블록 코딩 전문가입니다. 엔트리의 '비디오 감지'를 통해 움직임을 감지하여 달리기 시간을 측정하는 프로그램을 만들려고 합니다. '비디오 감지'를 통해 움직임을 감지한 값으로 오브젝트를 움직이려고 하는데요. 알고리즘을 자세히 알려 주세요.

1. **비디오 감지 블록 사용** : 엔트리의 '비디오 감지' 기능을 이용해 카메라로부터 비디오를 캡처합니다.

2. **움직임 감지** : '비디오 감지' 블록을 이용하여 움직임이 감지될 때마다 특정 액션을 실행하도록 합니다. 이때, 움직임의 크기나 속도를 측정할 수 있다면, 이 값들을 이용하여 달리기 속도를 바꿀 수 있습니다.

3. **시간 측정** : 움직임이 감지되기 시작한 시점과 움직임이 멈춘 시점 사이의 시간을 측정합니다. 이를 위해 '시간' 블록을 사용하여 시간을 기록하고, 움직임이 감지되는 동안 흐른 시간을 계산합니다.

4. **결과 출력** : 달리기 시간을 화면에 표시합니다. 이를 위해 '말풍선' 블록을 사용할 수 있습니다.

Send a message

챗GPT는 이렇게 대답해 주었어요. 혹시 더 궁금한 점이 있나요?

초시계와 리스트를 이용해서 오브젝트가 도착점에 도착한 시간을 저장하고 싶은데요. 어떻게 해야 하나요?

 그렇군요. 그럼, 챗GPT에게 다음과 같이 질문해 보세요.

 초시계와 리스트를 이용해서 오브젝트가 도착한 시간을 리스트에 저장하고 싶어. 알고리즘을 자세히 알려 줘.

 알려 주신 내용을 바탕으로 엔트리에서 비디오 감지를 통해 움직임을 감지하고, 그 움직임에 따라 오브젝트를 움직이며, 도착 시간을 리스트에 저장하는 프로그램에 대한 알고리즘을 설명드리겠습니다.

1. **움직임 감지** : 먼저, 비디오 감지 블록을 사용하여 움직임을 감지합니다. 웹캠이나 비디오 입력을 통해 얻은 이미지에서 움직임이 감지되면, 그 값을 변수에 저장합니다.

2. **오브젝트 움직임** : 감지된 움직임의 값이 일정 수준 이상이면 오브젝트를 움직이게 합니다. 이를 위해 '만약 ~라면(만약 〈참〉 이라면)' 블록을 사용하여 움직임의 값이 일정 수치 이상일 때 오브젝트를 움직이는 코드를 실행하게 합니다.

3. **시간 측정** : '시작하기' 블록 아래에 '시간 초기화(초시계 초기화하기)' 블록을 추가하여 프로그램이 시작될 때 시간을 '0'으로 초기화합니다. 오브젝트가 움직일 때마다 시간을 측정하며, '초시계 값' 블록을 통해 이를 수행합니다.

4. **기록 저장** : 만약 오브젝트가 도착 지점에 도착하면, 그 시점의 초시계 값을 리스트에 저장합니다. 이를 위해 '리스트에 ~ 추가하기(0 항목을 0 에 추가하기)' 블록을 사용하여 시간 값을 리스트에 추가합니다.

 챗GPT의 도움 답변을 바탕으로 알고리즘을 정리해 볼까요?

2 알고리즘 정리하기

1. 비디오 감지	2. 움직임 인식	3. 기록 등록
'비디오 감지' 기능을 이용해 카메라로 움직임을 감지함.	감지된 움직임에 따라 오브젝트의 달리기 속도가 변화함.	도착한 시간을 측정하고 기록함.

03 프로그래밍 준비하기

1 미리보기

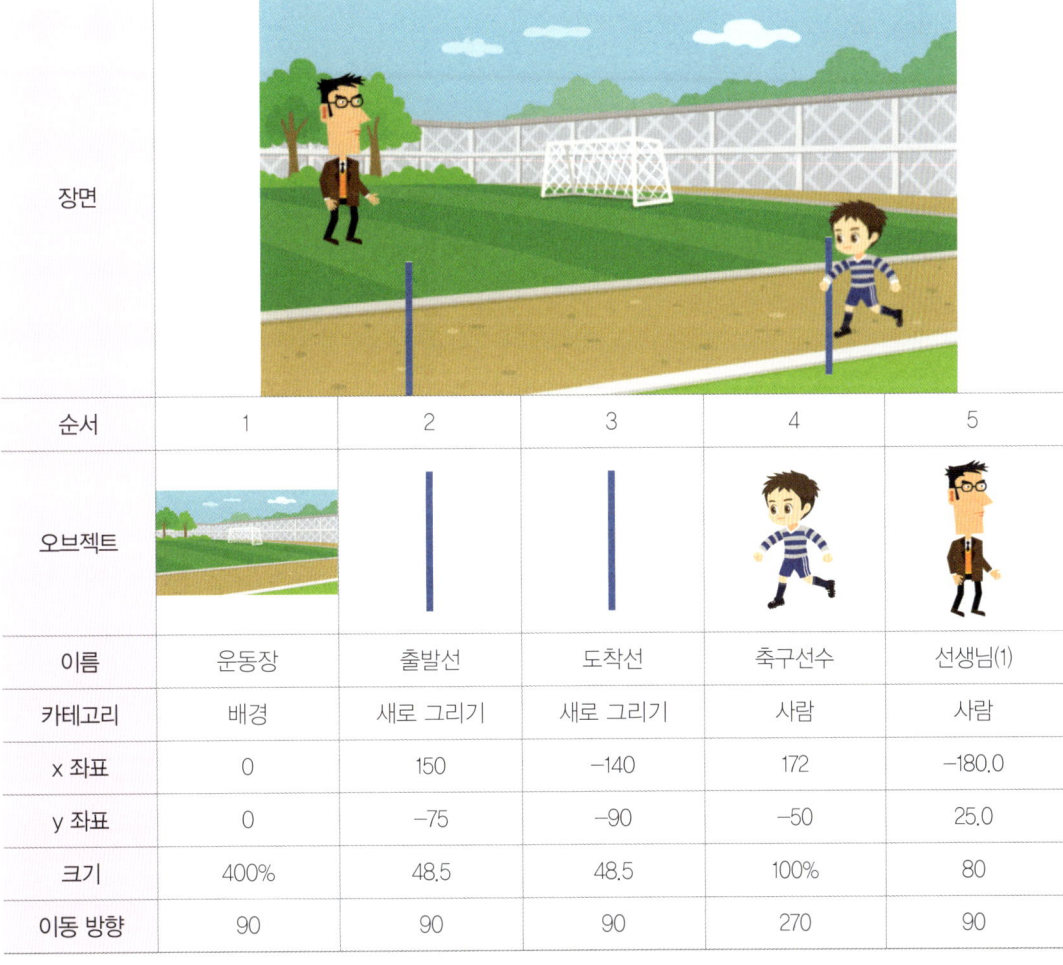

순서	1	2	3	4	5
오브젝트					
이름	운동장	출발선	도착선	축구선수	선생님(1)
카테고리	배경	새로 그리기	새로 그리기	사람	사람
x 좌표	0	150	−140	172	−180.0
y 좌표	0	−75	−90	−50	25.0
크기	400%	48.5	48.5	100%	80
이동 방향	90	90	90	270	90

2 오브젝트 새로 그리기

❶ [+ 오브젝트 추가하기]를 클릭하여 다양한 오브젝트를 추가하거나 새로 그리기를 할 수 있습니다.

❷ [새로 그리기] - [이동하기] 버튼을 클릭합니다.

 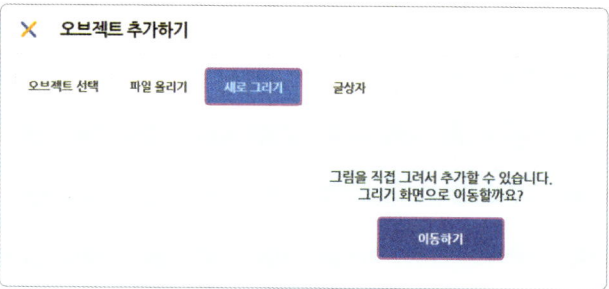

❸ [모양] 탭에서 새로운 그림을 그린 후에 [저장하기] 버튼을 클릭합니다.

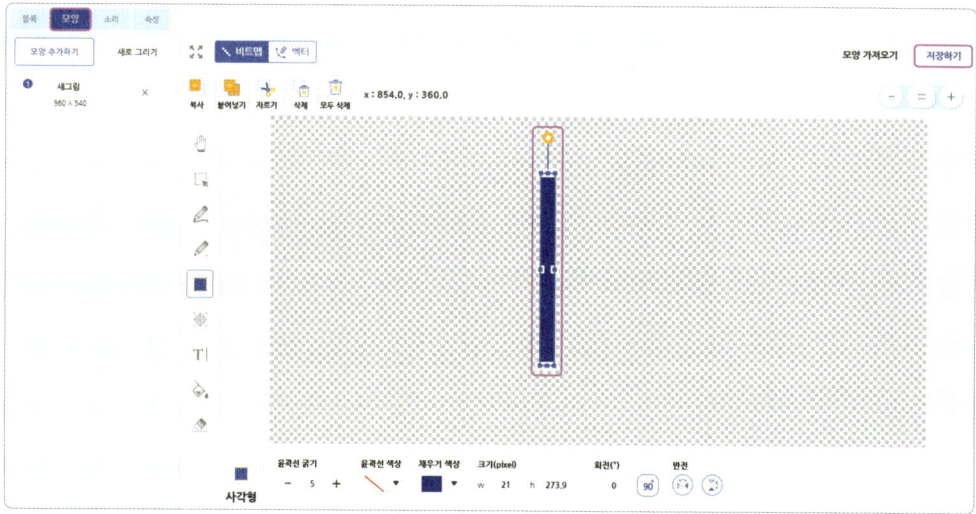

❹ 오브젝트 목록에 새로운 오브젝트가 추가된 것을 확인할 수 있습니다. 오브젝트 이름은 목록에서 변경할 수 있습니다.

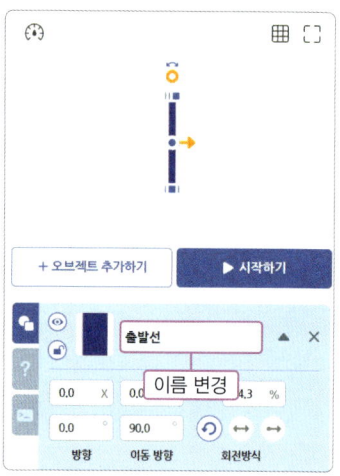

3 [속성] - [리스트] 만들기

❶ [속성] 탭의 [리스트] – [리스트 추가하기]를 클릭합니다.

❷ '달리기 기록(초)' 리스트를 만듭니다.

*프로그램을 다시 시작해도 속성이 삭제되지 않게 하려면 반드시 '공유 리스트로 사용(서버에 저장)'을 체크하도록 합니다.

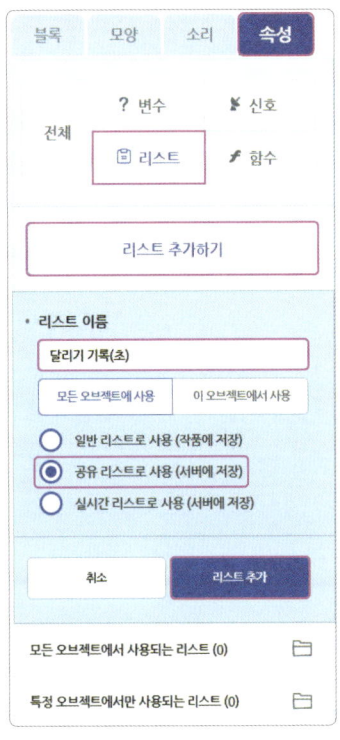

4 [속성] - [신호] 만들기

❶ [속성] 탭에서 [신호] – [신호 추가하기]를 클릭합니다.

❷ '시작' 신호를 만듭니다.

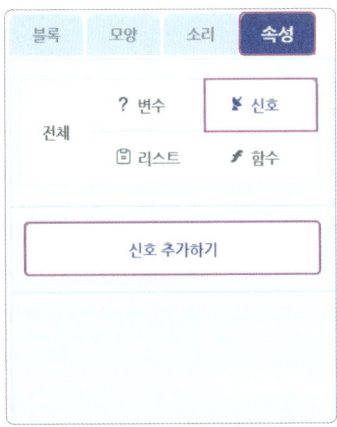 

5 소리 추가하기

❶ '선생님(1)' 오브젝트를 클릭한 후 [소리] 탭 – [소리 추가하기]를 클릭합니다.

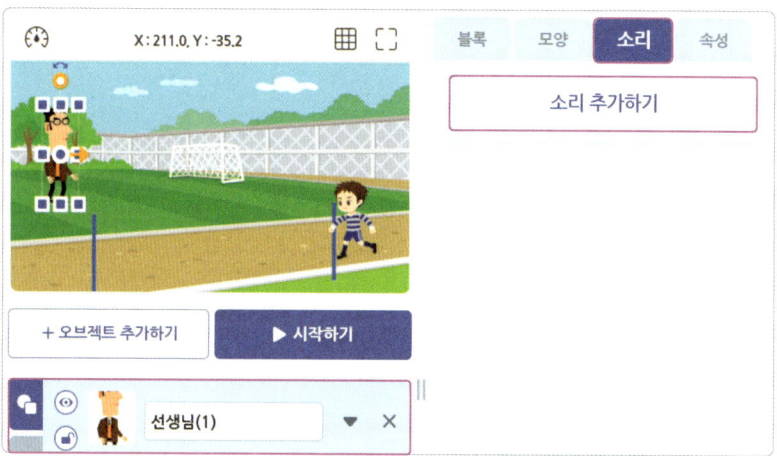

❷ 검색을 통해 원하는 소리를 찾은 후, [추가하기] 버튼을 클릭합니다.

6 인공지능 블록 불러오기

❶ [인공지능] – [인공지능 블록 불러오기]를 순서대로 클릭합니다.

❷ [읽어주기], [사람 인식] – [불러오기]를 순서대로 클릭합니다.

❸ [인공지능] 카테고리에 **읽어주기, 비디오 감지, 사람 인식** 블록이 새롭게 추가된 것을 확인합니다.

04 바로 프로그래밍하기 1 : PAPS 측정 준비하기

1 PAPS 측정 준비 과정에서는 무엇을 할까요?
'선생님(1)' 오브젝트에서 PAPS 측정 준비를 합니다.

2 어떤 준비 동작이 필요할까요?

❶ [시작]의 [시작하기 버튼을 클릭했을 때]를 가져옵니다. 이어서 [인공지능]의 [사람 인식 시작하기]와 [인식한 사람 보이기]를 연결합니다.

❷ [인공지능]의 [O 목소리를 O 속도 O 음높이로 설정하기]를 연결한 후, '남성' 목소리로 수정합니다.

❸ [생김새]의 [O 을(를) 말하기]와 [인공지능]의 [O 읽어주고 기다리기]를 연결한 후, 메시지를 입력합니다. 그리고 [생김새]의 [말풍선 지우기]를 연결합니다.

❹ [소리]의 [소리 O 재생하기]를 연결합니다.

❺ [시작]의 [O 신호 보내기]를 연결합니다.

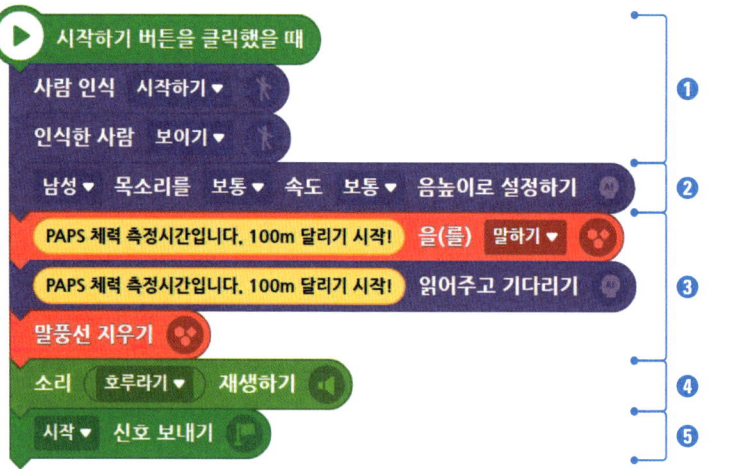

❶ 사람을 인식하고, 화면에 인식한 사람을 보이게 합니다.
❷ 목소리를 설정합니다.
❸ 준비 메시지를 들려줍니다.
❹ '호루라기' 소리로 시작 신호를 알립니다.
❺ '시작' 신호를 보냅니다.

바로 쓰는 AI_ TIP 주요 명령 블록

05 바로 프로그래밍하기 2 : 동작을 인식하고 달리기

1 어떻게 동작 인식을 할까요?

인공지능의 '사람 인식' 기능을 이용하여 사람의 동작을 인식합니다. 움직임 값을 감지하고, 움직임이 많은 경우는 더 빠르게, 움직임이 적은 경우에는 더 느리게 오브젝트를 '도착선'까지 움직입니다.

2 사람의 움직임 값을 이용해서 어떻게 달릴 수 있을까요?

❶ [시작]의 [O 신호를 받았을 때]를 가져옵니다. 이어서 [계산]의 [초시계 시작하기]를 연결합니다.

❷ [흐름]의 [〈참〉이 될 때까지 반복하기]를 연결한 후, 이 블록에 [판단]의 〈도착선에 닿았는가?〉를 넣습니다.

❷-1 [생김새]의 [O 을(를) 말하기]를 연결합니다. 이어서 [계산]의 (10/10 의 몫)을 넣습니다. 왼쪽 칸에 [인공지능]의 (실행 화면에서 감지한 움직임 값)을 넣고, 오른쪽 칸은 '200'으로 수정합니다.

❷-2 [흐름]의 [만일 〈참〉 (이)라면]을 연결합니다. 이어서 [판단]의 〈10 > 10〉을 넣습니다. 왼쪽 칸에 [인공지능]의 (실행 화면에서 감지한 움직임 값)을 넣고, 오른쪽 칸은 '200'으로 수정합니다. 그리고 [움직임]의 [이동 방향으로 O 만큼 움직이기]를 연결한 후, [계산]의 (10/10 의 몫)을 넣습니다. 이어서 왼쪽 칸에 [인공지능]의 (실행 화면에서 감지한 움직임 값)을 넣고, 오른쪽 칸은 '200'으로 수정합니다.

❷-3 [생김새]의 [다음 모양으로 바꾸기]를 연결합니다. 이어서 [생김새]의 [말풍선 지우기]를 연결합니다.

❸ [계산]의 [초시계 시작하기]을 연결한 후, [초시계 정지하기]로 수정합니다. [자료]의 [O 항목을 달리기 기록(초) 에 추가하기]를 연결한 후, [계산] 카테고리의 (초시계 값)을 넣어 줍니다.

❹ [인공지능]의 [사람 인식 시작하기]와 [인식한 사람 보이기]를 연결한 후, [사람 인식 중지하기]와 [인식한 사람 숨기기]로 수정합니다.

축구선수

❶ '시작' 신호를 받으면 초시계를 동작합니다.
❷ 도착선에 닿을 때까지 움직임 값을 확인하고 오브젝트를 움직입니다.
❸ 도착선에 닿으면 초시계를 멈추고 기록을 리스트에 등록합니다.
❹ 동작이 끝나면 사람 인식을 중지하고, 화면에 인식한 사람을 숨깁니다.

바로 한눈에! 코드 펼쳐보기

모두 펼쳐보기

선생님(1)

- 시작하기 버튼을 클릭했을 때
- 사람 인식 시작하기▼
- 인식한 사람 보이기▼
- 남성▼ 목소리를 보통▼ 속도 보통▼ 음높이로 설정하기
- PAPS 체력 측정시간입니다. 100m 달리기 시작! 을(를) 말하기▼
- PAPS 체력 측정시간입니다. 100m 달리기 시작! 읽어주고 기다리기
- 말풍선 지우기
- 소리 호루라기▼ 재생하기
- 시작▼ 신호 보내기

축구선수

- 시작▼ 신호를 받았을 때
- 초시계 시작하기▼
- 도착선▼ 에 닿았는가? 이 될 때까지▼ 반복하기
  - 실행 화면▼ 에서 감지한 움직임▼ 값 / 200 의 몫▼ 을(를) 말하기▼
  - 만일 실행 화면▼ 에서 감지한 움직임▼ 값 > 200 (이)라면
    - 이동 방향으로 실행 화면▼ 에서 감지한 움직임▼ 값 / 200 의 몫▼ 만큼 움직이기
  - 다음▼ 모양으로 바꾸기
- 말풍선 지우기
- 초시계 정지하기▼
- 초시계 값 항목을 달리기 기록(초)▼ 에 추가하기
- 사람 인식 중지하기▼
- 인식한 사람 숨기기▼

바로 점프! 더 나아가기

점프 미션	• 달리기를 모두 마치고 도착 신호를 보내기 • 도착 신호를 받은 '선생님(1)' 오브젝트가 도착한 시간을 알려 주는 코드 추가하기
[힌트 1] 완성 작품 장면	(완성 작품 장면 이미지: "7.041초 걸렸습니다." 말풍선, 달리기 기록(초) 리스트 1. 11.204 2. 8.929 3. 13.68 4. 8.245, 초시계 7.0)
	[속성] 탭 – [신호] – [신호 추가하기]를 클릭하여 '도착' 신호를 추가합니다.

[힌트 2]
오브젝트별
코드 추가
	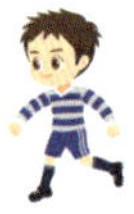 축구선수: `도착▼ 신호 보내기`
	
	선생님(1):
	`도착▼ 신호를 받았을 때`
	`안녕! 을(를) 말하기▼`
	`초시계 값 과(와) 초 걸렸습니다. 을(를) 합친 값`
	`엔트리 읽어주고 기다리기`
	`초시계 값 과(와) 초 걸렸습니다. 을(를) 합친 값`
	`말풍선 지우기`

[힌트 3] 추가 기능	'축구선수'는 달리기 동작을 마치고 도착 신호를 보냅니다. 도착 신호를 받은 '선생님'은 몇 초 걸렸는지 말해 줍니다.

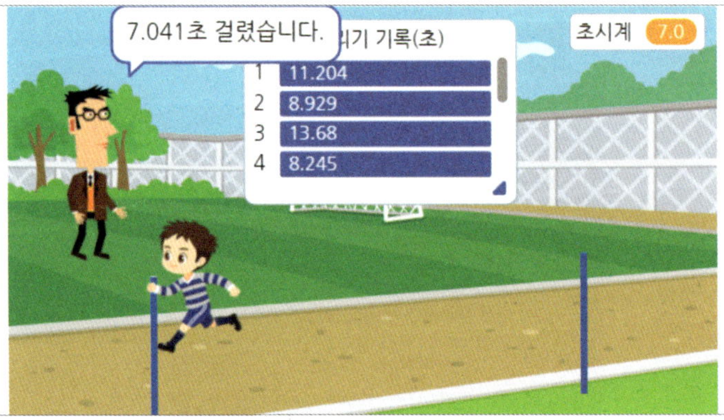

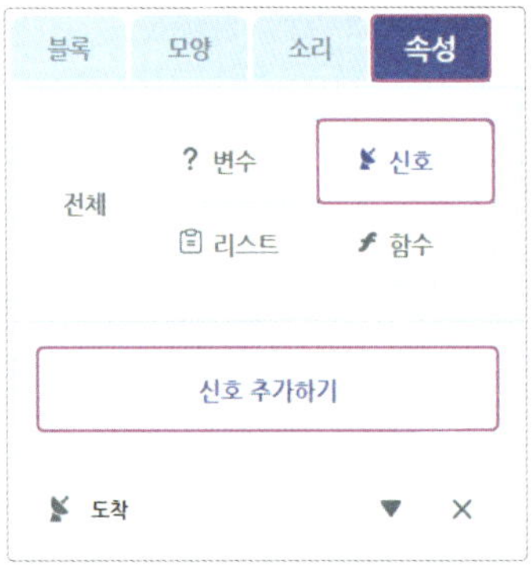

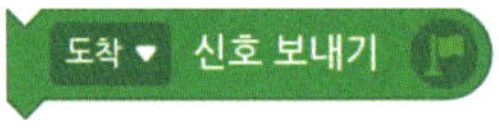

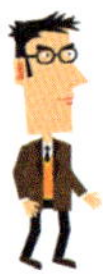

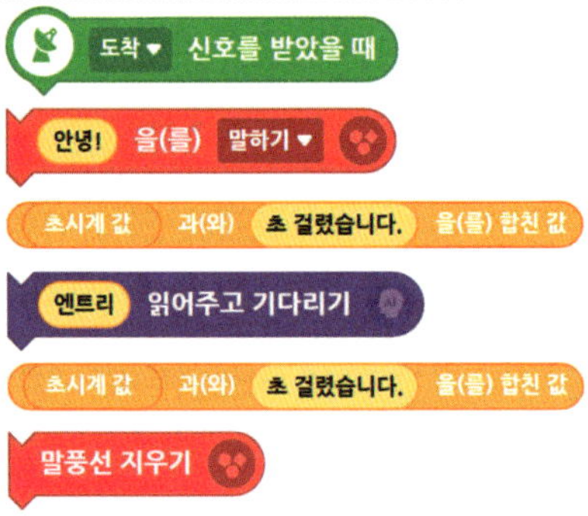

완성 작품 : https://naver.me/FoHJgVhe

바로 함께! 즐겁게 배우는 챗GPT

이번 시간에 배운 내용을 바탕으로 챗GPT와 다양한 이야기로 소통해 볼까요? 이때 부모님 또는 선생님과 함께하면 더 재미있고 안전하게 정보를 찾을 수 있을 거예요. 그럼 챗GPT와 함께 리스트와 '비디오 감지' 기능을 활용한 알고리즘에 대해 알아본 내용을 바탕으로 코딩 준비를 해 볼까요?

프롬프트 1 챗GPT와 함께 엔트리 속성 '리스트'에 대해 알아보세요.

엔트리 리스트에 초시계 기록과 사용자 아이디를 저장할 수 있는 방법을 알려 줘.

엔트리에서 리스트를 활용하여 초시계 기록과 사용자 아이디를 저장하는 방법을 안내해 드릴게요. 아래는 간단한 예시예요.

1. 먼저, '데이터(속성)'에서 '리스트 만들기(리스트 추가하기)'를 선택해서 '기록'과 '사용자 아이디'라는 두 개의 리스트를 만들어 주세요.
2. '시작하기 버튼을 클릭했을 때' 각 리스트의 내용을 초기화하려면, 리스트의 모든 항목을 하나씩 제거하는 코드를 작성해야 합니다. 이는 리스트의 각 항목에 대해 '항목 삭제하기(O 번째 항목을 O 에서 삭제하기)' 블록을 반복 실행하거나, 리스트를 새로 만드는 방법으로 수행할 수 있습니다.
3. 사용자 아이디를 입력 받기 위해 '대화하기(자료)' 카테고리의 '응답 기다리기(O 을(를) 묻고 대답 기다리기' 블록을 사용해 주세요. 그리고 이 응답을 '사용자 아이디' 리스트에 '항목 추가하기(O 항목을 O 에 추가하기)'를 이용해 추가하도록 설정하면 됩니다.
4. '계산'에서 '초시계 시작' 블록을 사용해 주세요. 그리고 원하는 시간이 지난 후에 '초시계 값'을 '기록' 리스트에 '항목 추가하기(O 항목을 O 에 추가하기)'를 이용해 추가하도록 설정하면 됩니다.

이렇게 하면 사용자 아이디와 그에 따른 초시계 기록을 리스트에 저장할 수 있습니다. 이 기록은 후에 '리스트의 항목 보기' 블록을 이용하여 확인할 수 있어요. 이 방법을 참고하여 실제 엔트리 환경에서 구현해 보세요!

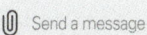

프롬프트 2 챗GPT와 함께 비디오 감지 기술에 대해 알아보세요.

 인공지능의 비디오 감지 기술을 이용해서 바른 자세를 측정할 수 있는 방법을 알려 줘.

 인공지능의 비디오 감지 기술을 이용해 바른 자세를 측정하는 방법은 여러 가지가 있을 수 있어요.

1. **키포인트 인식** : 인공지능은 사람의 몸에서 중요한 점들을 인식하는 '키포인트 인식' 기술을 사용할 수 있어요. 예를 들어, 어깨, 팔꿈치, 손목 등의 위치를 파악하는 것이죠. 이러한 점들의 상대적 위치를 분석하면 사람의 자세를 파악할 수 있습니다.

2. **훈련된 모델 사용** : 인공지능은 바른 자세와 잘못된 자세를 구분하는 훈련을 받을 수 있어요. 이를 위해서는 많은 양의 비디오 데이터가 필요하고, 이 데이터를 통해 인공지능은 자세의 패턴을 학습하게 됩니다.

3. **실시간 피드백** : 인공지능은 실시간으로 사용자의 자세를 분석하고 피드백을 제공할 수 있어요. 예를 들어, 사용자가 잘못된 자세를 취하면 이를 알려 주고 바른 자세를 유도할 수 있습니다.

이런 방법들을 활용하면 인공지능은 우리의 자세를 분석하고, 우리가 더 건강하게 생활할 수 있도록 도와줄 수 있습니다. 하지만 이 기술을 사용할 때는 사용자의 개인 정보와 프라이버시를 존중하는 것이 중요하다는 점, 잊지 마세요!

프롬프트 3 챗GPT와 함께 체력을 키우는 방법에 대해 알아보세요.

초등학생의 체력을 키울 수 있는 실내 운동을 5가지 추천해 줘.

초등학생들이 집에서도 즐겁게 체력을 키울 수 있는 실내 운동을 추천해 드릴게요!

1. **스트레칭** : 체력 향상에 가장 기본적이면서도 중요한 운동이에요. 특히 성장기인 초등학생들에게는 꾸준한 스트레칭이 필요해요.

2. **요가** : 초등학생도 간단한 자세부터 시작해 천천히 실력을 키울 수 있어요. 특히 균형 감각과 집중력을 키우는 데도 좋아요.

3. **줄넘기** : 실내에서도 할 수 있고, 심장 건강과 체력 향상에 효과적이에요. 초등학생들이 좋아하는 노래를 틀어놓고 해 보세요!

4. **댄스** : 좋아하는 음악에 맞춰 몸을 움직이는 것만으로도 충분한 운동이 될 수 있어요. 댄스는 몸과 마음 모두를 건강하게 만들어 줍니다.

5. **풍선 팽이치기** : 풍선을 팽이 치며 놀이하면서 몸을 움직이는 것은 아이들에게 즐거움과 함께 균형 감각과 반응속도를 향상시키는 데 도움이 됩니다.

프롬프트 4 챗GPT와 함께 알고리즘을 알아보세요.

위 내용을 바탕으로 엔트리의 비디오 감지와 리스트를 활용하여 코딩을 할 수 있는 알고리즘을 알려 줘.

엔트리의 '비디오 감지' 기능과 '리스트'를 활용하여 초등학생들이 집에서 즐길 수 있는 실내 운동 게임을 만들어 볼 수 있어요. '풍선 팽이치기' 게임을 예로 들어 알고리즘을 설명할게요. 이 게임은 풍선을 화면 속에서 얼마나 오래 공중에 띄워 둘 수 있는지를 측정하는 게임이에요.

풍선 팽이치기 게임 알고리즘

[준비 단계]
1. **리스트 생성** : 게임에서 사용자의 점수를 기록할 리스트를 생성합니다. 각 플레이마다 공중에 띄운 시간(초)을 저장할 수 있어요.
2. **비디오 감지 준비** : 엔트리에서 '비디오 감지'를 활성화하고, 사용자가 풍선을 팽이치는 모션을 감지할 수 있도록 설정합니다.

[게임 시작]
1. **게임 설명 표시** : 화면에 게임의 목적과 방법을 간단히 설명하는 메시지를 표시합니다.
2. **게임 시작 버튼** : 사용자가 '시작하기' 버튼을 클릭하면 게임이 시작됩니다.

[게임 진행]
1. **비디오 감지 시작** : 사용자가 풍선 팽이치기를 시작하면, '비디오 감지' 기능이 그 움직임을 감지합니다.
2. **시간 측정** : 풍선이 화면 안에서 움직이는 동안의 시간을 측정합니다. 사용자의 움직임이 감지되지 않으면 시간 측정이 멈춥니다.
   점수 기록 : 풍선이 떨어지거나 화면 밖으로 나가면, 그때까지의 시간을 점수(초)로 리스트에 기록합니다.
3. **점수 표시** : 게임이 끝나면, 사용자가 이번 플레이에서 기록한 시간(점수)을 화면에 표시합니다.

[게임 반복 및 종료]
1. **다시 시작** : 사용자가 원한다면 '다시 시작' 버튼을 클릭하여 게임을 새로 시작할 수 있습니다.
2. **최고 기록 표시** : 사용자가 게임을 종료하려고 할 때, 지금까지의 플레이 중 가장 긴 시간을 화면에 최고 기록으로 표시합니다.

이 알고리즘을 구현할 때, 비디오 감지 모듈을 활용하여 사용자의 움직임을 정확히 감지할 수 있도록 세심한 주의가 필요합니다. 또한, 게임의 흥미를 높이기 위해 다양한 시각적 효과와 사운드 효과를 추가할 수 있습니다. 엔트리에서 제공하는 다양한 블록을 활용하여 게임을 더욱 재미있고 교육적인 경험으로 만들어 보세요!

AI 수박 깨뜨리기 게임

스타터

[AI Fn] 읽어주기, 비디오 감지　　　　　　　　　　[바로 AI] Level ★★★☆☆

엔트리 인공지능의 '비디오 감지' 기능을 사용하면, 사람, 사물, 손, 얼굴을 인식할 수 있는데, 이를 모션 인식 기술에 활용할 수 있습니다. 이 기술을 이용하면 사용자의 '팔' 움직임에 따라 화면에 나타나 있는 오브젝트를 조작할 수 있습니다. 이 기능을 활용하여 화면에 무작위로 나타나는 수박을 팔의 움직임으로 자르는 게임을 만들어 볼까요? 팔을 휘두르는 모션에 따라 칼 모양의 오브젝트가 움직이는 작품을 만들어 친구들과 함께 즐거운 게임을 해 보세요.

완성 작품

- 완성 작품 주소 : https://naver.me/FlosVAcU　　• 실습 작품 주소 : https://naver.me/FzQqmbaT

01 완성 작품 미리보기

사람 인식		'비디오 감지' 기능으로 사람을 인식합니다.
수박 자르기		'광선검'을 휘둘러 '수박'을 자르면 점수가 올라갑니다.

02 알고리즘 작성하기

1 'AI 바로 쌤'과 함께 챗GPT 활용하기

'완성 작품 미리보기'를 확인했나요?
작품을 만들기 전에 혹시 궁금한 것이 있다면 챗GPT에게 질문해 보세요.
작품 스토리, 알고리즘, 코딩하는 방법 등 어느 것이든 좋습니다.

엔트리의 '비디오 감지'를 통해 사용자의 '팔'의 위치에 따라
'칼' 오브젝트가 움직이고, '칼'이 '수박' 오브젝트와 닿으면 점수가
올라가게 만들 수 있는지 궁금해요.

그렇군요. 그럼, 챗GPT에게 다음과 같이 질문을 해 보세요.

당신은 블록 코딩 전문가입니다. 엔트리로 '비디오 감지'를 이용해 사람의 오른손 검지를 인식하려고 합니다. 그리고 인식된 손가락을 따라서 오브젝트가 움직이게 하려고 합니다. 이 오브젝트가 움직이다가 다른 오브젝트에 닿으면 모양이 바뀌면서 점수가 쌓이는 게임을 만들 것입니다. 이 게임을 완성하기 위한 알고리즘을 자세하게 알려 주세요.

1. **손가락 인식** : 비디오 감지 기능을 통해 오른손 검지의 위치를 인식합니다.

2. **오브젝트 움직임** : 인식된 손가락의 위치에 따라 오브젝트가 움직이도록 합니다. 이를 위해 '계속 반복하기'로 사람의 손가락 위치에 이동하게 합니다.

3. **오브젝트 충돌** : 오브젝트가 다른 오브젝트에 닿았는지를 확인합니다. 이를 위해 '만약 ~라면(만약 〈참〉 (이)라면)' 블록을 사용하여 오브젝트가 다른 오브젝트에 닿았을 때의 조건을 설정합니다.

4. **점수 증가** : 오브젝트가 다른 오브젝트에 닿으면, 오브젝트의 모양을 변경하고 점수를 증가시킵니다. 이를 위해 '모양 변경하기(O 모양으로 바꾸기)' 블록과 '변수 변경하기(O 만큼 더하기)' 블록을 사용합니다.

5. **게임 종료** : 게임이 종료되는 조건을 설정합니다. 예를 들어, 시간이 다 되었을 때, 오브젝트가 특정 위치에 도달했을 때 등 다양한 조건을 설정할 수 있습니다.

챗GPT는 이렇게 대답해 주었어요. 혹시 더 궁금한 점이 있나요?

'수박' 오브젝트가 '칼' 오브젝트와 닿았을 때 수박의 모양이 바뀌면 좋겠어요. 그렇게 할 수 있을까요?

 그렇군요. 그럼, 챗GPT에게 다음과 같이 질문해 보세요.

 '수박' 오브젝트가 '칼' 오브젝트와 닿았을 때 수박의 모양이 바뀌면 좋겠어. 알고리즘을 다시 정리해 줘.

 1. **수박 오브젝트 생성** : 먼저, 수박 오브젝트를 생성해 주세요. 이 오브젝트는 움직일 수 있어야 합니다.

2. **칼 오브젝트 생성** : 사용자의 입력에 따라 움직이는 '칼' 오브젝트를 생성해 주세요.

3. **수박 오브젝트 모양 변경** : '만약 ~이면(만약 〈참〉 (이)라면)' 블록 안에 '오브젝트 ~와 ~이(가) 만났는가?(O 에 닿았는가?)' 블록을 넣어서 '수박' 오브젝트와 '칼' 오브젝트가 만났는지 판단합니다. 만약 두 오브젝트가 만났다면, '모양 바꾸기' 블록을 사용해서 수박 오브젝트의 모양을 바꿉니다.

이 과정을 통해 '수박' 오브젝트가 '칼' 오브젝트와 닿았을 때 수박의 모양이 바뀌는 것을 구현할 수 있습니다. 만약 추가적인 도움이 필요하시면 언제든지 말씀해 주세요.

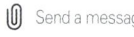

 챗GPT의 도움 답변을 바탕으로 알고리즘을 정리해 볼까요?

2 알고리즘 정리하기

1. 손가락 인식	▶	2. 오브젝트 충돌	▶	3. 점수 증가
비디오 감지 기능을 통해 오른손 검지의 위치를 인식함.		수박 오브젝트가 칼 오브젝트에 닿았는지 확인함.		오브젝트끼리 닿으면, 오브젝트의 모양을 변경하고 점수를 증가시킴.

▼

4. 게임 종료

특정 시간이 지나면 게임을 종료함.

03 프로그래밍 준비하기

1 미리보기

순서	1	2	3
오브젝트			
이름	[묶음] 얼굴 스티커	수박(2)	광선검
카테고리	엔트리봇	음식	판타지
x 좌표	0	−110	100
y 좌표	0	95	−40
크기	90%	70	80
방향	0	0	20

2 오브젝트 모양 추가하기

❶ '수박(2)' 오브젝트를 클릭 – [모양] – [모양 추가하기]를 클릭합니다.

❷ 수박을 검색합니다. 이어서 '수박(1)_1'을 클릭한 후, [**추가하기**]를 클릭합니다.

❸ [**모양**] 탭에서 추가된 모양을 확인할 수 있습니다.

3 [속성] - [신호] 만들기

❶ [속성] 탭에서 [신호] – [신호 추가하기]를 클릭합니다.
❷ '시작' 신호를 만듭니다.

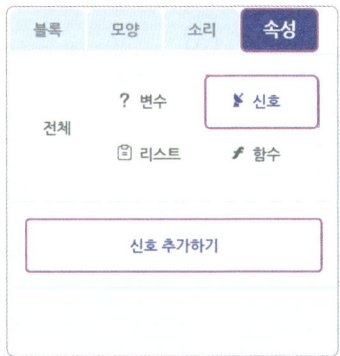 

4 [속성] - [변수] 만들기

❶ [속성] 탭에서 [변수] – [변수 추가하기]를 통해 클릭합니다.
❷ '점수' 변수를 만듭니다.

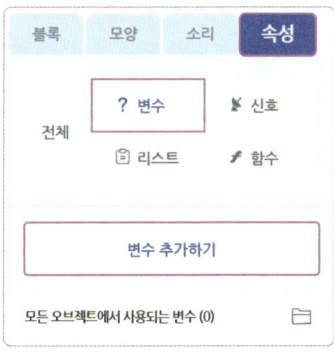 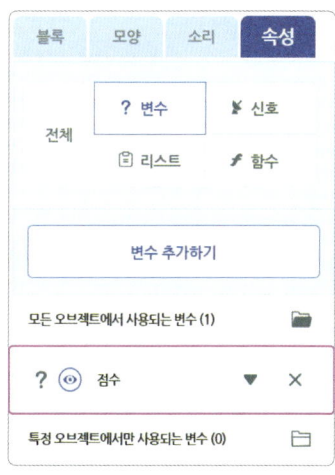

5 소리 추가하기

❶ '수박(2)' 오브젝트를 클릭한 후 [소리] – [소리 추가하기]를 클릭합니다.

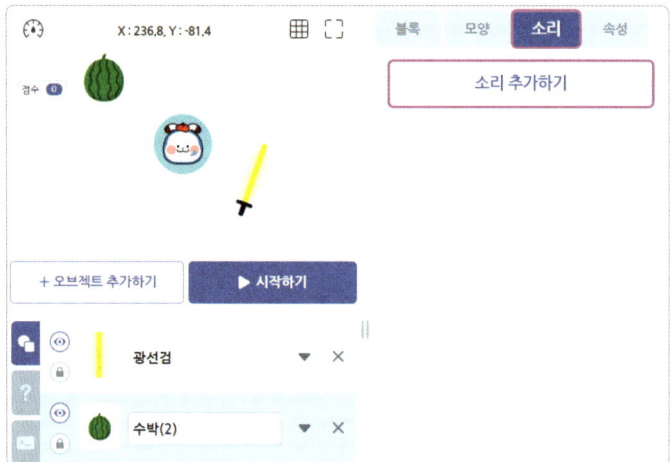

❷ 검색을 통해 원하는 소리를 찾은 후, [추가하기]를 클릭합니다.

6 인공지능 블록 불러오기

❶ [인공지능] – [인공지능 블록 불러오기]를 순서대로 클릭합니다.

❷ [읽어주기], [사람 인식] – [불러오기]를 순서대로 클릭합니다.

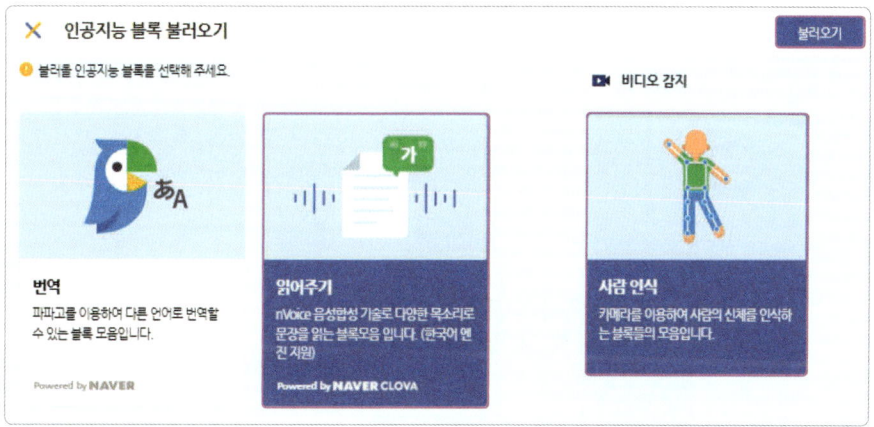

❸ [인공지능] 카테고리에 **읽어주기**, **비디오 감지**, **사람 인식** 블록이 새롭게 추가된 것을 확인합니다.

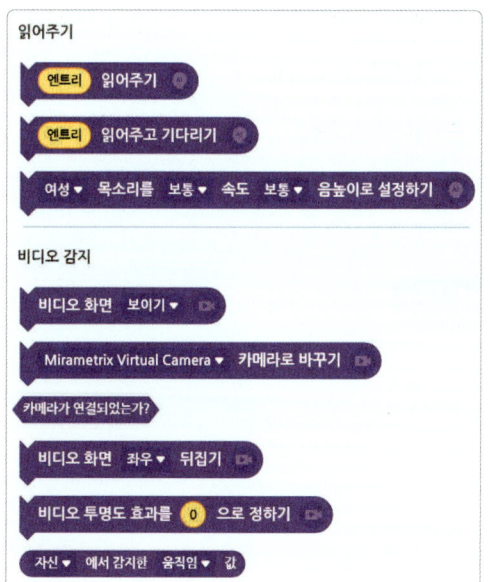

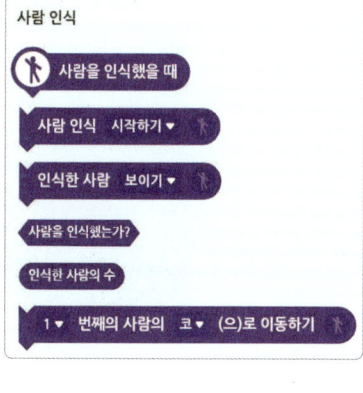

04 바로 프로그래밍하기 1 : 게임 준비하기

1 게임 준비 과정에서는 무엇이 필요할까요?

이 과정에서는 게임 방법을 설명합니다. 사람 인식을 시작하고, 사람이 인식되었다면 사람 얼굴에 맞춰 계속 '[묶음] 얼굴 스티커' 오브젝트가 움직이도록 합니다.

2 게임 시작에서는 어떤 것을 먼저 해야 할까요?

❶ [시작]의 [시작하기 버튼을 클릭했을 때]를 가져옵니다. 이어서 [인공지능]의 [O 목소리를 O 속도 O 음높이로 설정하기], [사람 인식 시작하기], [인식한 사람 보이기]를 연결합니다.

❷ [생김새]의 [O 을(를) 말하기], [인공지능]의 [O 읽어주고 기다리기]를 2개씩 연결한 후, 메시지를 입력합니다. 그리고 [생김새]의 [말풍선 지우기]를 연결합니다.

❸ [시작]의 [시작 신호 보내기]를 연결합니다.

[묶음] 얼굴 스티커

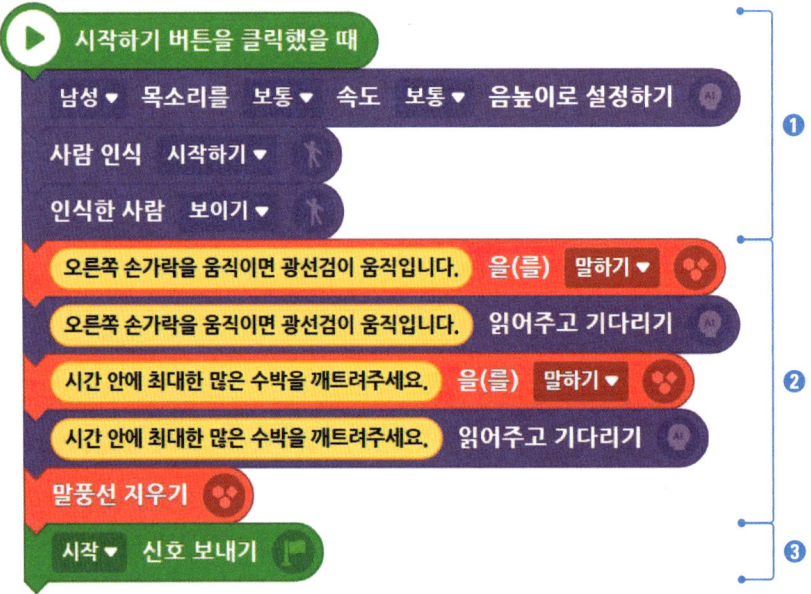

❶ 목소리 설정과 사람 인식을 준비합니다.
❷ 준비 메시지를 들려 줍니다.
❸ '시작' 신호를 보냅니다.

바로 쓰는 AI_ **TIP**　　주요 명령 블록

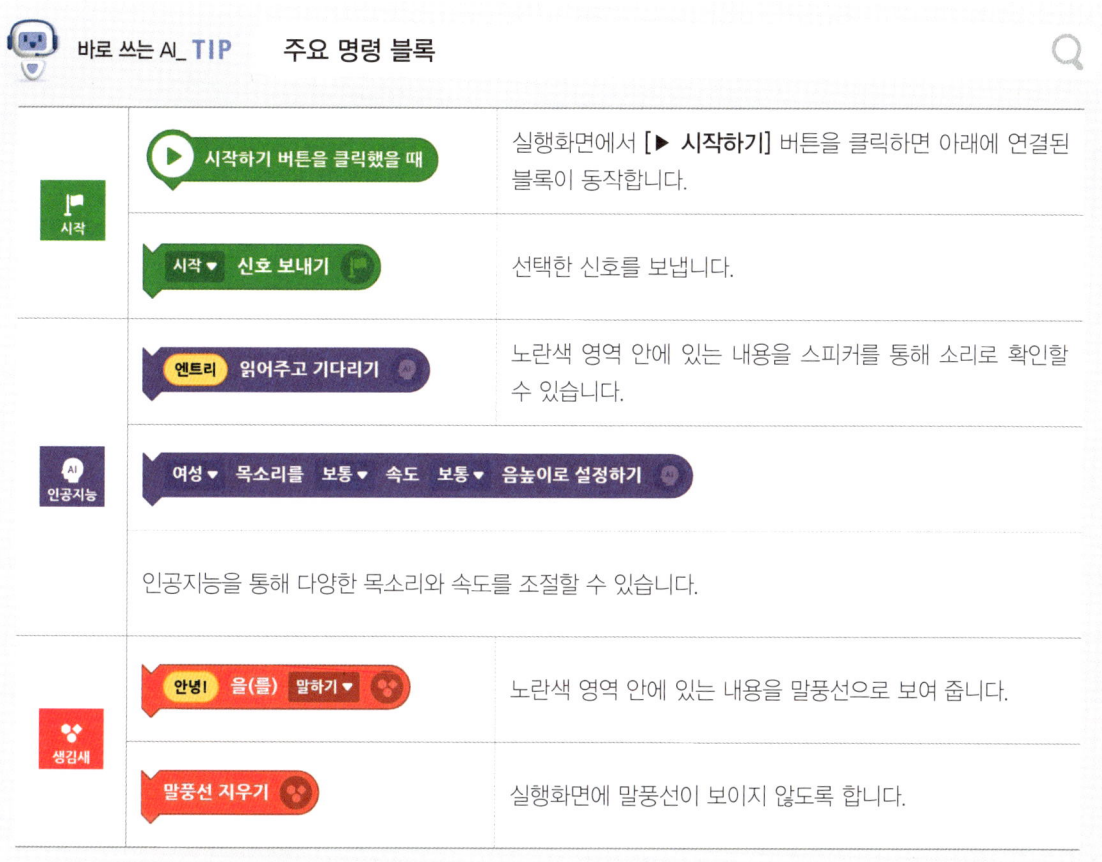

3 사람의 얼굴을 인식하고 오브젝트가 계속 따라다니게 하려면 어떻게 해야 할까요?
❶ [시작]의 [O 신호를 받았을 때]를 가져옵니다. [흐름]의 [계속 반복하기]를 연결한 후, 안쪽에 [인공지능]의 [1번째 사람의 코 (으)로 이동하기]를 연결합니다.

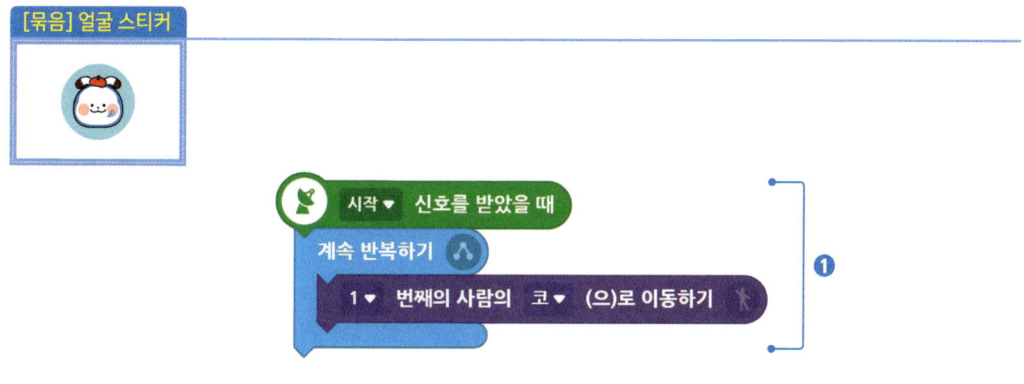

❶ 오브젝트가 인식한 사람의 얼굴을 계속 따라다닙니다.

 바로 쓰는 AI_TIP   주요 명령 블록

흐름	계속 반복하기	감싸고 있는 블록을 계속해서 반복 실행합니다.
인공지능	1▼ 번째의 사람의 코▼ (으)로 이동하기	오브젝트가 선택한 사람의 신체 부위로 이동합니다. (오브젝트의 중심점이 기준이 됩니다.)

05 바로 프로그래밍하기 2 : 오른손 검지 계속 따라오기

1 어떤 동작을 인식할까요?

사람의 오른쪽 검지 손가락의 x와 y 좌표를 기준으로 '시작' 신호를 받았을 때 계속 따라오게 합니다.

2 사람의 오른쪽 검지 손가락을 인식하고 오브젝트가 계속 따라다니게 하려면 어떻게 해야 할까요?

❶ [시작]의 [○ 신호를 받았을 때]를 가져옵니다. 그리고 [흐름]의 [계속 반복하기]를 연결합니다. 이어서 안쪽에 [움직임]의 [x: 0 y: 0 위치로 이동하기]를 연결한 후, [인공지능]의 (1번째 사람의 코의 x 좌표)를 2개 가져와 (1번째 사람의 오른쪽 검지의 x 좌표), (1번째 사람의 오른쪽 검지의 y 좌표)로 수정합니다.

❶ 오브젝트가 인식한 사람의 오른쪽 검지를 계속 따라다닙니다.

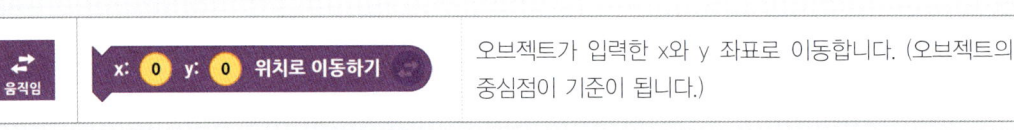 바로 쓰는 AI_TIP   주요 명령 블록

움직임	x: 0 y: 0 위치로 이동하기	오브젝트가 입력한 x와 y 좌표로 이동합니다. (오브젝트의 중심점이 기준이 됩니다.)

06 바로 프로그래밍하기 3 : 수박 자르기

1 어떤 동작을 인식할까요?

제한 시간을 둡니다. 제한 시간이 지나면 모든 코드는 동작을 멈춥니다. 진행하는 시간 동안 '광선검'이 '수박(2)'에 닿으면 점수를 올려 주고, 실행 화면 무작위 위치에서 '수박(2)'이 다시 나타납니다.

2 어떻게 제한 시간을 두어야 할까요?

❶ [시작]의 [O 신호를 받았을 때]를 가져옵니다. 이어서 [계산]의 [초시계 시작하기]를 연결합니다.
❷ [흐름]의 [〈참〉 이(가) 될 때까지 기다리기]를 연결한 후, [판단]의 〈10 ≥ 10〉을 넣습니다. 이어서 왼쪽 칸에 [계산]의 (초시계 값)을 넣고, 오른쪽에는 '60'을 입력합니다.
❸ [계산]의 [초시계 시작하기]를 연결한 후, [초시계 정지하기]로 수정하고, [흐름]의 [모든 코드 멈추기]를 연결합니다.

수박(2)

❶ 초시계를 동작합니다.
❷ 초시계가 '60초' 이상이 될 때까지 기다립니다.
❸ '60초'가 되면 초시계를 정지하고, 모든 코드를 멈춥니다.

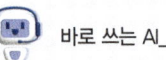 바로 쓰는 AI_TIP   주요 명령 블록

3 수박을 어떻게 자를까요?

❶ [시작]의 [O 신호를 받았을 때] 가져옵니다. 이어서 [흐름]의 [계속 반복하기]를 연결합니다.

❷ [흐름]의 [만일 〈참〉 (이)라면]를 연결한 후, [판단]의 〈마우스 포인터에 닿았는가?〉를 가져와 〈광선검에 닿았는가?〉로 수정합니다.

❷-1 [소리]의 [소리 베어무는 소리1 재생하기]를 연결합니다. 이어서 [자료]의 [점수에 O 만큼 더하기]를 연결한 후, [점수에 1 만큼 더하기]로 수정합니다.

❷-2 [생김새]의 [수박(1)_1 모양으로 바꾸기]를 연결합니다. [흐름]의 [O초 기다리기]와 [계산]의 [O 부터 O 사이의 무작위 수]를 가져와 [(1 부터 3 사이의 무작위 수) 초 기다리기]로 수정합니다. 이어서 [생김새]의 [모양 숨기기]를 가져옵니다.

❷-3 [움직임]의 [x: O y:O 위치로 이동하기]와 [계산]의 (O 부터 O 사이의 무작위 수)를 이용하여 [x: (-220 부터 220 사이의 무작위 수) y: (-130 부터 130 사이의 무작위 수) 위치로 이동하기]로 수정합니다.

❷-4 [생김새]의 [수박(2) 모양으로 바꾸기]와 [모양 보이기]를 연결합니다.

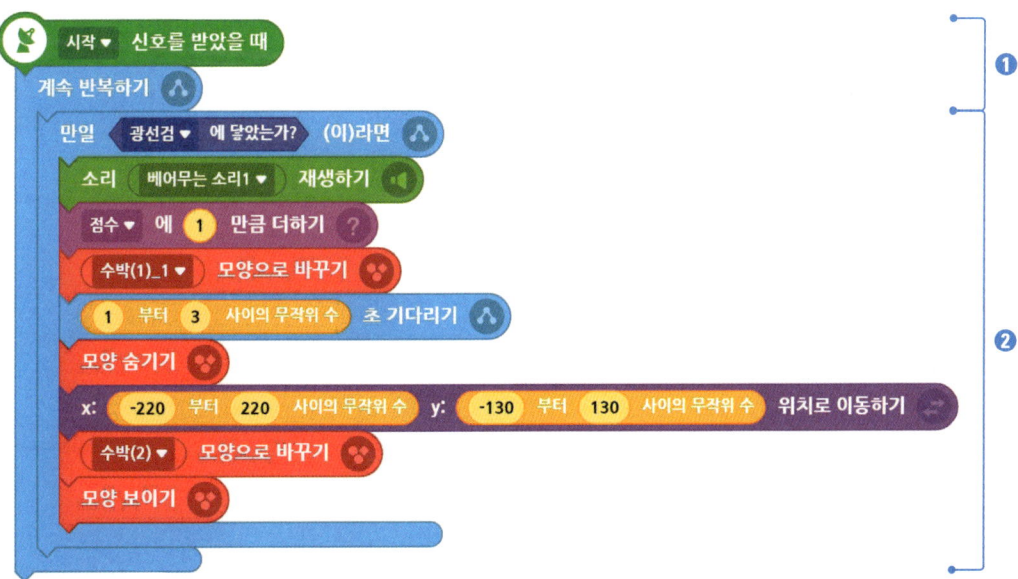

❶ '시작' 신호를 받으면 아래에 연결된 블록의 동작을 계속 반복합니다.
❷ '광선검'에 '수박'이 닿으면 점수를 올려 주고, 무작위 위치에서 나타도록 합니다.

 **바로 쓰는 AI_ TIP   주요 명령 블록**

판단	마우스포인터 ▼ 에 닿았는가?	해당 오브젝트가 선택한 항목과 닿은 경우 '참'으로 판단합니다.
소리	소리 베어무는 소리1 ▼ 재생하기	오브젝트가 선택한 소리를 재생하는 동시에 다음 블록을 실행합니다.
생김새	수박(2) ▼ 모양으로 바꾸기	오브젝트를 선택한 모양으로 바꿉니다. (내부 블록을 분리하고 모양의 번호를 입력하여 모양을 바꿀 수 있습니다.)
생김새	모양 보이기	오브젝트를 실행화면에 보이게 합니다.
생김새	모양 숨기기	오브젝트를 실행화면에 보이지 않게 합니다.
움직임	x: 0 y: 0 위치로 이동하기	오브젝트가 입력한 x와 y 좌표로 이동합니다. (오브젝트의 중심점이 기준이 됩니다.)
계산	0 부터 10 사이의 무작위 수	입력한 두 수 사이에서 선택된 무작위 수 값입니다. (두 수 모두 정수를 입력한 경우 정수가 선택되고, 두 수 중 하나라도 소수를 입력한 경우 소수점 둘째 자리의 소수 값이 선택됩니다.)

바로 한눈에! 코드 펼쳐보기

모두 펼쳐보기

수박(2)

```
[시작] 신호를 받았을 때
초시계 시작하기
초시계 값 ≥ 60 이(가) 될 때까지 기다리기
초시계 정지하기
모든 ▼ 코드 멈추기
```

```
[시작] 신호를 받았을 때
계속 반복하기
    만일 <광선검 ▼ 에 닿았는가?> (이)라면
        소리 베어무는 소리1 ▼ 재생하기
        점수 ▼ 에 1 만큼 더하기
        수박(1)_1 ▼ 모양으로 바꾸기
        1 부터 3 사이의 무작위 수 초 기다리기
        모양 숨기기
        x: -220 부터 220 사이의 무작위 수 y: -130 부터 130 사이의 무작위 수 위치로 이동하기
        수박(2) ▼ 모양으로 바꾸기
        모양 보이기
```

바로 점프! 더 나아가기

완성 작품

점프 미션	'달고나' 오브젝트를 추가하고, '광선검'이 '달고나'에 닿았을 때 3점씩 점수 추가시키기
[힌트 1] 완성 작품 장면	
[힌트 2] 오브젝트별 코드 추가	[묶음]달고나(2) 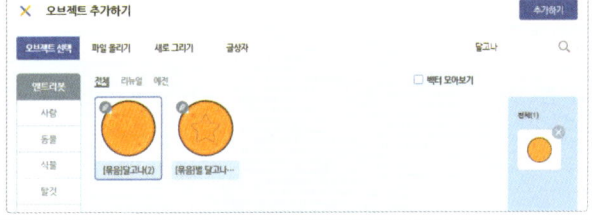 
[힌트 3] 추가 기능	• '수박(2)'와 같이 '광선검'에 닿았을 때 소리를 내고 모양이 바뀌면서 점수를 올려 줍니다. • 실행화면의 무작위 위치에서 '달고나'가 계속 나타날 수 있게 합니다.

완성 작품 : https://naver.me/5R83tG5H

바로 함께! 즐겁게 배우는 챗GPT

 이번 시간에 배운 내용을 바탕으로 챗GPT와 다양한 이야기로 소통해 볼까요? 이때 부모님 또는 선생님과 함께하면 더 재미있고 안전하게 정보를 찾을 수 있을 거예요. 그럼 챗GPT와 함께 '비디오 감지' 기술에 대해 좀 더 알아본 내용을 바탕으로 코딩 준비를 해 볼까요?

프롬프트 1 챗GPT와 함께 '비디오 감지' 기술의 활용 사례에 대해 알아보세요.

 인공지능 '비디오 감지' 기술을 실생활에 어떻게 활용할 수 있을지 초등학생이 공감할 수 있는 사례를 알려 줘.

 인공지능 '비디오 감지' 기술은 다양한 실생활에서 활용될 수 있어요. 초등학생 친구들이 잘 이해하고 공감하도록 몇 가지 예를 들어볼게요.

1. **학교 안전** : '비디오 감지' 기술은 학교의 곳곳을 모니터링하며, 미끄러지거나 넘어지는 학생들을 감지할 수 있어요. 이를 통해 선생님에게 알려서 상황을 빨리 해결할 수 있어요.

2. **도서관 서비스** : 도서관에서는 이 기술을 사용해 어떤 책이 어디에 위치해 있는지, 어떤 책이 가장 많이 읽혔는지 등을 파악할 수 있어요. 즉, 원하는 책을 더 쉽게 찾을 수 있게 도와주는 거죠.

3. **친구 찾기** : 놀이공원이나 큰 행사장에서 친구를 잃어버렸을 때, 인공지능 '비디오 감지' 기술은 친구의 모습을 인식해서 어디에 있는지 알려 줄 수 있어요. 이렇게 하면 빠르게 친구를 찾아 다시 놀이를 즐길 수 있겠죠.

4. **동물 관찰** : 동물원에서는 이 기술을 사용해 동물들의 생활 패턴을 관찰하고, 그들이 어떤 행동을 하는지, 언제 먹이를 먹는지 등을 파악할 수 있어요. 이 정보는 동물을 더 잘 이해하고 보호하는 데 도움이 될 거예요.

이 외에도 많은 분야에서 인공지능 '비디오 감지' 기술이 활용되고 있답니다.

프롬프트 2 챗GPT와 함께 '비디오 감지' 기술을 사용할 때의 주의사항에 대해 알아보세요.

인공지능 '비디오 감지' 기술이 개인 정보를 어떻게 침해할 수 있는지 예시를 들어 설명해 줘.

인공지능 '비디오 감지' 기술은 많은 장점을 가지고 있지만, 잘못 사용하면 개인 정보 침해의 위험도 있어요. 그러한 상황에 대한 예시를 알아볼게요.

1. **개인 식별** : 인공지능 '비디오 감지' 기술은 사람들의 얼굴을 인식하고 분석하는 능력이 있어요. 이 기능이 잘못 사용되면, 사람들이 어디에 있었는지, 누구와 함께 있었는지 등의 정보가 무단으로 수집되고 공유될 수 있죠.

2. **비밀 감시** : 이 기술이 불법적으로 설치된 카메라를 통해 사용되면, 사람들의 개인 생활이 비밀리에 감시당할 수 있어요. 이는 개인의 프라이버시를 심각하게 침해 하는 일이죠.

3. **민감 정보 유출** : '비디오 감지' 기술을 통해 얻은 정보가 제3자에게 판매되거나 유출되면, 개인의 민감한 정보가 공개될 수 있어요. 예를 들어 집안의 모습, 일상 패턴, 가족 구성원 등의 정보가 포함될 수 있죠.

이런 위험성 때문에, 인공지능 '비디오 감지' 기술을 사용할 때는 항상 개인 정보 보호와 관련된 법률과 규정을 지켜야 해요. 또한, 이 기술을 이용하는 기업이나 기관은 사용자의 개인 정보를 어떻게 보호하는지를 명확하게 알려 주는 것이 중요해요.

프롬프트 3 챗GPT와 함께 '비디오 감지' 기술을 올바르게 사용하는 방법에 대해 알아보세요.

인공지능의 '비디오 감지' 기술이 올바르게 사용되기 위해 개발자와 사용자 입장에서 주의해야 할 점이 무엇인지 소개해 줘.

인공지능 '비디오 감지' 기술을 올바르게 사용하기 위해서는 개발자와 사용자 모두가 주의해야 할 몇 가지 핵심 요소가 있어요.

1. **만드는 사람이 주의해야 할 것**
   - **개인 정보 보호** : 사생활 보호하기. 개발 초기 단계부터 개인 정보 보호를 고려해야 해요. 이는 얼굴 인식 기능 등 개인을 식별할 수 있는 데이터에 대한 보호를 포함합니다.
   - **투명성** : 솔직하게 알려 주기. 사용자가 어떤 데이터가 수집되고, 어떻게 사용되는지 이해할 수 있도록 투명성을 유지해야 합니다.
   - **데이터 보안** : 정보를 안전하게 지키기. 수집된 데이터는 안전하게 보관되어야 하며, 불필요한 데이터는 적절한 시기에 삭제되어야 합니다.

2. **사용하는 사람이 주의해야 할 것**
   - **정보의 이해** : 무슨 정보를 쓰는지 알기. 사용자는 어떤 정보가 수집되고, 어떻게 사용되는지를 충분히 이해하고 그에 동의해야 합니다.
   - **권한 설정** : 정보를 어떻게 쓸지 결정하기. 사용자는 자신의 개인 정보를 어떻게 사용하도록 허용할지를 결정할 수 있는 권한을 가져야 합니다.
   - **보안 유지** : 정보를 안전하게 지키기. 사용자는 자신의 '비디오 감지' 기기가 안전하게 보호되도록 해야 하며, 필요한 경우 보안 업데이트를 진행해야 합니다.

이 외에도 인공지능 '비디오 감지' 기술을 올바르게 사용하기 위한 다른 방법도 있겠지만, 위의 항목들은 가장 기본적이면서도 중요한 부분을 담고 있습니다. 이를 준수함으로써, 우리는 이 기술의 장점을 최대한 활용하면서도 개인 정보와 프라이버시를 보호할 수 있을 것입니다.

프롬프트 작성 아이디어 메모하기

챗GPT와 함께 창의적으로 생각하고, 새로운 것을 탐구하며, 자신만의 이야기를 만들어 보세요.

바로 엔트리 인공지능 모델 학습하기

09 바로 알아보는 AI - 이미지 분류 모델

인공지능은 어떻게 이미지를 분류할 수 있을까?

'Part2'에서 인공지능이 이미지 인식을 할 때 사용했던 알고리즘이 무엇인지 기억나나요? 인공지능이 주변의 사물을 구별하기 위해 주로 사용하는 기술 중 하나로 '합성곱 신경망(Convolutional Neural Network, CNN)'을 소개했었습니다. 다시 한번 살펴보죠. CNN은 사람의 뇌가 이미지를 인식하는 방식을 모방해서 만들어진 인공 신경망으로 여러 겹의 필터를 통해 이미지의 특징을 잡아냅니다. 그리고 그 정보를 바탕으로 이미지가 무엇인지를 분류합니다.

그럼, 이미지를 분류하는 과정을 살펴볼까요?

❶ **이미지 입력** : 가장 먼저 인공지능에게 이미지를 보여 줍니다.

❷ **특징 추출** : CNN은 이미지에서 중요한 특징들을 추출합니다. 예를 들어, 고양이 사진이라면 귀, 눈, 코, 털의 질감 같은 것들이죠. 이건 마치 우리가 무언가를 볼 때 중요한 부분에 주목하는 것과 비슷합니다.

❸ **분류** : 인공지능은 추출된 특징들을 바탕으로, 이미지가 무엇인지를 분류합니다. 예를 들면, '이건 고양이야', '이건 강아지야'와 같은 방법으로요.

인공지능이 분류를 잘하기 위해서는 먼저 '학습'이라는 과정을 거쳐야 합니다. 마치 시험을 잘 보기 위해서 공부하는 것처럼, 인공지능도 많은 데이터를 보면서 무엇이 무엇인지를 배워야 해요. 이런 과정을 '기계 학습(Machine Learning)'이라고 하지요.

이미지 학습은 지도 학습을 통해 이루어집니다. 지도 학습은 인공지능에게 '이 이미지는 고양이야', '이 이미지는 강아지야'와 같이 정답을 알려 주면서 학습시키는 방법입니다. 마치 선생님이 학생을 가르치듯이, 인공지능에게 올바른 답을 알려 줌으로써 분류를 잘할 수 있도록 훈련하죠.

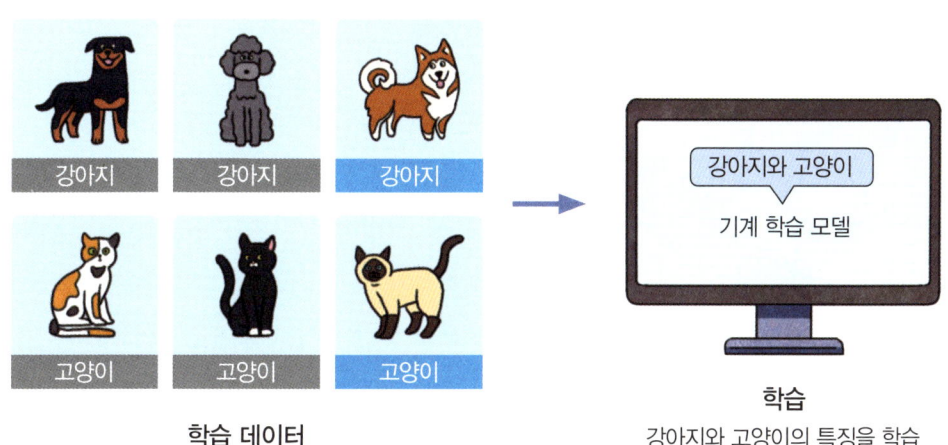

학습 데이터

학습
강아지와 고양이의 특징을 학습

인공지능이 이미지를 잘 분류할 수 있게 하려면, 많은 이미지와 그 이미지에 대한 정확한 레이블(이름표)을 통해 충분히 학습해야 합니다. 이렇게 해야 새로운 이미지가 나타났을 때, 이전에 배운 지식을 바탕으로 "아, 이건 고양이구나!" 할 수 있는 거죠.

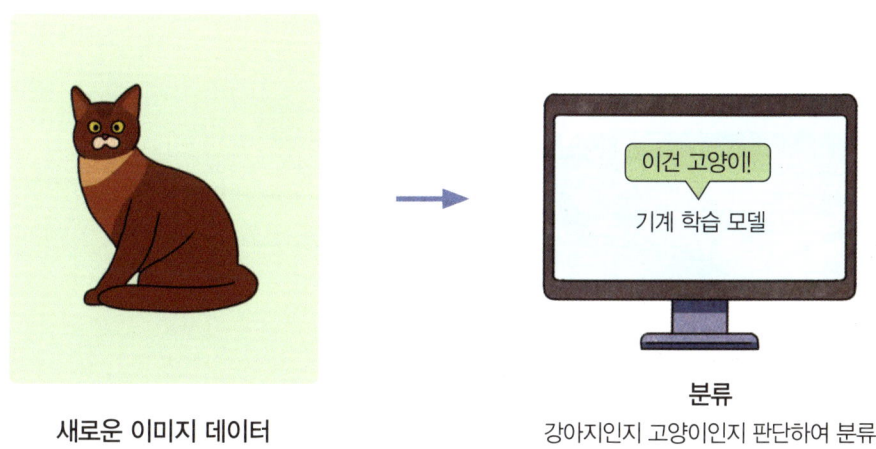

새로운 이미지 데이터

분류
강아지인지 고양이인지 판단하여 분류

간단히 말해, CNN은 이미지를 작게 쪼개서 중요한 부분을 찾아내고, 지도 학습을 통해 그 이미지들이 무엇인지를 배우는 과정을 반복함으로써 이미지를 분류할 수 있게 되는 것입니다.

생활쏙쏙 AI — '이미지 분류 모델'은 어디에 쓰일까요?

'이미지 분류 모델'은 컴퓨터가 사진이나 영상 속의 사람, 물체, 장면 등을 식별하고 이해할 수 있게 만드는 인공지능을 말합니다. 우리 생활 속에서 어디에 활용되고 있는지 알아봅시다.

네이버 렌즈(이미지) 검색

이미지 검색에서 특정 사진을 업로드하면, 그 사진과 비슷한 사진들을 찾아서 보여 줍니다. 이때 이미지 분류 모델이 사진 속의 물체, 장소, 사람 등을 인식하고 분류하여 유사한 이미지를 찾아내는 데 큰 역할을 합니다.

스마트 사진 정리

구글 포토나 애플의 포토 애플리케이션과 같은 서비스는 사진을 자동으로 분류해서 비슷한 사진들을 그룹화합니다. 예를 들어, 해변과 같은 장소 사진이나 고양이나 강아지 같은 동물 사진을 자동으로 한데 모아 주는 기능이 있습니다.

스마트 교통 관리

지도 학습으로 만든 인공지능은 카메라에 비친 물체들이 자동차인지, 사람인지, 신호등인지, 어떤 도로 교통 표지판인지 분류할 수 있습니다. 도로 위 차량이나 보행자를 분류하여 교통 흐름을 분석하고, 실시간으로 교통 상황을 파악하여 교통 신호를 조절합니다.

상품 이미지 인식과 추천

온라인 쇼핑몰에는 상품 사진을 분석해서 비슷한 상품을 추천하거나, 소비자가 찾고 있는 상품의 종류를 자동으로 분류해 주는 기능이 있습니다. 이 기능을 통해 소비자는 상품 검색하는 시간을 절약할 수 있게 됩니다.

블록쏙쏙 AI '이미지 분류 모델' 명령 블록 알아보기

이미지 분류 모델 학습이란?

- 이미지 분류 모델 학습은 컴퓨터에게 이미지가 어떤 카테고리에 속하는지 구별하도록 가르치는 과정입니다.
- 모델이 학습할 이미지 데이터는 컴퓨터에 저장된 그림이나 직접 촬영한 이미지를 이용합니다.
- 이미지 데이터를 분류하고 학습시키면 나만의 인공지능 모델을 만들 수 있습니다.
- 인공지능 모델 학습 단계 : 데이터 입력 → 데이터 학습 → 결과 확인 → 적용하기

분류 : 이미지 모델 명령 블록 살펴보기

블록	설명
학습한 모델로 분류하기	입력한 이미지 데이터를 학습한 모델로 분류합니다. 프로그램이 일시 정지된 후 이미지 데이터를 입력할 수 있는 창이 나타나면 직접 촬영하거나 저장된 파일을 불러옵니다.
비디오 화면을 학습한 모델로 분류 시작하기 ▼	작품 실행 중에 카메라를 통해 보이는 이미지를 실시간으로 인식하여 학습한 모델로 분류합니다.
분류 결과	• 입력한 데이터를 학습한 모델로 분류한 결과를 가져오는 값 블록입니다. • 입력한 데이터와 가장 비슷한 클래스의 이름을 가져옵니다. • 만일 데이터를 입력하지 않았다면 아무것도 가져오지 않습니다.
클래스 1 ▼ 에 대한 신뢰도	• 입력한 데이터가 분류된 클래스에 대한 신뢰도를 가져오는 값 블록입니다. • 만일 데이터를 입력하지 않았다면 '0'을 가져옵니다. • 목록 상자(▼)를 클릭하면 정확도를 가져올 클래스를 선택할 수 있습니다.
분류 결과가 클래스 1 ▼ 인가?	• 입력한 데이터가 선택한 클래스와 가장 비슷하다면 '참', 아니라면 '거짓'으로 판단하는 블록입니다. • 만일 데이터를 입력하지 않았다면 항상 '거짓'을 가져옵니다. • 목록 상자(▼)를 클릭하면 결과를 확인할 클래스를 선택할 수 있습니다.

Chapter 09 스타터
교통안전을 위한 자율주행 자동차

[AI Fn] 분류 : 이미지 모델 학습   [바로 AI] Level ★★★☆☆

자율주행 자동차란, 컴퓨터와 카메라, 센서 등을 사용해서 주변의 환경을 인식하고, 그에 맞는 결정을 내려서 스스로 움직이는 차를 말합니다. 즉, 사람이 직접 운전하지 않아도 되는 자동차를 말합니다. 이 자동차는 도로 위 교통 표지판을 인식하여 속도를 조절하거나 방향을 바꾸어 이동할 수 있습니다. 엔트리 인공지능 모델 학습 기능을 활용하여 교통안전 표지판을 학습시킨 후 안전하게 움직이는 자율주행 자동차를 만들어 볼까요?

완성 작품

- 완성 작품 주소 : https://naver.me/5mB2LRPt
- 실습 작품 주소 : https://naver.me/FNGUHKfo

01 완성 작품 미리보기

일반 주행	(표지판 감지 / 속도 80 / 확인 평균)	자율주행 자동차는 기본 속도 '80km/h'로 도로를 달립니다.
표지판 감지	(표지판 감지 / 속도 0 / 확인 기 / "식별이 어려운 표지판을 인식하여 안전을 위해 주행을 멈춥니다.")	표지판을 감지합니다. 만약 인식이 어려운 표지판을 만난 경우, 안내 메시지와 함께 자동으로 멈춥니다.

02 알고리즘 작성하기

1 'AI 바로 쌤'과 함께 챗GPT 활용하기

'완성 작품 미리보기'를 확인했나요?
작품을 만들기 전에 혹시 궁금한 것이 있다면 챗GPT에게 질문해 보세요.
작품 스토리, 알고리즘, 코딩하는 방법 등 어느 것이든 좋습니다.

인공지능 모델 학습을 통해 교통 표지판을 분류하고 인식할 수 있게 만들고 싶어요. 어떻게 해야 할까요?

그렇군요. 그럼, 챗GPT에게 다음과 같이 질문해 보세요.

당신은 엔트리 블록 코딩 전문가입니다. 엔트리 인공지능 모델 학습 이미지 분류 블록을 활용해 '속도가 30', '속도가 50'일 때 속도를 조절하는 자율주행 자동차 프로그램을 만들려고 합니다. 알고리즘을 자세히 알려 주세요.

1. 데이터 수집하기
- **목표** : '속도 30'과 '속도 50'을 나타내는 상황의 이미지를 수집합니다.
- **방법** : 속도 제한 표지판, 도로 조건 등을 나타내는 사진이나 이미지를 다양한 소스에서 수집합니다.

2. 데이터 레이블링하기
- **목표** : 수집한 이미지에 '속도 30', '속도 50' 등의 태그를 붙여 구분합니다.
- **방법** : 각 이미지를 살펴보고 해당 이미지가 어떤 속도 제한을 나타내는지 판단하여 레이블을 부착합니다.

3. 모델 학습하기
- **목표** : 레이블이 붙은 이미지를 사용하여 이미지 분류 모델을 학습시킵니다.
- **방법** : 엔트리의 인공지능 모델 학습하기를 사용해 수집하고 레이블링한 데이터로 모델을 학습시킵니다. 이 과정에서 모델은 각 레이블에 해당하는 이미지의 특징을 학습합니다.

4. 자율주행 자동차 프로그래밍
- **목표** : 학습된 모델을 이용하여 실시간으로 이미지를 분석하고, 속도 제한에 맞게 자동차의 속도를

조절하는 프로그램을 개발합니다.
- **방법** : 엔트리 블록 코딩을 사용하여, 자동차가 카메라로 캡처한 이미지를 모델에 입력하고, 모델이 분류하여 반환한 속도 정보에 따라 자동차의 속도를 조절하도록 프로그래밍합니다.

5. 테스트 및 수정
- **목표** : 개발된 자율주행 자동차 프로그램의 성능을 테스트하고 필요한 경우 수정하여 정확도를 향상시킵니다.
- **방법** : 다양한 상황에서 프로그램을 테스트하여 성능을 확인하고, 문제가 발견될 경우 데이터 수집, 레이블링, 모델 학습 단계를 조정하여 모델의 정확도를 개선합니다.

 Send a message

 챗GPT는 이렇게 대답해 주었어요. 혹시 더 궁금한 점이 있나요?

잘못된 표지판을 인식했을 때 경고문을 나타내고 싶어요.

 그렇군요. 그럼, 챗GPT에게 다음과 같이 질문해 보세요.

 잘못된 표지판을 인식하면 경고문을 나타내는 알고리즘을 추가해 줘.

 잘못된 표지판을 인식했을 때 경고문을 나타내는 기능을 자율주행 자동차 프로그램에 추가하는 알고리즘은 다음과 같은 단계로 구성될 수 있습니다.

1. 잘못된 표지판 데이터 준비 및 레이블링
잘못된 표지판이나 오인식을 유발할 수 있는 상황의 이미지를 수집합니다.
이러한 이미지에 '잘못된 표지판' 등의 레이블을 붙여 구분합니다.

2. 인공지능 모델 학습

'정확한 표지판', '잘못된 표지판' 등 다양한 카테고리를 포함하여 인공지능 모델을 학습시킵니다. 모델은 각 카테고리의 이미지를 정확히 분류할 수 있도록 학습됩니다.

3. 프로그램에 경고문 표시 알고리즘 추가

자율주행 알고리즘에 모델이 '잘못된 표지판'을 인식했을 경우 경고문을 표시하는 조건문을 추가합니다.
- 예 : 만약 모델이 '잘못된 표지판' 카테고리의 이미지를 인식하면, 자동차의 디스플레이 화면에 "경고 : 잘못된 표지판 인식됨"과 같은 메시지를 출력합니다.
- 프로그래밍 예시(가상의 엔트리 블록 코드)

> [이미지 인식 블록]을 사용하여 [카메라 이미지]를 분석
> 만약 [인식된 카테고리]가 [잘못된 표지판]이면
>   [디스플레이]에 "경고 : 잘못된 표지판 인식됨" 메시지 출력
> 그렇지 않고 [인식된 카테고리]가 [정확한 표지판]이면
>   해당 [표지판의 속도]에 맞게 속도 조절
> 그 외의 경우
>   기본 주행 알고리즘 유지 (속도 유지)

4. 테스트 및 수정

프로그램을 다양한 환경과 조건에서 테스트하여 잘못된 표지판을 정확히 인식하고 적절한 경고문을 표시하는지 확인합니다. 인식률을 높이기 위해 필요한 경우 추가적인 데이터 수집 및 모델 학습을 진행합니다.

이 알고리즘을 통해 자율주행 자동차가 잘못된 표지판을 인식할 때 경고문을 제시함으로써 운전자의 주의를 환기시키고, 잠재적인 위험 상황에 대비할 수 있습니다.

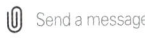 Send a message

 챗GPT의 도움 답변을 바탕으로 알고리즘을 정리해 볼까요?

2 알고리즘 정리하기

1. 모델 학습	▶	2. 표지판 인식	▶	3. 잘못된 표지판
표지판 이미지를 이용하여 모델 학습을 진행함.		30km/h, 50km/h 표지판을 인식하면 차의 속도를 조절함.		잘못된 표지판을 인식하면 메시지를 보여 줌.

03 프로그래밍 준비하기

1 미리보기

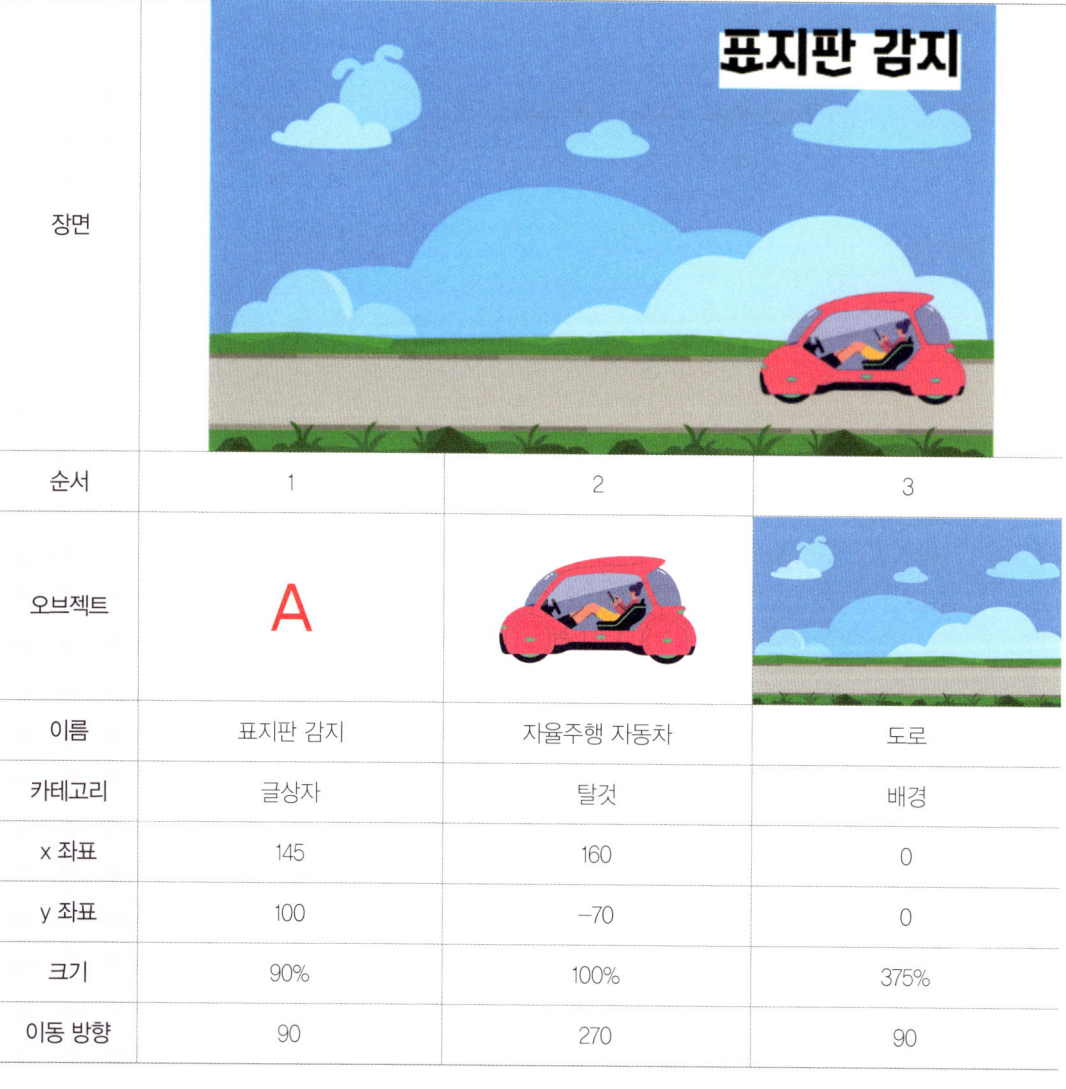

장면			
순서	1	2	3
오브젝트	A		
이름	표지판 감지	자율주행 자동차	도로
카테고리	글상자	탈것	배경
x 좌표	145	160	0
y 좌표	100	−70	0
크기	90%	100%	375%
이동 방향	90	270	90

2 글상자 추가하기

❶ [+ 오브젝트 추가하기] 버튼을 클릭합니다.

❷ [글상자] 탭을 클릭합니다. 내용을 입력하고, 글상자의 여러 속성(글자체, 색상, 배경색 등)을 수정할 수 있습니다. [추가하기] 버튼을 클릭하여 글상자를 추가합니다.

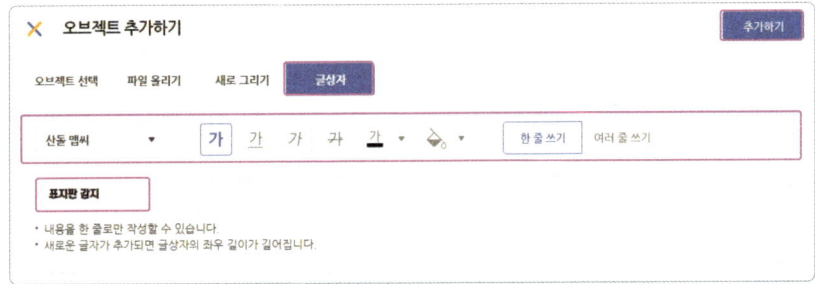

❸ 추가된 글상자 오브젝트는 [글상자] 탭에서 내용을 수정할 수 있습니다.

3 속성(변수) 만들기

❶ [속성] 탭에서 [변수] – [변수 추가하기]를 클릭합니다.
❷ '속도', '확인' 변수를 만듭니다.

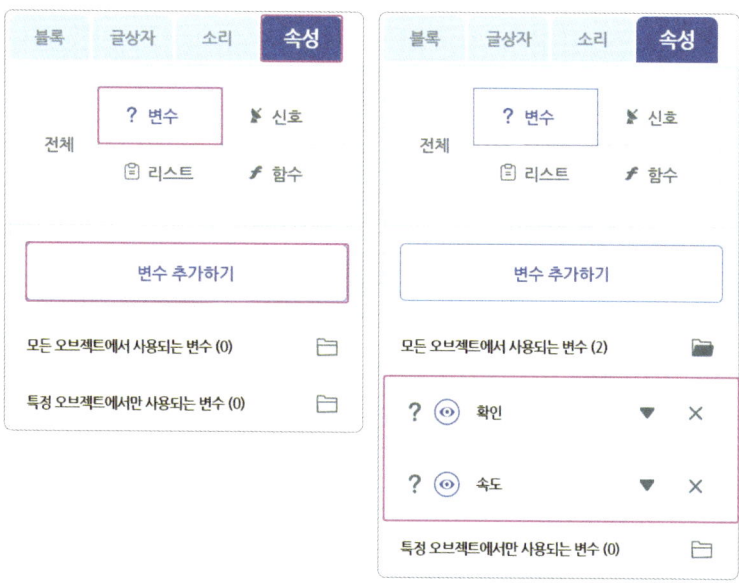

4 인공지능 블록 불러오기

❶ 블록 꾸러미에서 [인공지능] – [인공지능 블록 불러오기]를 순서대로 클릭합니다.

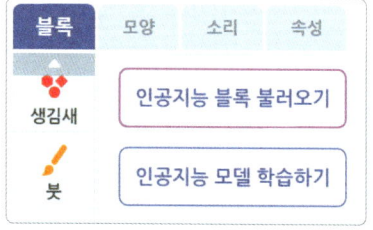

❷ [분류: 이미지] – [학습하기]를 순서대로 클릭합니다.

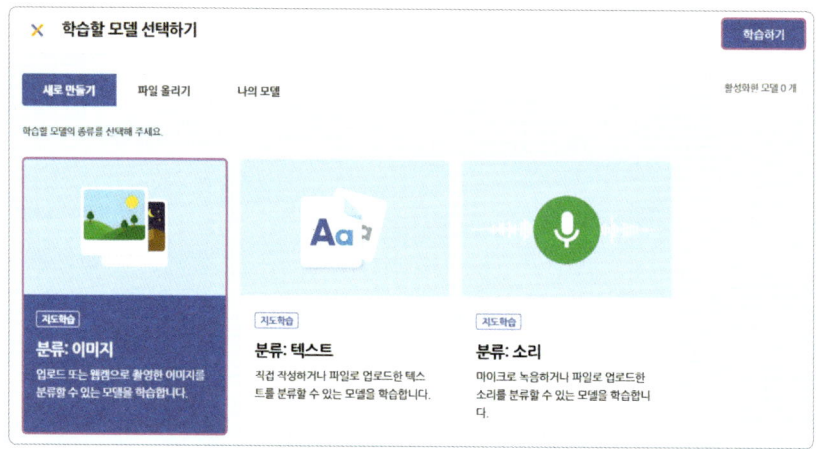

❸ 제목은 '교통 표지판 분류', 클래스 1은 '속도 30', 클래스 2는 '속도 50', 클래스 3은 '기타 표지판'이라고 입력합니다. 각 클래스 이름에 맞는 준비된 이미지를 업로드합니다.

❹ **[모델 학습하기]**를 클릭하여 모델 학습을 시작합니다.

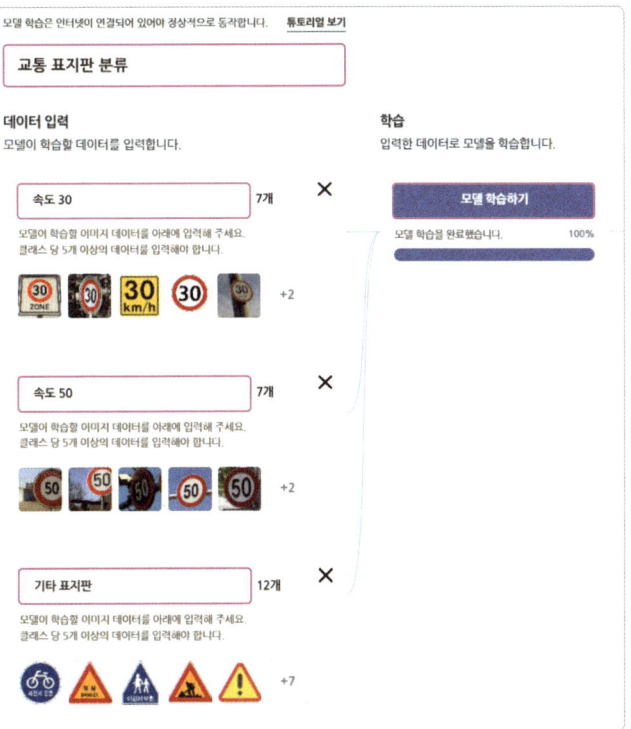

❺ 학습이 완료되면 결과 값을 입력합니다. 결과 값을 확인한 후, **[적용하기]**를 클릭합니다.

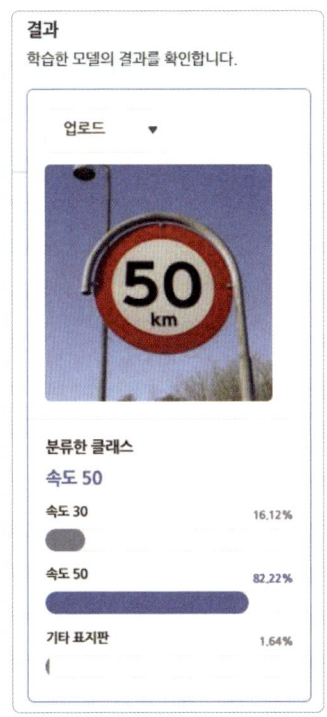

04 바로 프로그래밍하기 1 : 이미지 분류하기

1 업로드한 이미지는 어떤 방식으로 분류할까요?

이미지를 분류하기 위해서는 비슷한 종류의 이미지 묶음 데이터(예 속도)가 필요합니다. 이 데이터를 인공지능으로 학습해 이미지를 분류할 수 있습니다.

2 인공지능 블록은 어떻게 사용해야 할까요?

❶ [시작]의 [오브젝트를 클릭했을 때]와 [인공지능]의 [학습한 모델로 분류하기]를 가져옵니다.

❷ [흐름]의 [만일 〈참〉 (이)라면 아니면] 블록을 연결합니다. 이어서 [인공지능]의 (분류 결과가 속도 30인가?)를 〈참〉에 넣어 줍니다. [자료]의 [확인를 0 (으)로 정하기]를 연결한 후, '속도 30'을 입력합니다.

❸ [아니면] 부분에 [흐름]의 [만일 〈참〉 (이)라면 아니면] 블록을 연결합니다. 이어서 [인공지능]의 (분류 결과가 속도 30 인가?)를 〈참〉 부분에 넣은 후, '속도 50'으로 수정합니다. [자료]의 [확인를 0 (으)로 정하기]를 가져와 '속도 50'으로 입력합니다. [아니면] 안쪽 부분에 [자료]의 [확인를 0 (으)로 정하기]를 연결한 후, '기타 표지판'을 입력합니다.

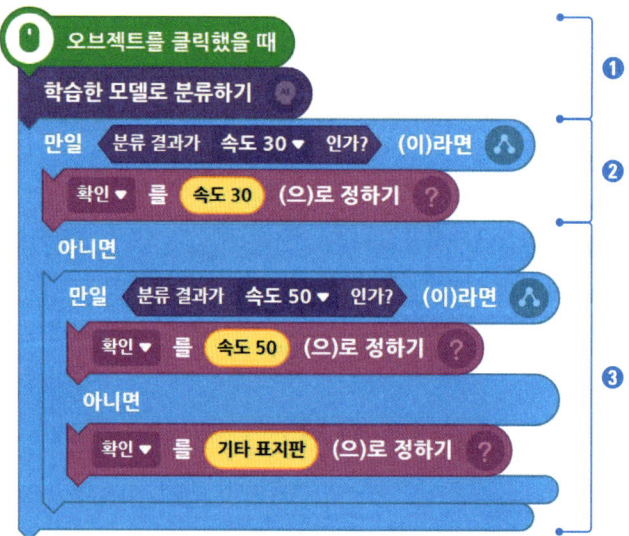

❶ 오브젝트를 클릭하면, 학습한 모델로 이미지를 분류합니다.
❷ 만약 속도가 '30'인 이미지라면, 확인 변수를 '속도 30'으로 설정합니다.
❸ 만약 속도가 '50'인 이미지라면 확인 변수를 '속도 50'으로 설정하고, 아니라면 '기타 표지판'으로 설정합니다.

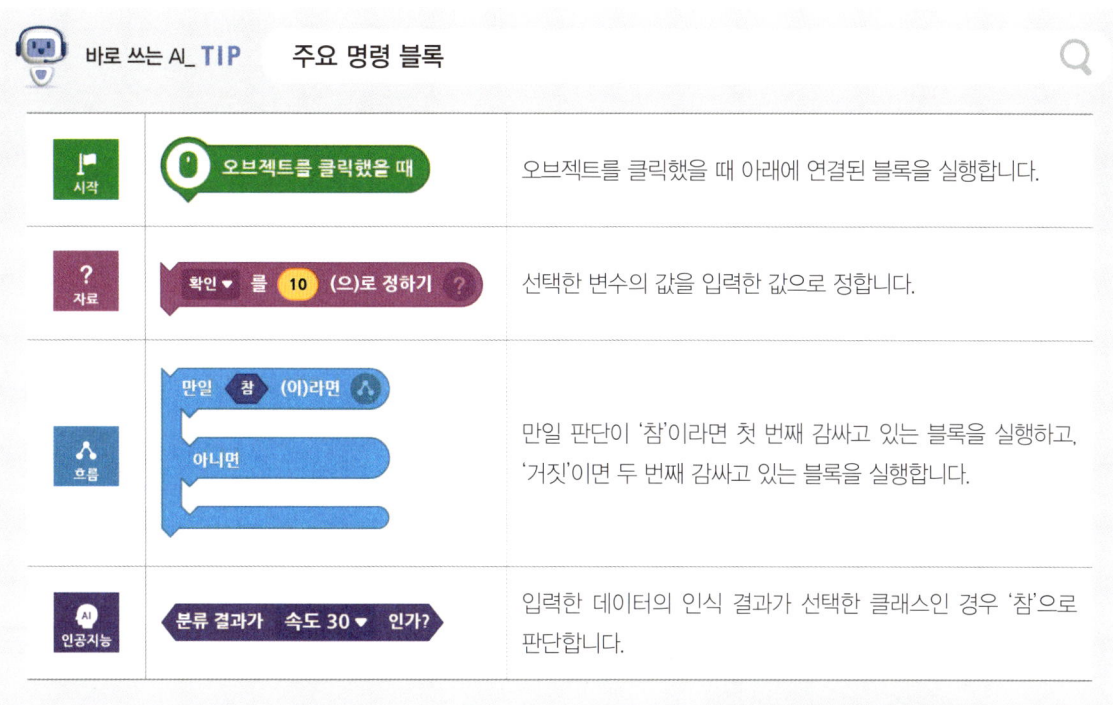

05 바로 프로그래밍하기 2 : 표지판에 맞추어 자율주행하기

1 자율주행에서는 무엇이 필요할까요?

자율주행에서 어떤 표지판을 발견했을지를 인식하고 다음 동작을 정해야 합니다. 인식한 표지판에 따라 자율주행 자동차가 동작하게 합니다.

2 어떤 방식으로 움직여야 할까요?

❶ [시작]의 [시작하기 버튼을 클릭했을 때]를 가져옵니다. 이어서 [자료]의 [확인를 0 (으)로 정하기]를 연결한 후, '평균'으로 입력합니다.

❷ [흐름]의 [계속 반복하기] 블록을 연결합니다.

❷-1 [흐름]의 [만일 〈참〉 (이)라면 아니면] 블록을 연결한 후, 〈참〉 부분에 [판단]의 〈10=10〉 블록을 넣어 줍니다. 왼쪽 부분에 [자료]의 (확인 값)을 넣어 주고, 오른쪽 부분에는 '평균'을 입력합니다. [만일] 부분은 [자료]의 [속도를 0 (으)로 정하기]을 연결한 후, '80'을 입력합니다.

❷-2 [아니면] 부분에 [흐름]의 [만일 〈참〉 (이)라면 아니면] 블록을 연결합니다. 〈참〉 부분에 [판단]의 〈10=10〉 블록을 넣은 후, 왼쪽 부분은 [자료]의 (확인 값)을 끼우고, 오른쪽 부분에는 '속도 30'을 입력합니다. 이어서 [자료]의 [속도를 0 (으)로 정하기]을 연결한 후, '30'을 입력합니다.

❷-3 두 번째 [아니면] 부분에 [흐름]의 [만일 〈참〉 (이)라면 아니면] 블록을 넣어 줍니다. 〈참〉 부분에 [판단]의 〈10=10〉 블록을 넣은 후, 왼쪽 부분에 [자료]의 (확인 값)을 끼우고, 오른쪽 부분에는 '속도 50'을 입력합니다. 이어서 [자료]의 [속도를 ○ (으)로 정하기]를 연결한 후 '50'으로 수정합니다.

❷-4 세 번째 [아니면]에 [자료]의 [속도를 ○ (으)로 정하기]을 연결한 후, '0'으로 입력합니다. 이어서 [생김새]의 [○ 을(를) ○ 초 동안 말하기]를 연결한 후, 표지판 인식이 안 됐을 경우에 나타날 메시지를 입력합니다.

❸ 모든 값이 설정되면 속도에 따라 자동차가 움직이게 합니다. [움직임]의 [이동 방향으로 ○ 만큼 움직이기]를 연결합니다. 이어서 [계산]의 (10X10)을 넣은 후, 왼쪽 부분에는 [자료]의 (속도 값)을 넣어 주고, 오른쪽은 '0.01'로 입력합니다.

자율주행 자동차

❶ 처음 속도를 정하기 위해 '확인 값'을 평균으로 정합니다.
❷ 인식한 표지판의 속도를 확인하고 속도를 정합니다.
❸ '확인 값'을 확인하여 속도를 조절하고, 자동차를 움직입니다. 실행화면에서 자동차의 속도를 사용할 수 없어 '속도X0.01' 값으로 결과 값을 확인합니다.

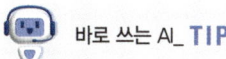
바로 쓰는 AI_TIP   주요 명령 블록

분류	블록	설명
시작	시작하기 버튼을 클릭했을 때	실행화면에서 [▶ 시작하기] 버튼을 클릭하면 아래에 연결된 블록이 동작합니다.
판단	10 = 10	• 입력한 두 값을 비교합니다. • = : 왼쪽에 위치한 값과 오른쪽에 위치한 값이 같은 경우 '참'으로 판단합니다.
자료	확인▼ 값	선택한 변수에 저장된 값입니다.
움직임	이동 방향으로 10 만큼 움직이기	입력한 값만큼 오브젝트의 이동 방향 화살표가 가리키는 방향으로 움직입니다.
계산	10 x 10	• 입력한 두 수의 사칙연산 값입니다. • x : 입력한 두 수를 곱한 값입니다.
생김새	안녕! 을(를) 4 초 동안 말하기▼	오브젝트가 입력한 내용을 입력한 시간 동안 말풍선으로 말한 후 다음 블록을 실행합니다.

바로 한눈에! 코드 펼쳐보기

모두 펼쳐보기

A
표지판 감지

```
오브젝트를 클릭했을 때
학습한 모델로 분류하기
만일 <분류 결과가 속도 30 인가?> (이)라면
    확인▼ 를 (속도 30) (으)로 정하기
아니면
    만일 <분류 결과가 속도 50 인가?> (이)라면
        확인▼ 를 (속도 50) (으)로 정하기
    아니면
        확인▼ 를 (기타 표지판) (으)로 정하기
```

자율주행 자동차

```
시작하기 버튼을 클릭했을 때
확인▼ 를 (평균) (으)로 정하기
계속 반복하기
    만일 <확인▼ 값 = 평균> (이)라면
        속도▼ 를 (80) (으)로 정하기
    아니면
        만일 <확인▼ 값 = 속도 30> (이)라면
            속도▼ 를 (30) (으)로 정하기
        아니면
            만일 <확인▼ 값 = 속도 50> (이)라면
                속도▼ 를 (50) (으)로 정하기
            아니면
                속도▼ 를 (0) (으)로 정하기
                (식별이 어려운 표지판을 인식하여 안전을 위해 주행을 멈춥니다.) 을(를) (4) 초 동안 말하기▼
    이동 방향으로 (속도▼ 값 x 0.01) 만큼 움직이기
```

바로 점프! 더 나아가기

 완성 작품

점프 미션	속도 '10km/h'에 따른 자율주행 자동차 속도 변화 코드 추가하기
[힌트 1] 완성 작품 장면	
[힌트 2] 오브젝트별 코드 추가	① [인공지능]에서 [인공지능 모델 학습하기]를 클릭합니다.  ② [나의 모델] - [학습한 이미지 모델] - [학습하기]를 클릭합니다. ＊'학습한 이미지 모델'을 해지하면 인공지능 블록이 사라지므로 주의해야 합니다. 

PART 04. 바로 엔트리 인공지능 모델 학습하기 _263

③ '속도 10' 이미지를 다음과 같이 추가합니다. [모델 학습하기]를 진행하고, 결과를 확인한 후 화면 오른쪽 상단 [적용하기]를 클릭합니다.

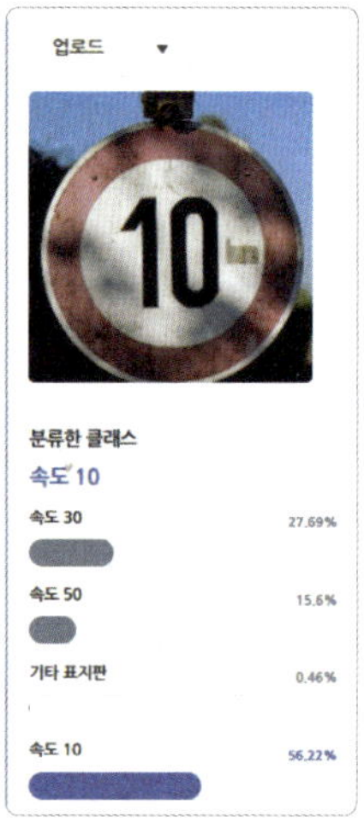

* 학습을 다시 하면 인공지능 코드가 사라지므로, 인공지능 부분의 코드를 다시 만들어야 합니다.

[인공지능 재학습 후 사라진 인공지능 코드]

A
표지판 감지

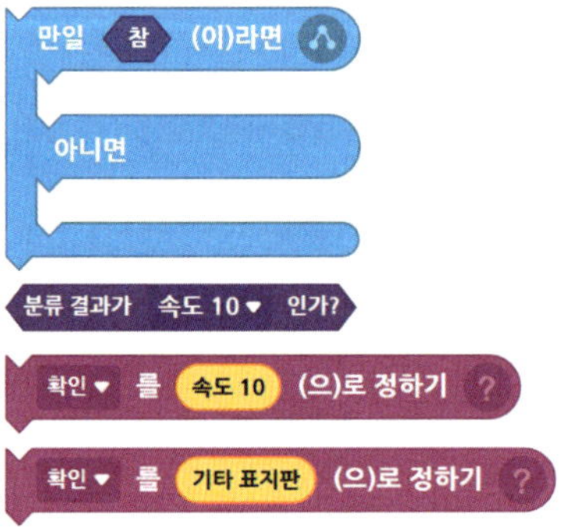

	자율주행 자동차	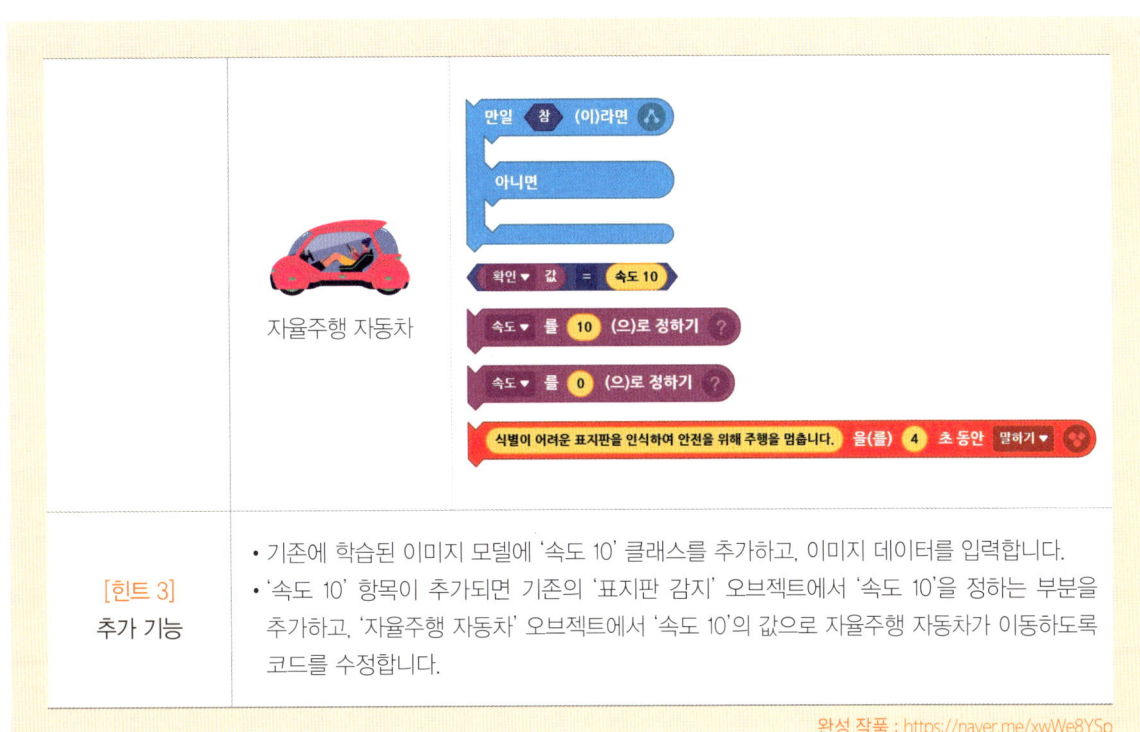
[힌트 3] 추가 기능	• 기존에 학습된 이미지 모델에 '속도 10' 클래스를 추가하고, 이미지 데이터를 입력합니다. • '속도 10' 항목이 추가되면 기존의 '표지판 감지' 오브젝트에서 '속도 10'을 정하는 부분을 추가하고, '자율주행 자동차' 오브젝트에서 '속도 10'의 값으로 자율주행 자동차가 이동하도록 코드를 수정합니다.	

완성 작품 : https://naver.me/xwWe8YSp

> **바로 함께!** 즐겁게 배우는 챗GPT

 이번 시간에 배운 내용을 바탕으로 챗GPT와 다양한 이야기로 소통해 볼까요? 이때 부모님 또는 선생님과 함께하면 더 재미있고 안전하게 정보를 찾을 수 있을 거예요. 그럼 챗GPT와 함께 교통 안전에 대해 대화해 볼까요?

프롬프트 1 챗GPT와 함께 자율주행 자동차의 안전에 대해 이야기해 보세요.

 자율주행 자동차가 안전하게 다니기 위해서는 교통안전 표지판을 인식하는 기능 이외에 또 어떤 기능이 필요할까요?

1. **센서와 카메라** : 자동차는 라이다(LiDAR), 레이더, 초음파 센서, 카메라 등 다양한 센서를 사용하여 주변 환경을 인식하고, 이 정보를 사용하여 안전하게 주행합니다.

2. **인공지능(AI)** : 인공지능은 센서와 카메라에서 수집한 정보를 분석하여 주행 경로를 계획하고, 장애물을 피하거나, 신호등의 색깔을 인식하는 등의 결정을 내립니다.

3. **GPS와 디지털 맵** : GPS는 자동차의 위치를 정확하게 파악하고, 디지털 맵은 주행 경로를 계획하는 데 필요한 레이아웃과 교통 정보를 제공합니다.

4. **V2X(Vehicle to Everything) 통신** : V2X는 다른 차량, 보행 등 주변의 모든 것과 통신하는 기술로, 사고 예방과 효율적인 주행을 위해 사용됩니다.

5. **긴급 제동 시스템** : 만약 예상치 못한 장애물이 나타나거나 위급한 상황이 발생할 경우, 자동차는 자동으로 긴급 제동을 실행하여 사고를 방지합니다.

6. **테스트 및 검증** : 자율주행 자동차는 출시 전에 다양한 시나리오와 환경에서 테스트를 거쳐 안전성을 검증받아야 합니다.

프롬프트 2 챗GPT와 함께 교통안전에 대해 이야기해 보세요.

 교통안전 표지판에는 어떤 규칙이 있나요?

 교통안전 표지판에는 운전자가 안전하게 주행할 수 있도록 하는 다양한 규칙과 정보가 숨어 있습니다. 각 표지판의 색상, 모양, 그림 등은 특정한 의미를 가지고 있습니다.

1. **색상** : 표지판의 색상은 표지판의 종류를 나타냅니다. 예를 들어, 빨간색은 주로 금지나 제한을, 파란색은 정보 제공을, 노란색은 경고를 나타냅니다.

2. **모양** : 표지판의 모양은 표지판의 카테고리를 나타냅니다. 예를 들어, 원형은 주로 교통 규칙을, 삼각형은 경고를, 사각형은 안내나 정보를 나타냅니다.

3. **심볼과 문구** : 표지판에 그려진 심볼이나 문구는 특정한 교통 상황이나 규칙을 나타냅니다. 예를 들어, 사람 모양은 보행자 통행을, 화살표는 방향을, 숫자는 속도제한 등을 나타냅니다.

이러한 규칙들은 운전자가 표지판을 빠르게 인식하고 해석할 수 있도록 돕습니다. 그리고 이 규칙들은 대부분의 국가에서 표준화되어 있어, 국가마다 약간의 차이는 있지만 기본적으로 비슷한 의미를 가집니다. 이렇게 표준화된 교통안전 표지판 덕분에 운전자는 안전하게 주행할 수 있습니다.

 도로교통공단의 교통안전 표지 일람표를 보여줄 수 있어?

 도로교통공단의 교통안전 표지 일람표에는 주의 표지, 규제 표지, 지시 표지, 보조 표지 등 4가지 기본 표지와 노면 표시, 신호기, 신호등 등을 포함한 다양한 종류가 있습니다. 각 카테고리는 도로 사용자들에게 경고하고 안내하기 위해 특정 심볼과 색상으로 설계되었습니다. 자세한 그림과 설명은 참고한 자료에서 확인할 수 있습니다. 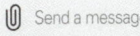— 인용 부호 아이콘

바로 쓰는 AI_ **TIP**　　　챗GPT 인용 부호 아이콘( )

챗GPT에서 따옴표 모양의 인용 부호 아이콘( )은 말하기, 또는 텍스트의 특정 부분을 참조할 때 사용됩니다. 인용 부호 아이콘에 마우스를 가져다 대면 다음 그림과 같이 요청한 자료의 참조로 연결되는 링크가 나타납니다. 이를 클릭하여 일람표를 확인해 봅시다.

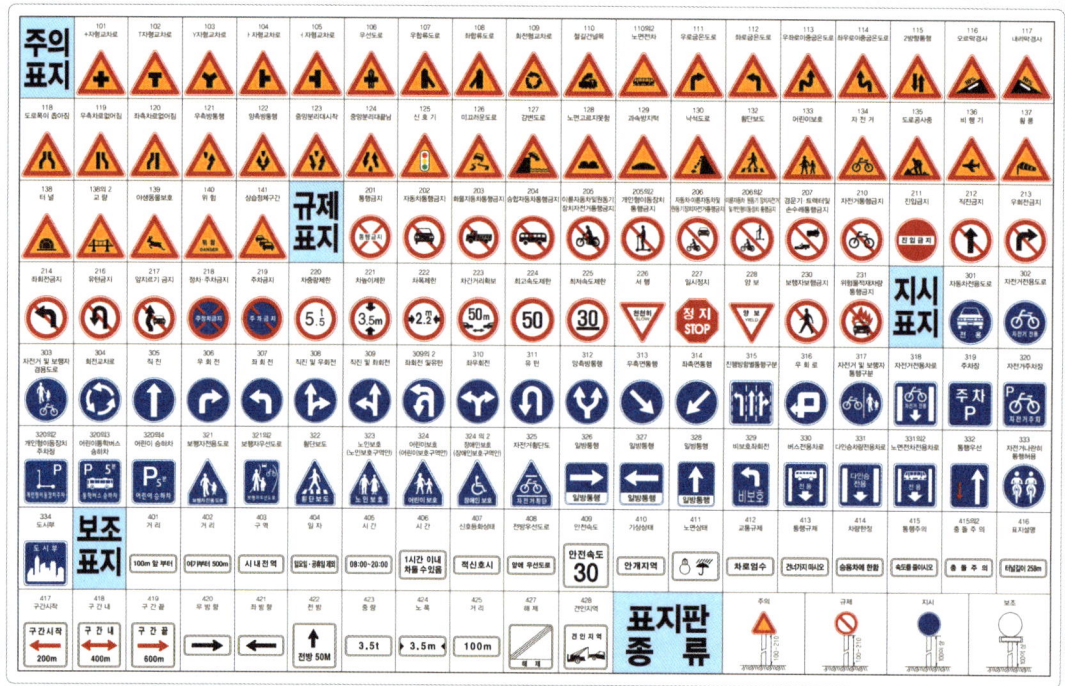

교통안전표지 일람표(2013.12.31.), 도로교통공단
https://www.koroad.or.kr/main>소식정보>교통안전·연구자료실

프롬프트 작성 아이디어 메모하기

챗GPT와 함께 창의적으로 생각하고, 새로운 것을 탐구하며, 자신만의 이야기를 만들어 보세요.

10 바로 알아보는 AI – 텍스트 분류 모델

바로쏙쏙 AI 인공지능은 어떻게 글자를 읽고 분류할까요?

컴퓨터가 텍스트를 읽기 위해서는 먼저 텍스트 데이터를 분석 가능한 형태로 바꾸는 과정이 필요합니다. 이때 텍스트는 의미를 담는 가장 작은 단위로 쪼개는 과정을 거치는데, 이를 '토큰화'라고 부릅니다.

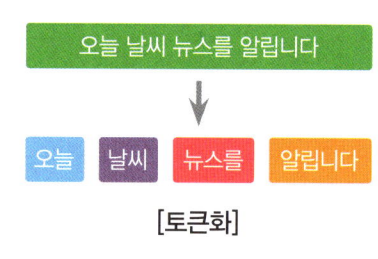

[토큰화]

다음으로 각 단어를 숫자로 바꾸는 임베딩 과정을 거칩니다.

[임베딩]

그런데 이렇게 텍스트 데이터를 숫자로 바꾼 것을 컴퓨터가 바로 인식하지 못합니다. 컴퓨터가 사람의 언어를 이해할 수 있게 하려면 딥러닝 기술로 텍스트에서 의미 있는 특징을 추출하고 이를 분석해야 합니다. 이와 같이 컴퓨터가 사람의 언어를 이해하는 기술을 '자연어 처리(Natural Language Processing, NLP)'라고 합니다.

인식된 글자는 이제 분류해야 합니다. 텍스트 분류는 자연어 처리 분야 중 하나로 문서나 텍스트 데이터를 미리 정의된 클래스로 분류하는 작업입니다. 예를 들어, 이메일을 받았을 경우 이것이 스팸 메일인지 아닌지 분류하는 작업을 말합니다. 또, 뉴스 기사의 경우 정치, 경제, 사회 등의 카테고리로 분류하는 작업을 말합니다.

텍스트를 분류하는 데는 두 가지 방법이 있습니다. 바로 '지도 학습'과 '비지도 학습'입니다.

'지도 학습'은 앞서 소개한 것처럼 답이 표시된 문제집으로 공부하는 것과 같습니다. 컴퓨터는 이미 분류된 많은 데이터를 보고 배워서, 새로운 텍스트가 어떤 카테고리에 속하는지 예측할 수 있습니다.

'비지도 학습'은 좀 다릅니다. 컴퓨터가 답이 없는 문제를 스스로 해결해야 합니다. 데이터를 보고 비슷한 것끼리 그룹을 만들어 분류하게 됩니다.

[인공지능이 문장을 분류하는 과정]

생활쏙쏙 AI   '텍스트 분류 모델'은 어디에 쓰일까요?

'텍스트 분류 모델'은 인공지능이 글을 읽고 이해할 수 있는 기술이에요. 우리 생활 속에서 어디에 활용되고 있는지 알아봅시다.

스팸 필터링

이메일 서비스에서 스팸 메일을 정상 메일과 분리하기 위해 텍스트 분류 알고리즘이 사용됩니다. 이는 사용자의 수신함을 복잡하지 않게 정돈하는 데 도움이 됩니다.

감정 분석 AI

소셜 미디어의 게시물, 제품 리뷰, 영화 평점 등에서 나타나는 다양한 감정을 긍정적, 중립적, 부정적으로 분류하는 것은 시장 동향을 분석하고 고객 반응을 이해하는 데 중요한 역할을 합니다. 이 과정을 텍스트 분류를 활용한 감정 분석이라고 하며, 데이터 기반 의사결정을 강화하기 위해 사용됩니다.

주제 분류 AI

텍스트 분류를 활용한 주제 분류는 다양한 콘텐츠를 효율적으로 관리할 수 있는 방법을 제공합니다. 사용자가 뉴스 기사, 블로그 포스트, 연구 문서 등을 빠르게 탐색하고 관심 있는 주제를 쉽게 찾도록 돕습니다. 예를 들어, 사용자가 스포츠, 정치, 경제 등에서 특정 카테고리의 문서만을 검색할 수 있게 해 주는 것입니다.

챗봇 AI

사용자가 입력하는 텍스트 데이터를 분석하여 의도를 파악하고, 그에 맞는 적절한 대답을 제공합니다. 고객 서비스, 개인 비서, 정보 조회 등 다양한 분야에서 활용되고 있습니다.

블록쏙쏙 AI '텍스트 분류 모델' 명령 블록 알아보기

텍스트 분류 모델이란?

- 학습 데이터로 입력한 텍스트를 자신이 지정한 클래스에 따라 분류하고 학습시키면, 새로운 데이터를 분류할 수 있는 모델을 만들 수 있습니다.
- 텍스트의 의미가 아닌 형태가 얼마나 비슷한지를 기준으로 분류합니다.
- 학습 데이터는 직접 작성하거나 'txt', 'csv' 파일(10MB 이하)로 업로드할 수 있습니다.

분류 : 텍스트 모델 명령 블록 살펴보기

블록	설명
학습한 모델로 분류하기	데이터 입력 창을 열고, 입력한 데이터를 학습한 모델로 분류합니다. 데이터 입력을 위해 작품 실행은 일시 정지합니다.
엔트리 을(를) 학습한 모델로 분류하기	자신이 입력한 값을 학습한 모델로 분류합니다. 데이터 입력 창이 열리지 않습니다.
분류 결과	• 입력한 데이터를 학습한 모델로 분류한 결과를 가져오는 값 블록입니다. • 입력한 데이터와 가장 비슷한 클래스의 이름을 가져옵니다. • 만일 데이터를 입력하지 않았다면 아무것도 가져오지 않습니다.
클래스 1 ▼ 에 대한 신뢰도	• 입력한 데이터가 분류된 클래스에 대한 신뢰도를 가져오는 값 블록입니다. • 만일 데이터를 입력하지 않았다면 '0'을 가져옵니다. • 목록 상자(▼)를 클릭하면 정확도를 가져올 클래스를 선택할 수 있습니다.
분류 결과가 클래스 1 ▼ 인가?	• 입력한 데이터가 선택한 클래스와 가장 비슷하다면 '참', 아니라면 '거짓'으로 판단하는 블록입니다. • 만일 데이터를 입력하지 않았다면 항상 '거짓'을 가져옵니다. • 목록 상자(▼)를 클릭하면 결과를 확인할 클래스를 선택할 수 있습니다.

Chapter 10 학교 방문자에게 위치를 안내하는 AI 챗봇

스타터

[AI Fn] 텍스트 분류 모델 학습　　　　　　　　[바로 AI] Level ★★★★☆

챗봇은 사람의 언어를 이해하고 대화할 수 있도록 만든 채팅 로봇입니다. 챗봇은 음성 분류, 텍스트 분류를 통해 작동할 수 있습니다. 이번 시간에는 텍스트 분류 기능을 활용하여, 학교를 방문한 손님을 위해 학교 교실의 위치를 알려 주는 챗봇을 만들어 볼까요?

완성 작품

• 완성 작품 주소 : https://naver.me/FRcTuS0u　　• 실습 작품 주소 : https://naver.me/x10J5hth

01 완성 작품 미리보기

방법 확인		작품의 진행 방법에 대해 알아봅니다.
텍스트 분류		학교에서 가려고 하는 장소를 입력하면, 챗봇이 위치를 알려 줍니다.

02 알고리즘 작성하기

1 'AI 바로 쌤'과 함께 챗GPT 활용하기

'완성 작품 미리보기'를 확인했나요?
작품을 만들기 전에 혹시 궁금한 것이 있다면 챗GPT에게 질문해 보세요.
작품 스토리, 알고리즘, 코딩하는 방법 등 어느 것이든 좋습니다.

인공지능 모델 학습을 통해 텍스트를 분류해서 학교 장소를 알려 주는 챗봇을 만들고 싶어요. 어떻게 해야 할까요?

그렇군요. 그럼, 챗GPT에게 다음과 같이 질문해 보세요.

당신은 블록 코딩 전문가입니다. 엔트리 인공지능 모델 학습 텍스트 분류 블록을 활용해 프로그램을 만들려고 합니다. 학교 안내 챗봇을 만드는 알고리즘을 자세히 알려 주세요.

1. **데이터 수집 및 분류** : 교실에 대한 질문과 해당 교실의 위치 정보를 수집하고 분류합니다. 예를 들어, "1학년 교실은 어디에 있나요?", "도서관은 어디에 위치해 있나요?" 등의 질문을 분류하고, 각 질문에 대한 정확한 위치 정보를 준비합니다.

2. **모델 학습** : 수집한 데이터를 바탕으로 인공지능 모델을 학습시킵니다. 이때, 엔트리의 '텍스트 분류 모델 학습하기' 블록을 사용합니다. 이 블록은 입력된 텍스트 데이터를 분류하는 모델을 학습시키는 데 사용됩니다.

3. **모델 테스트** : 학습된 모델이 정확하게 작동하는지 테스트합니다. 다른 질문을 입력하여 모델이 올바르게 분류하는지 확인하고, 필요하다면 모델을 추가적으로 학습시킵니다.

4. **챗봇 구현** : 마지막으로, 학습된 모델을 바탕으로 챗봇을 구현합니다. 챗봇은 사용자로부터 입력받은 질문을 모델에 전달하고, 모델이 분류한 결과를 바탕으로 적절한 답변을 제공합니다. 이때, 엔트리의 '텍스트 분류 결과 얻기[(분류 결과) 또는 (분류 결과가 O 인가?)]' 블록을 사용합니다.

챗GPT는 이렇게 대답해 주었어요. 혹시 더 궁금한 점이 있나요?

교실 장소를 더 추가하고 싶어요.
텍스트 분류 기준을 늘리려면 어떻게 해야 될까요?

그렇군요. 그럼, 챗GPT에게 다음과 같이 질문해 보세요.

미술실도 안내될 수 있도록 교실 분류 기준을 추가하고 싶어. 인공지능 텍스트 모델 학습에서 텍스트를 분류하는 기준을 늘리는 방법을 알려 줘.

인공지능 텍스트 모델 학습에서 텍스트를 분류하는 기준을 늘리는 것은 사실상 분류하고자 하는 카테고리를 추가하는 것을 의미합니다. 즉, 기존의 '1학년', '2학년', '3학년' 등의 카테고리에 '미술실'이라는 새로운 카테고리를 추가하고, 이에 해당하는 데이터를 모델 학습시켜야 합니다. 아래는 이 과정을 단계별로 설명한 내용입니다.

1. **데이터 수집** : '미술실' 카테고리에 해당하는 질문 예시를 수집합니다. 예를 들어, "미술실이 어디에 있나요?", "미술실로 가는 방법을 알려 주세요" 등의 질문들이 이 카테고리에 속할 수 있습니다.

2. **데이터 레이블링** : 수집된 질문에 '미술실'이라는 레이블을 부여합니다. 이 작업은 모델이 각 질문을 올바른 카테고리로 분류하는 방법을 배우는 데 필요합니다.

3. **모델 학습** : 새로운 카테고리 레이블이 포함된 데이터로 모델을 학습시킵니다. 이때, 기존에 학습된 모델을 업데이트하거나 새로운 모델을 처음부터 학습시킬 수 있습니다.

4. **모델 테스트** : 새롭게 추가된 '미술실' 카테고리를 포함하여 모델이 정확하게 질문을 분류하는지 테스트합니다. 이 과정에서 잘못 분류된 예시를 찾아내어 데이터를 수정하고 모델을 재학습시키는 반복 작업이 필요할 수 있습니다.

5. **프로그램 업데이트** : 새로운 카테고리가 추가된 모델을 챗봇 프로그램에 통합합니다. 이제 새로운 카테고리에 해당하는 질문에도 적절한 대답을 할 수 있도록 대화 흐름을 업데이트해야 합니다.

위 단계를 통해 챗봇의 인공지능 텍스트 모델의 분류 기준을 확장하고, 새로운 데이터에 대해 모델을 효과적으로 학습시킬 수 있습니다.

 챗GPT의 도움 답변을 바탕으로 알고리즘을 정리해 볼까요?

2 알고리즘 정리하기

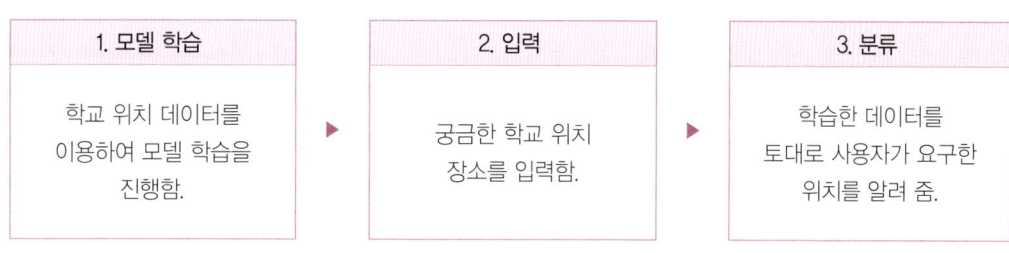

03 프로그래밍 준비하기

1 미리보기

장면			
순서	1	2	3
오브젝트			
이름	교복입은 엔트리봇_2	소놀 AI 로봇	교문
카테고리	엔트리봇	물건	배경
x 좌표	-100	10	0
y 좌표	-40	-40	0
크기	100%	100%	375%

2 인공지능 블록 불러오기

❶ [인공지능] – [인공지능 모델 학습하기]를 순서대로 클릭합니다.

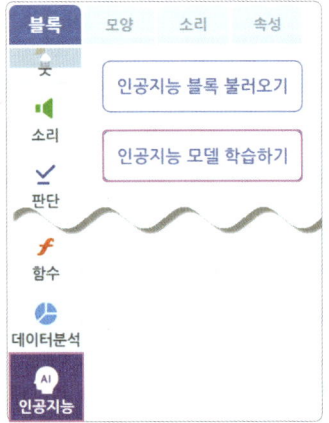

❷ [분류: 텍스트] – [학습하기]를 순서대로 클릭합니다.

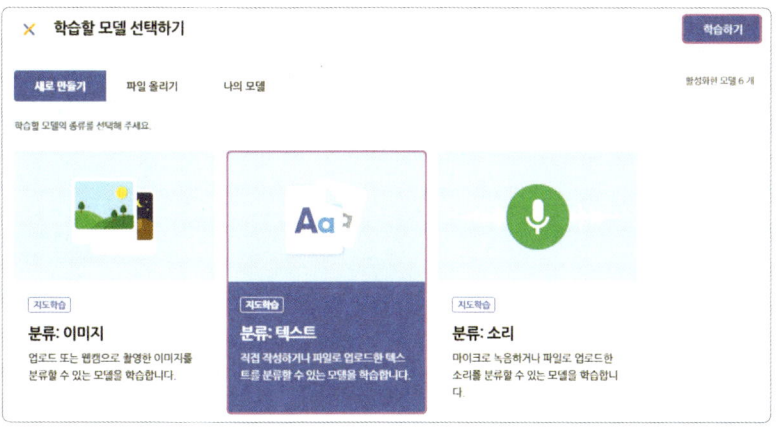

❸ 제목은 '학교 장소 분류하기', 클래스 1은 '5학년', 클래스 2는 '6학년', 클래스 3은 '교무실'이라고 입력한 후 [모델 학습하기]를 클릭합니다.

> **다음과 같이 질문 데이터를 입력합니다.**
>
> 5학년 교실은 어디에 있나요, 5학년 교실로 가는 방법을 알려 주세요, 5학년 교실은, 5학년 교실이 어디야, 5학년 교실이 어디 있어, 5학년에 어떻게 가, 5학년으로 가려면 어디로 가야 해, 5학년 교실 위치가 어디야, 5학년 교실은 어떤 건물에 있어, 5학년 교실 알려 줘, 5학년 교실 위치 알려줘, 5학년 교실 알려 주세요, 5학년, 5학년 교실

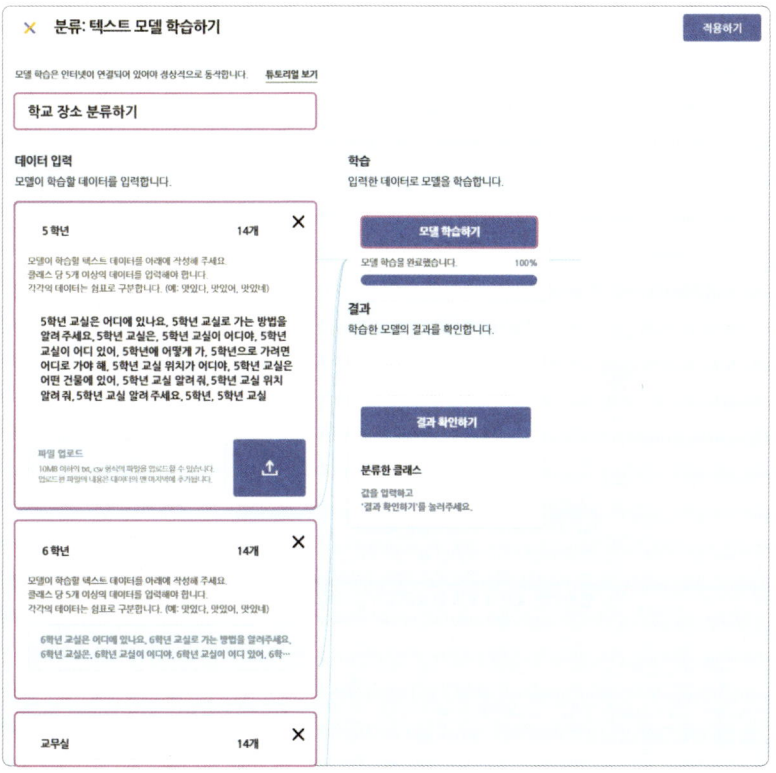

❹ 학습이 완료되면 결과 값을 입력합니다. 결과 값 확인 후 **[적용하기]**를 클릭합니다.

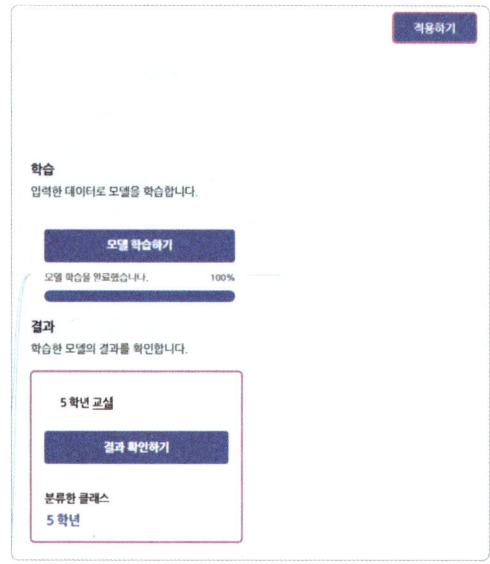

04 바로 프로그래밍하기 1 : 학교 위치(텍스트) 분류 안내하기

1 안내 과정에서 무엇이 필요할까요?

처음 사용하는 프로그램은 사용 방법을 알아야 합니다. 학교 위치 안내 프로그램의 사용법을 설명합니다.

2 어떤 방식으로 안내해야 할까요?

❶ [시작]에서 [시작하기 버튼을 클릭했을 때]를 가져옵니다. 이어서 [생김새]의 [○ 을(를) ○ 초 동안 말하기]를 2개 연결한 후, "안녕하세요. 학교 방문을 환영합니다.", "옆에 있는 로봇이 학교 안내를 도와줄 거예요. 로봇을 눌러주세요."를 '4'초 동안 말하도록 입력합니다.

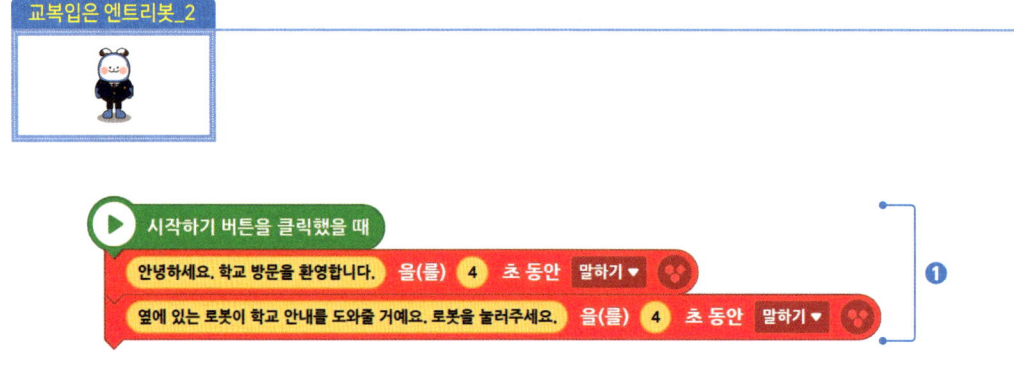

❶ 진행 방법에 대해 알려 줍니다.

바로 쓰는 AI_TIP 주요 명령 블록

시작	시작하기 버튼을 클릭했을 때	실행화면에서 [▶ 시작하기] 버튼을 클릭하면 아래에 연결된 블록이 동작합니다.
생김새	안녕! 을(를) 4 초 동안 말하기	노란색 영역 안에 있는 내용을 노란 영역 안에 있는 시간 동안 말풍선으로 보여 줍니다.

05 바로 프로그래밍하기 2 : 텍스트 분류하기

1 입력한 텍스트는 어떤 방식으로 분류할까요?

텍스트를 분류하기 위해서는 비슷한 종류의 텍스트 묶음 데이터가 필요합니다. 이 데이터를 인공지능으로 학습해 텍스트를 분류할 수 있습니다.

2 인공지능 블록은 어떻게 사용해야 할까요?

❶ [시작]에서 [오브젝트를 클릭했을 때]를 가져옵니다. [자료]의 [O 을(를) 묻고 대답 기다리기]를 연결한 후, 묻는 말을 입력합니다. [인공지능]의 [O 을(를) 학습한 모델로 분류하기]를 연결한 후, [자료]의 (대답) 블록을 넣어 줍니다.

❷ [흐름]의 [만일 〈참〉 (이)라면 아니면] 블록을 연결합니다. 이어서 〈참〉 위치에 [인공지능]의 〈분류 결과가 5학년 인가?〉를 넣어 줍니다. [생김새]의 [O 을(를) O 초 동안 말하기]를 연결한 후, 5학년 교실의 위치를 입력합니다.

❸ [흐름]의 [만일 〈참〉 (이)라면 아니면] 블록을 가져와 [아니면] 부분에 넣어 줍니다. [인공지능]의 〈분류 결과가 5학년 인가?〉를 '6학년 인가?'로 수정한 후 〈참〉 위치에 넣어 줍니다. [생김새]의 [O 을(를) O 초 동안 말하기]를 2개 가져와 '6학년 교실 위치'와 '교무실 위치로' 입력한 후, 안쪽의 [만일]에 '6학년 교실 위치' 말하기, [아니면]에 '교무실 위치' 말하기 블록을 넣어 줍니다.

❹ 모든 동작을 마치면 "다른 교실의 위치를 알고 싶으면 저를 눌러주세요."라는 메시지를 나타내기 위해 [생김새]의 [O 을(를) O 초 동안 말하기]를 연결합니다.

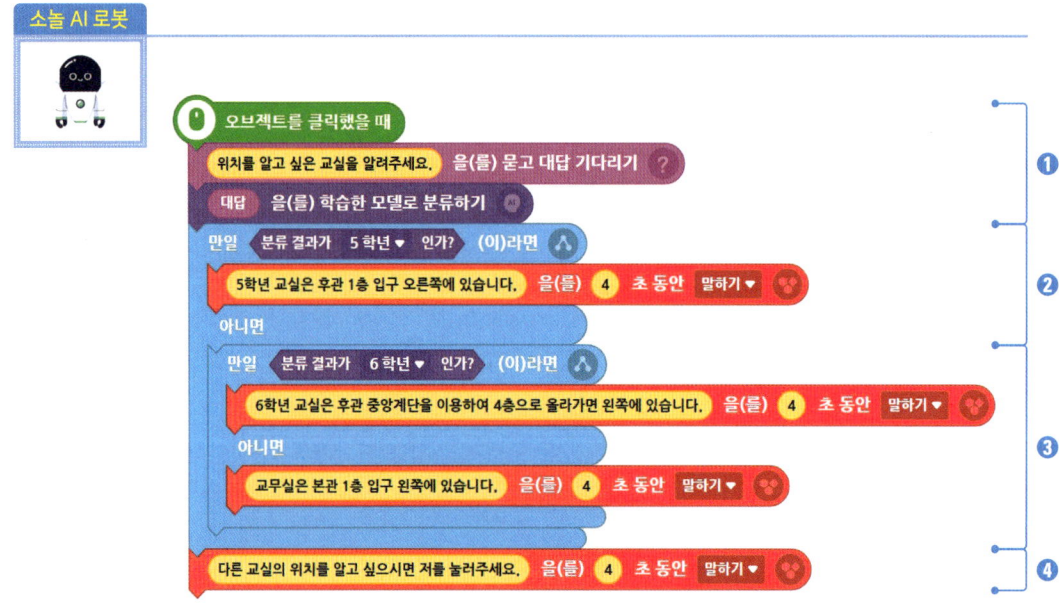

❶ 질문과 함께 입력 창이 보이게 합니다. 대답한 내용으로 텍스트를 분류합니다.
❷ 만약 분류 결과가 '5학년'이면 '5학년 교실의 위치'를 알려 줍니다.
❸ 만약 분류 결과가 '6학년'이면 '6학년 교실의 위치'를 알려 줍니다. 그리고 만약 5학년과 6학년이 아니라면 '교무실 위치'를 알려 줍니다.
❹ 모든 동작이 끝나며, 다시 동작 방법을 설명합니다.

바로 쓰는 AI_TIP 주요 명령 블록

282_ 바로 쓰는 엔트리 인공지능 × 챗GPT

바로 한눈에! 코드 펼쳐보기

모두 펼쳐보기

교복입은 엔트리봇_2

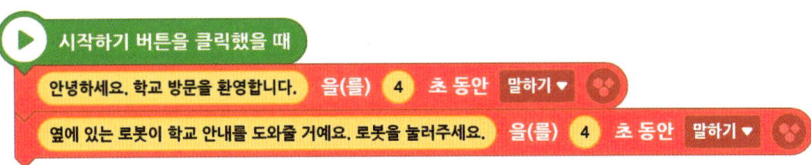

소놀 AI 로봇

바로 점프! 더 나아가기

완성 작품

점프 미션	졸업식, 학교 축제 등 특별한 학교 행사 안내 코드 추가하기
[힌트 1] 완성 작품 장면	
[힌트 2] 오브젝트별 코드 추가	① [인공지능]에서 [인공지능 모델 학습하기]를 클릭합니다.  ② [나의 모델] – [학습한 텍스트 모델] – [학습하기]를 클릭합니다. ＊'학습한 텍스트 모델'을 해지하면 인공지능 블록이 사라지므로 주의해야 합니다. 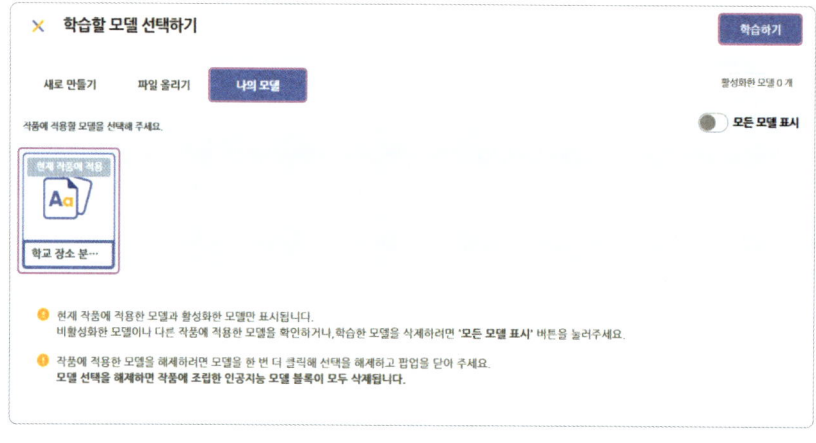

③ 졸업식 텍스트를 다음과 같이 추가합니다. [**모델 학습하기**]를 진행하고, 결과를 확인한 후 화면 오른쪽 상단 [**적용하기**]를 클릭합니다.

* 학습을 다시 하면 인공지능 코드가 사라지므로, 인공지능 코드 부분을 다시 만들어야 합니다.

[인공지능 재학습 후 사라진 인공지능 코드]

소놀 AI 로봇

[힌트 3] 추가 기능	• 기존에 학습된 텍스트 모델에 '졸업식' 클래스를 추가하고, 텍스트 데이터를 입력합니다. • 졸업식 항목이 추가되면 기존에 교무실 위치를 알려 주는 코드를 졸업식과 교무실의 위치를 알려 주는 코드로 수정합니다.

완성 작품 : https://naver.me/5rZo8wdN

바로 함께! 즐겁게 배우는 챗GPT

이번 시간에 배운 내용을 바탕으로 챗GPT와 다양한 이야기로 소통해 볼까요? 이때 부모님 또는 선생님과 함께하면 더 재미있고 안전하게 정보를 찾을 수 있을 거예요. 그럼 챗GPT와 함께 안내 챗봇에 대해 알아볼까요?

프롬프트 1 챗GPT와 함께 안내 챗봇에 대해 알아보세요.

학교를 안내하기 위한 챗봇에게 필요한 정보는 무엇일까요?

1. **학교 시설 정보** : 학교 건물 위치, 각 시설의 운영 시간, 특별한 규정 등 학교의 각종 시설 정보가 필요합니다. 여기에는 학교 도서관, 식당, 체육시설, 강의실, 연구실 등이 포함될 수 있습니다.

2. **학생 일정** : 학기 시작일, 종료일, 수업 시간표, 중간/기말고사 일정 등 관련 일정 정보가 필요합니다.

3. **학교 행사 및 공지사항** : 학교에서 주최하는 행사나 특별한 공지사항, 학생회 활동 등의 정보도 필요합니다.

4. **학교 규정** : 학교 생활에 필요한 규정 및 절차 정보가 필요합니다.

5. **교직원 정보** : 교직원의 직위, 연락처, 상담 시간 등의 정보도 필요할 수 있습니다.

학교마다 제공하는 서비스와 시설이 다르므로, 학교의 특성에 맞게 필요한 정보를 추가하여 수집할 수 있습니다. 이런 정보들을 토대로 챗봇이 사용자의 질문에 정확한 답변을 제공할 수 있도록 학습시키는 것이 중요합니다.

프롬프트 2 챗GPT와 함께 안내 챗봇의 쓰임에 대해 알아보세요.

안내 챗봇이 쓰이면 좋을 장소는 어디일까요?

안내 챗봇이 필요한 장소는 다양합니다. 특히 방문자들이 많거나 정보를 찾기 어려운 곳에서 효율적으로 활용될 수 있습니다. 다음과 같은 장소들이 있습니다.

1. **학교** : 학교 내의 시설, 교실 위치, 학사 일정 등 다양한 정보를 제공할 수 있습니다.

2. **병원** : 진료과, 의사 정보, 예약 방법 등 병원의 다양한 서비스에 대한 정보를 제공하거나, 길 찾기를 도와줄 수 있습니다.

3. **공공기관** : 각종 서비스와 절차, 신청 방법 등에 대한 정보를 제공하거나, 각 부서의 위치 안내 등을 할 수 있습니다.

4. **쇼핑몰** : 상점 위치, 영업시간, 상품 정보 등을 제공하거나, 고객의 쇼핑을 도울 수 있습니다.

5. **공항 · 기차역** : 체크인 카운터, 출구, 화장실, 레스토랑 등의 위치를 안내하거나, 비행기나 기차의 시간표 정보를 제공할 수 있습니다.

6. **박물관 · 미술관** : 전시물 위치, 전시 정보, 행사 정보 등을 제공하거나, 방문객의 관람을 도울 수 있습니다.

이 외에도 안내 챗봇은 다양한 장소에서 방문객에게 필요한 정보를 제공하여, 더 편리한 생활을 하는 데 도움이 될 수 있습니다.

프롬프트 3 챗GPT와 함께 '텍스트 분류' 블록의 쓰임에 대해 이야기해 보세요.

 엔트리 '텍스트 분류' 블록을 활용해 만들어 볼만한 작품은 무엇이 있을까?

 '텍스트 분류' 블록은 다양한 분야의 작품에 활용할 수 있습니다. 다음은 몇 가지 예시입니다.

1. **감정 분석 챗봇** : 사용자의 입력 텍스트를 분석하여 긍정적인지 부정적인지를 판단하는 챗봇을 만들 수 있습니다. 이는 고객 서비스, 상품 리뷰 분석 등에 활용될 수 있습니다.

2. **뉴스 카테고리 분류기** : 뉴스 기사의 제목이나 내용을 입력 받아 그 기사가 어떤 카테고리에 속하는지를 판단하는 프로그램을 만들 수 있습니다.

3. **스팸 메일 필터** : 입력된 이메일의 내용을 분석하여 스팸인지 아닌지를 판단하는 프로그램을 만들 수 있습니다.

4. **문장 유형 분류기** : 사용자의 입력을 '질문', '명령', '반론' 등의 유형으로 분류하는 프로그램을 만들 수 있습니다. 이는 챗봇이 사용자의 의도를 더 정확히 이해하는 데 도움이 될 수 있습니다.

5. **프로젝트 관리 도우미** : 팀원들의 메시지를 분석하여 '할 일', '완료된 일', '문제점' 등으로 분류하고, 이를 바탕으로 프로젝트의 진행 상황을 관리하는 프로그램을 만들 수 있습니다.

이 외에도 다양한 분야에서 '텍스트 분류' 블록을 활용할 수 있습니다. 주어진 문제를 해결하는 데 가장 적합한 방법을 고민하며 프로그램을 설계해 보세요.

프롬프트 작성 아이디어 메모하기

챗GPT와 함께 창의적으로 생각하고, 새로운 것을 탐구하며, 자신만의 이야기를 만들어 보세요.

11 바로 알아보는 AI - 소리 분류 모델

인공지능은 어떻게 소리를 분류할까요?

우리가 일상생활에서 듣는 소리는 모두 공기의 움직임으로 인해 발생합니다. 이 움직임의 크기가 소리의 세기를 결정합니다. 이미지 분류 모델에서와 마찬가지로 소리 데이터 또한 숫자로 바꾸어 저장합니다. 소리 데이터를 숫자로 바꾸는 과정을 살펴볼까요?

1. 소리 쪼개기

첫 번째 단계는 소리 데이터를 일정한 시간 간격으로 나누어 분리하는 표본화(샘플링 : Sampling) 과정입니다. 파란 선은 실제 소리의 높낮이를 나타냅니다. 그리고 빨간 점들은 컴퓨터가 이 소리를 얼마나 자주 듣고 기록하는지를 보여 주죠. 마치 소리를 듣는 '귀' 역할을 하는 거예요. 이 빨간 점들이 많아질수록 원래 소리와 더 비슷하게 기록할 수 있습니다.

* 샘플링(Sampling) : 소리를 디지털 형태로 바꾸는 과정

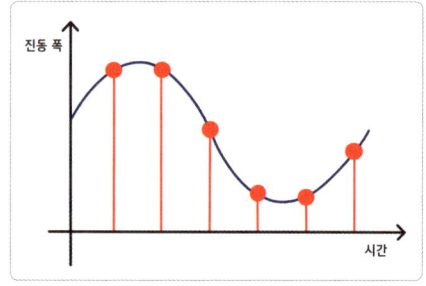

[표본화(Sampling)]

2. 숫자로 바꾸기

두 번째 단계는 쪼개진 소리 데이터의 각 신호를 숫자로 바꾸는 과정입니다. 이 그래프는 '양자화(Quantization)'라는 과정을 보여 주고 있어요. 양자화는 샘플링된 소리의 데이터를 컴퓨터가 처리할 수 있는 정확한 숫자 값으로 바꾸는 거예요. 빨간 점들은 컴퓨터가 이해할 수 있는 높낮이의 '단계'를 나타내요. 이렇게 인공지능은 숫자로 변환된 소리를 다양하게 분류하고 인식할 수 있어요. 인공지능은 이런 숫자들을 가지고 '이 소리는 고양이 울음소리야', '이건 사람이 말하는 소리야' 같은 식으로 구분하는 거예요.

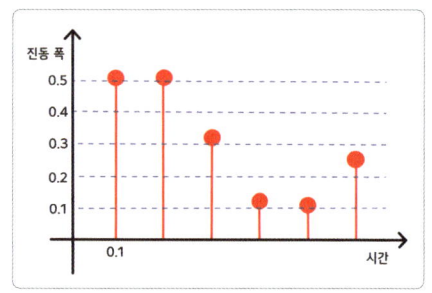

[양자화(Quantization)]

3. 디지털 신호로 바꾸기

이 그래프는 '코딩'이라고 하는 과정을 보여 줘요. 코딩은 컴퓨터가 이해할 수 있는 언어로 소리의 정보를 바꾸는 거예요. 이렇게 소리를 숫자로 바꾼 후 다시 컴퓨터가 이해할 수 있는 디지털 신호인 '0'과 '1'로 바꾸는 이진화 과정을 거칩니다.

마치 우리가 말이나 글로 기록하고 이야기하듯이 컴퓨터는 '0'과 '1', 두 가지 숫자를 사용해서 코드를 만들어 기록하거나 동작을 해요. 그리고 이 코드를 가지고 인공지능(딥러닝) 기술을 이용하여 소리의 특징을 찾아 분석합니다. 예를 들어, '안녕'이라는 단어에서 'ㅇ', 'ㄴ', 'ㅎ' 등의 발음 패턴을 찾아내거나 목소리의 특징을 찾아냅니다.

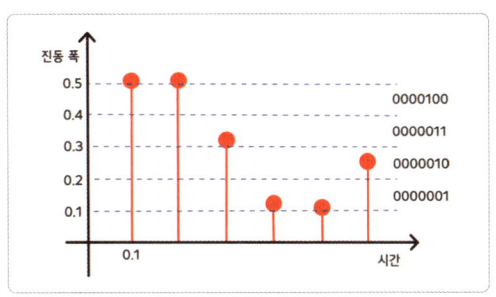

[코딩(Coding)]

4. 학습하기

인공지능은 각 클래스의 소리 데이터들의 공통적인 특징을 찾아 학습하게 됩니다.

5. 분류하기

인공지능은 그 특징들을 바탕으로 새로운 소리 데이터를 분류합니다. 이건 마치 우리가 사람들을 볼 때 그 사람이 누구인지 알아내는 것과 비슷합니다.

생활쏙쏙 AI   '소리 분류 모델'은 어디에 쓰일까요?

맥도날드의 음성 인식 자동 주문 처리 기술

요즘 맥도날드에서는 새로운 일이 벌어지고 있습니다. 자동차에서 내리지 않고도 주문할 수 있는 '드라이브 스루'에서 인공지능 음성(소리) 인식 기술을 이용해 주문을 받고 있다고 합니다.

맥도날드의 자동 주문 처리 기술(Automated order technology, AOT)은 AI 챗봇을 이용한 기술입니다. 고객들이 차에서 내리지 않고, 드라이브 스루에서 음성으로 챗봇에 주문을 하면, 서비스가 제공되는 시스템입니다.

시카고 10개의 맥도날드에서는 이제 치킨 너겟이나 감자튀김 같은 음식을 주문할 때, 사람 대신에 이 인공지능이 주문을 받습니다. 이에 대해 맥도날드 CEO 크리스 켐친스키(Chris Kempczinski)는 "음성 주문 기술을 사용하는 식당들이 약 85%의 주문 정확도를 보이고 있습니다."라고 전했습니다. 거의 매번 정확하게 주문을 받는다고 할 수 있습니다.

출처 : AI 타임스(https://www.aitimes.com)

['GPT 4.0'이 그린 맥도날드의 자동 주문 처리 기술]

블록쏙쏙 AI '소리 분류 모델 학습' 명령 블록 알아보기

소리 분류 모델 학습이란?

학습 데이터로 입력한 소리를 클래스로 직접 분류하고 학습시키면 새롭게 입력되는 소리를 분류할 수 있는 모델을 만들 수 있습니다. 소리의 파형이 얼마나 비슷한지를 기준으로 분류하는 모델입니다.

- 분류 모델이 학습할 소리는 직접 녹음하거나 'wav', 'mp3' 파일로 업로드할 수 있습니다.
- 직접 녹음할 때에는 녹음 길이를 '1~3초'까지 설정할 수 있고, 녹음된 소리의 앞부분과 뒷부분을 잘라 낼 수 있는 트리밍 기능을 사용할 수 있습니다.

분류 : 소리 모델 명령 블록 살펴보기

학습한 모델로 분류하기	입력한 이미지 데이터를 학습한 모델로 분류합니다. 프로그램이 일시 정지된 후 이미지 데이터를 입력할 수 있는 창이 나타나면 직접 촬영하거나 저장된 파일을 불러옵니다.
분류 결과	• 입력한 데이터를 학습한 모델로 분류한 결과를 가져오는 값 블록입니다. • 입력한 데이터와 가장 비슷한 클래스의 이름을 가져옵니다. • 만일 데이터를 입력하지 않았다면 아무 것도 가져오지 않습니다.
고운 말 ▼ 에 대한 신뢰도	• 입력한 데이터가 분류된 클래스에 대한 신뢰도를 가져오는 값 블록입니다. • 만일 데이터를 입력하지 않았다면 '0'을 가져옵니다. • 목록 상자(▼)를 클릭하면 정확도를 가져올 클래스를 선택할 수 있습니다.
분류 결과가 고운 말 ▼ 인가?	• 입력한 데이터가 선택한 클래스와 가장 비슷하다면 '참', 아니라면 '거짓'으로 판단하는 블록입니다. • 만일 데이터를 입력하지 않았다면 항상 '거짓'을 가져옵니다. • 목록 상자(▼)를 클릭하면 결과를 확인할 클래스를 선택할 수 있습니다.

모델 학습을 더 잘 사용할 수 있는 꿀 팁!

2개 이상의 클래스를 만들고 나면, 학습 박스의 [모델 학습하기] 버튼을 클릭하여 모델을 학습시킬 수 있습니다. 그리고 각 항목에 숫자 데이터를 입력하여 다양한 학습 조건을 설정할 수 있습니다.

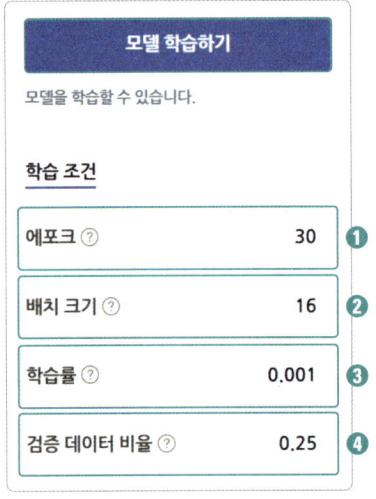

❶ **에포크[세대](Epoch)** : 입력한 데이터 전체를 몇 번 반복하여 학습할지 정하는 부분입니다. 인공지능이 공부하는 책을 처음부터 끝까지 한 번 읽는 것과 비슷하다고 볼 수 있습니다. 입력한 모든 데이터 전체를 1번 학습하는 것을 1세대라고 부르는데, 세대는 '에포크'라고도 부릅니다. 다양한 문제(데이터)가 담긴 문제집 1권을 총 몇 번을 학습하는가와 같은 것이지요. 그러나 문제집을 1번만 학습하는 것보다 여러 번 학습했을 때 좋은 결과가 있듯이 모델도 1번만 학습하면 정확하지 않은 결과가 나올 수도 있습니다. 또, 하나의 문제집만 너무 반복해서 학습하면 계속 같은 문제만 학습하게 되어 응용력이 부족해지겠죠? 적당히 효율적으로 학습해야 좋은 결과를 얻을 수 있습니다.

❷ **배치 크기(Batch Size)** : 입력한 데이터 전체를 어느 만큼 작은 부분으로 쪼개서 학습할지 정하는 부분입니다. 다양한 문제(데이터)가 담긴 문제집 1권의 어디서부터 어디까지 숙제를 할지 범위를 정하는 것과 비슷해요. 숙제의 범위가 넓으면 문제집 1권을 빠르게 끝낼 수 있고, 숙제의 범위가 좁으면 숙제를 여러 번 해야 문제집을 다 끝낼 수 있는 것과 같습니다.

❸ **학습률(Learning Rate)** : 데이터를 얼마나 세세하게 학습할지를 정하는 부분입니다. 모델이 계속 학습하면서 가장 나은 결과점을 찾아간다고 상상하면, 그때의 보폭의 크기를 정하는 것과 같아요. 보폭이 작으면 가장 나은 결과를 찾을 수는 있겠지만 시간이 오래 걸릴 것이고, 보폭이 크면 가장 나은 결과를 자꾸 지나치면서 제대로 된 결과를 찾아내지 못할 수 있습니다.

❹ **검증 데이터 비율(Validation Data Rate)** : 입력한 데이터 중 어느 정도 비율을 학습한 모델을 검증하는 데에 사용할지 정하는 부분입니다. 검증 데이터 비율을 '0.3'으로 정했다면 10개의 데이터를 입력했을 때 7개는 학습용으로, 3개는 검증용으로 사용하겠다는 뜻이 돼요.

이렇게 학습을 완료했다면, 학습 영역에서 **[학습 상태]** 버튼을 클릭해 학습의 과정을 그래프로 확인할 수 있어요.

가로축은 세대(Epoch)를 나타냅니다. 세로축에서 acc는 학습 정확도를 의미하고, val_acc는 검증 정확도를 나타내는데요. 정확도가 '1'에 가까울수록 더 정확한 인식 결과를 얻을 수 있습니다.

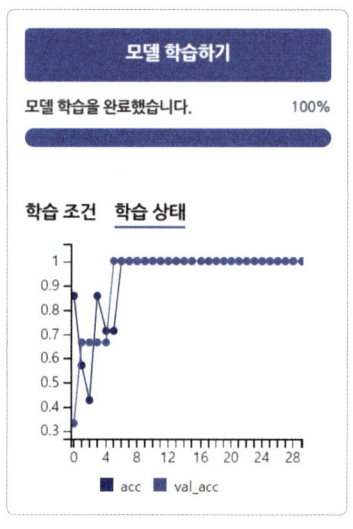

고운 말 AI로 식물 키우기

[AI Fn] 음성 모델 학습 **[바로 AI]** Level ★★★★☆

사람이 고운 말을 하면 식물이 잘 자라고 나쁜 말을 하면 식물이 잘 자라지 않는 실험 결과에 대해 들어 본 적 있나요? 이번 시간에는 엔트리 음성 모델 학습 기능을 이용하여, 사용자가 하는 말의 긍정성을 분석하고, 그 결과에 따라 나무 오브젝트가 반응하는 프로그램을 만듭니다. 예를 들어 "사랑해."라고 말을 하면 식물이 자라나고, "짜증나"라고 말하면 식물은 자라지 않습니다. 이 프로그램을 통해 사람들은 자신의 말이 가지는 영향력을 시각적으로 확인할 수 있습니다.

완성 작품

- 완성 작품 주소 : https://naver.me/GJES5N0G
- 실습 작품 주소 : https://naver.me/x8E702wv

01 완성 작품 미리보기

| 방법 확인 | 진행 방법에 대해 알아봅니다. |
| 나무 키우기 | "사랑해."라는 말을 통해 나무가 쑥쑥 자라게 합니다. |

02 알고리즘 작성하기

1 'AI 바로 쌤'과 함께 챗GPT 활용하기

 '완성 작품 미리보기'를 확인했나요?
작품을 만들기 전에 혹시 궁금한 것이 있다면 챗GPT에게 질문해 보세요.
작품 스토리, 알고리즘, 코딩하는 방법 등 어느 것이든 좋습니다.

엔트리의 음성 모델 학습으로 고운 말과 나쁜 말을 분류해서, '고운 말'을 하면 식물이 잘 자라고, '나쁜 말'을 하면 잘 자라지 않는 프로그램을 만들고 싶어요.

 그렇군요. 그럼, 챗GPT에게 다음과 같이 질문해 보세요.

 당신은 블록 코딩 전문가입니다. 엔트리의 인공지능 음성 모델 학습을 이용해서 프로그래밍하려고 합니다. 고운 말과 나쁜 말을 구별할 수 있도록 음성 모델 학습을 시킨 후, 사용자가 고운 말을 하면 나무 오브젝트가 잘 자라고 나쁜 말을 하면 성장 전으로 돌아가는 프로그램을 만들어야 합니다. 알고리즘을 자세하게 알려 주세요.

1. 프로젝트 설정
엔트리에서 새 프로젝트를 시작하고 필요한 오브젝트를 추가합니다. 예를 들어, 나무 오브젝트와 사용자의 음성을 받아들일 수 있는 오브젝트가 필요할 것입니다.

2. 음성 인식 기능 구현
- 엔트리에서는 직접적인 음성 인식 기능을 내장하고 있지 않을 수 있으므로, 이를 위해서는 외부 API 또는 서비스를 활용할 필요가 있습니다.
- 만약 엔트리에서 직접적인 음성 인식 기능을 지원한다면, 해당 기능을 활용하여 사용자의 음성을 텍스트로 변환합니다.

3. 간단한 언어 분류
- 인공지능 모델을 직접 학습시키는 대신, 사전 정의된 고운 말과 나쁜 말의 리스트를 만듭니다.
- 사용자의 음성이 텍스트로 변환된 후, 이 텍스트가 고운 말 리스트에 속하는지, 아니면 나쁜 말 리스트에 속하는지를 확인합니다.

4. 나무 오브젝트의 반응 설정

- 만약 사용자의 말이 고운 말 리스트에 속한다면, 나무 오브젝트가 성장하도록 프로그래밍합니다 ( 크기가 커지거나 새로운 요소가 추가됨).
- 반대로 나쁜 말 리스트에 속한다면, 나무 오브젝트가 성장 전 상태로 돌아가거나 다른 형태의 반응을 보이도록 설정합니다.

5. 테스트 및 조정

- 프로그램을 여러 번 테스트하여 오류를 찾고 수정합니다.
- 사용자의 입력에 따라 나무 오브젝트의 반응이 적절한지 확인하고, 필요에 따라 조정합니다.

챗GPT는 이렇게 대답해 주었어요. 혹시 더 궁금한 점이 있나요?

'고운 말'을 들으면 오브젝트의 크기가 커지면 좋겠어요. 어떻게 해야 해요?

그렇군요. 그럼, 챗GPT에게 다음과 같이 질문해 보세요.

엔트리에서 음성 분류 결과 '고운 말'일 경우 오브젝트가 커지게 하려면 어떻게 해야 할까?

 엔트리에서 오브젝트의 크기를 조절하기 위해서는 '모양' 카테고리의 '크기(크기를 O 만큼 바꾸기)' 블록을 사용하면 됩니다. 이를 사용해서 음성 분류 결과가 '고운 말'일 경우 오브젝트의 크기가 커지게 하는 방법은 다음과 같습니다.

1. 음성 인식 블록을 사용해 사용자의 음성을 텍스트로 변환합니다.

2. 자연어 처리 블록을 사용해 변환된 텍스트가 '고운 말'인지 판별합니다.

이 판별 결과를 이용해 '만약 ~ 이라면' 조건문 블록 안에 연결합니다. 바로 쓰는 AI ~ 부분에는 '고운 말'이라는 조건을 넣습니다.
'만약 ~ 이라면(만약 O (이)라면)' 블록 안에 '크기를 ~ 만큼 바꾸기' 블록을 넣습니다. ~ 부분에는 원하는 크기 증가량을 넣습니다.

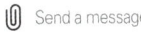

 챗GPT의 도움 답변을 바탕으로 알고리즘을 정리해 볼까요?

2 알고리즘 정리하기

1. 음성 인식	▶	2. 고운 말	▶	3. 나쁜 말
음성 인식 기능을 이용하여 사용자의 음성을 인식함.		고운 말로 분류되면 오브젝트가 커지는 모양으로 바꿈.		나쁜 말로 분류되면 오브젝트가 작아지는 모양으로 바꿈.

03 프로그래밍 준비하기

1 미리보기

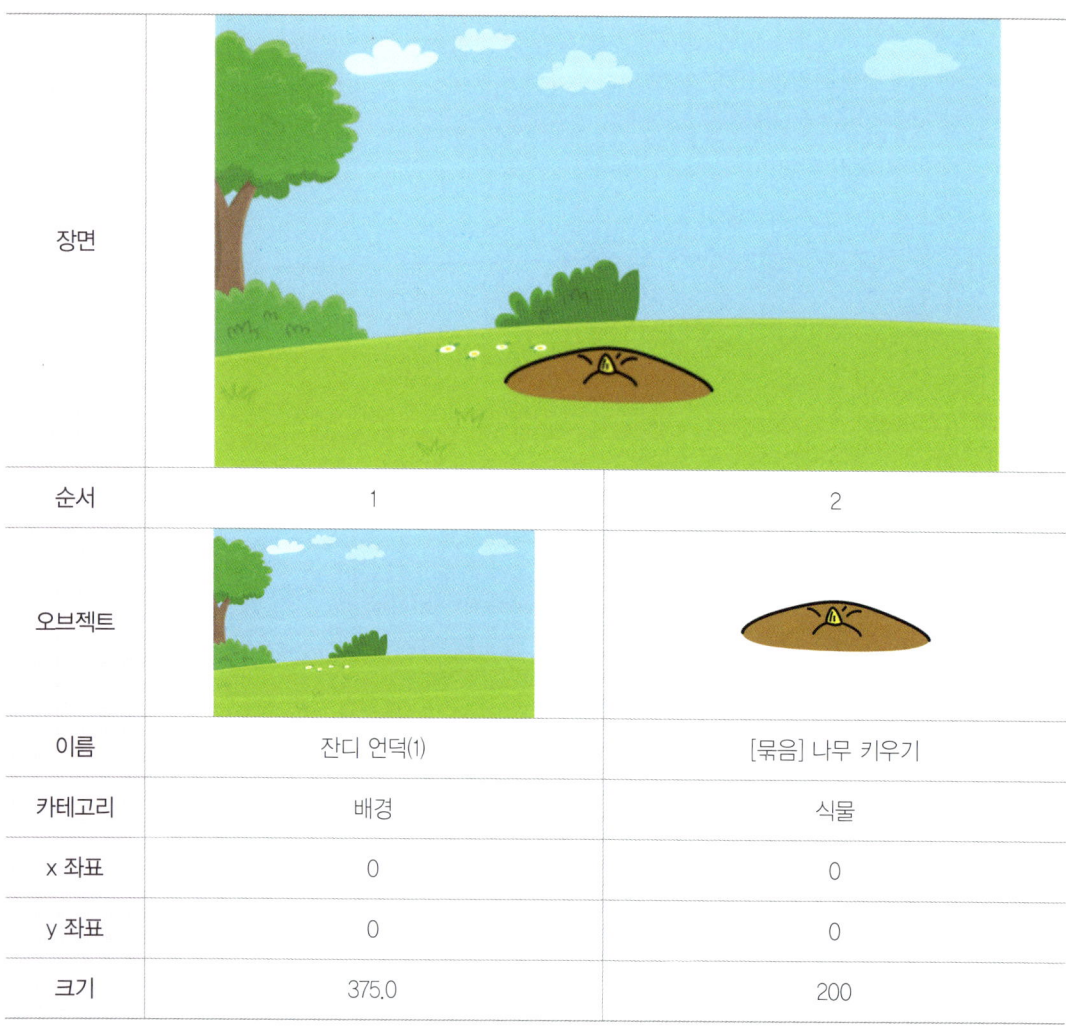

장면		
순서	1	2
오브젝트		
이름	잔디 언덕(1)	[묶음] 나무 키우기
카테고리	배경	식물
x 좌표	0	0
y 좌표	0	0
크기	375.0	200

2 인공지능 블록 불러오기

❶ 블록 꾸러미에서 [인공지능] – [인공지능 모델 학습하기]를
순서대로 클릭합니다.

❷ [분류: 소리] – [학습하기]를 클릭합니다.

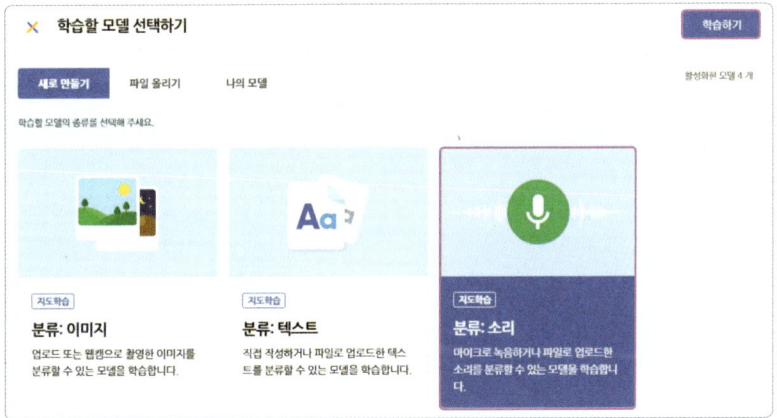

❸ '제목'은 '고운 말 나쁜 말 분류', '클래스 1'은 '고운 말', '클래스 2'는 '나쁜 말'이라고 입력합니다.

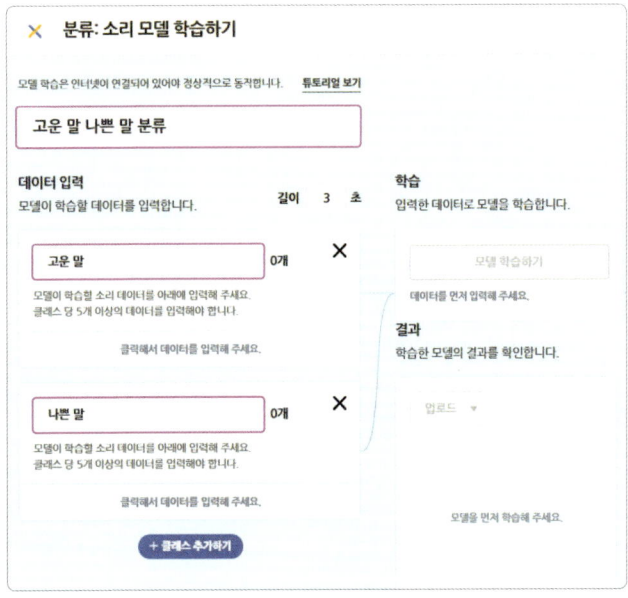

❹ '녹음'을 클릭하여 '사랑해'라는 단어를 5번 이상 녹음합니다.
❺ '녹음'을 클릭하여 '짜증나'라는 단어를 5번 이상 녹음합니다.

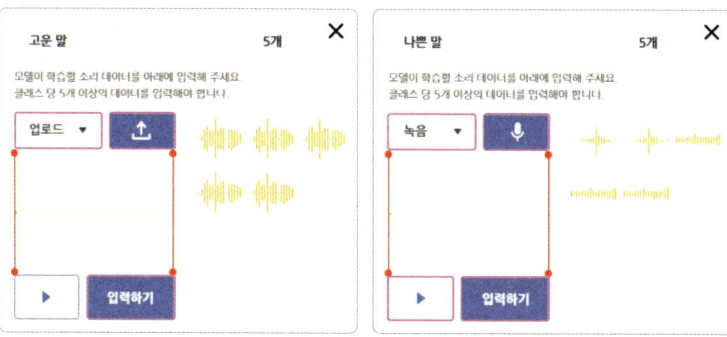

❻ [모델 학습하기] – [적용하기] 버튼을 클릭합니다.

❼ [인공지능] 카테고리에 [분류: 소리 모델] 블록이 추가된 것을 확인합니다.

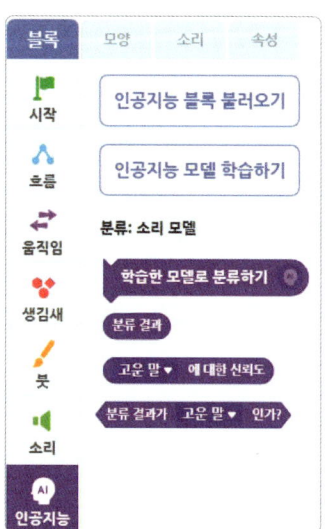

04 바로 프로그래밍하기 1 : 음성 분류하기

1 음성을 분류하여 어떤 결과를 얻을까요?

사용자는 마이크를 이용하여 "사랑해." 또는 "짜증나."라는 말을 합니다. 학습된 음성과 비교하여 '고운 말'의 경우 '나무'를 커지게 하고, '나쁜 말'인 경우 '나무'를 작아지게 합니다.

2 음성 인식을 시작하기 전에는 어떤 것을 먼저 해야 할까요?

❶ [시작]의 [시작하기 버튼을 클릭했을 때]를 가져옵니다. 이어서 [생김새]의 [O 을(를) O 초 동안 말하기]를 2개 연결한 후, 각각 "안녕? 고운 말로 내 키가 쑥쑥 크게 해 줘!", "나를 클릭한 다음 고운 말을 해줘."라고 입력합니다.

[묶음] 나무 키우기

❶ 진행 방법에 대해 알려 줍니다.

바로 쓰는 AI_TIP 주요 명령 블록

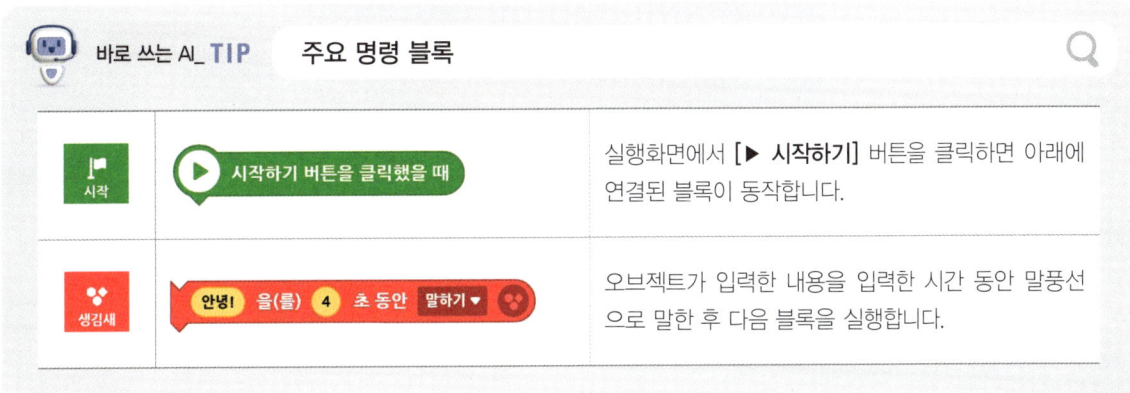

PART 04. 바로 엔트리 인공지능 모델 학습하기 _303

3 사람의 음성을 듣고 분류한 결과는 어떻게 확인할까요?

❶ [시작]의 [오브젝트를 클릭했을 때]를 가져옵니다. 이어서 [인공지능]의 [학습한 모델로 분류하기]를 연결합니다.

❷ [흐름]의 [만일 ○ (이)라면]을 연결한 후, 〈참〉 부분에 [판단]의 〈10 〉 10〉 블록을 넣습니다. 이어서 왼쪽 칸에 [인공지능]의 (고운 말에 대한 신뢰도)를, 오른쪽 칸에는 '0.6'을 입력합니다.

❷-1 [생김새]의 [○ 을(를) ○초 동안 말하기]를 연결합니다.

❷-2 [흐름]의 [만일 ○ (이)라면]을 연결합니다. 〈참〉 부분에 [판단]의 〈10 != 10〉 블록을 넣습니다. 이어서 왼쪽 칸에 [계산]의 ([묶음] 나무 키우기의 모양 번호)를, 오른쪽 칸에는 '6'을 입력합니다.

❷-3 [생김새]의 [다음 모양으로 바꾸기]를 연결합니다.

❸ [흐름]의 [만일 ○ (이)라면]을 연결합니다. 〈참〉 부분에 [판단]의 〈10 〉 10〉 블록을 넣습니다. 이어서 왼쪽 칸에는 [인공지능]의 (나쁜 말에 대한 신뢰도)를, 오른쪽 칸에는 '0.6'을 입력합니다.

❸-1 [생김새]의 [○ 을(를) ○초 동안 말하기]를 연결합니다.

❸-2 [흐름]의 [만일 ○ (이)라면]을 연결합니다. 〈참〉 부분에 [판단]의 〈10 != 10〉 블록을 넣습니다. 이어서 왼쪽 칸에는 [계산]의 ([묶음] 나무 키우기의 모양 번호)를, 오른쪽 칸에는 '1'을 입력합니다.

❸-3 [생김새]의 [이전 모양으로 바꾸기]를 연결합니다.

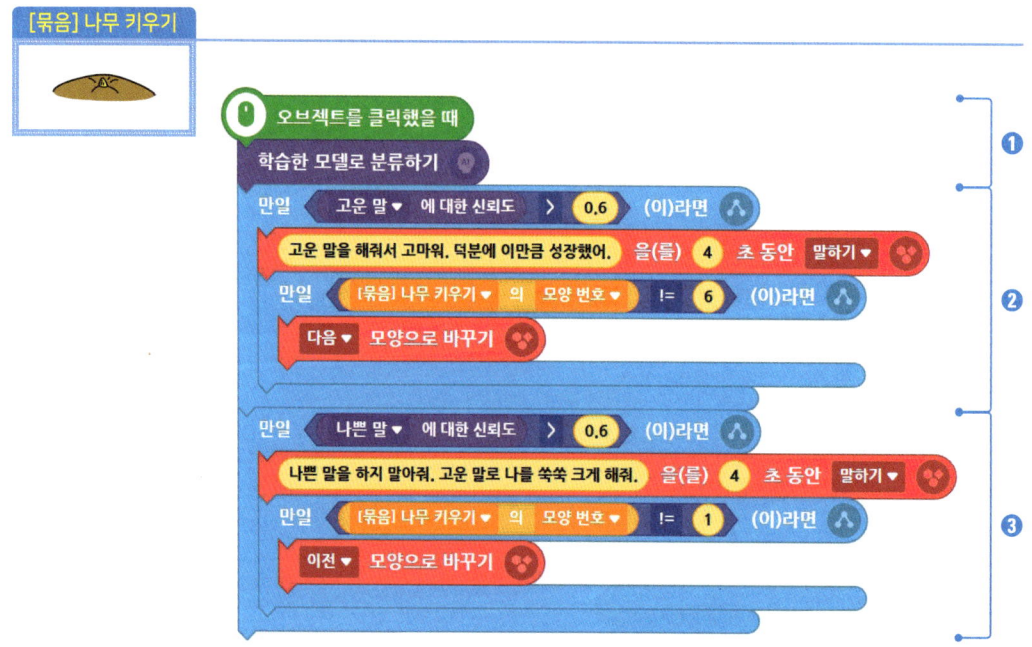

❶ 학습한 모델로 분류합니다.
❷ 고운 말인 '사랑해'를 말한 경우 '나무'가 커지게 합니다.
❸ 나쁜 말인 '짜증나'를 말한 경우 '나무'가 작아지게 합니다.

바로 쓰는 AI_TIP 주요 명령 블록

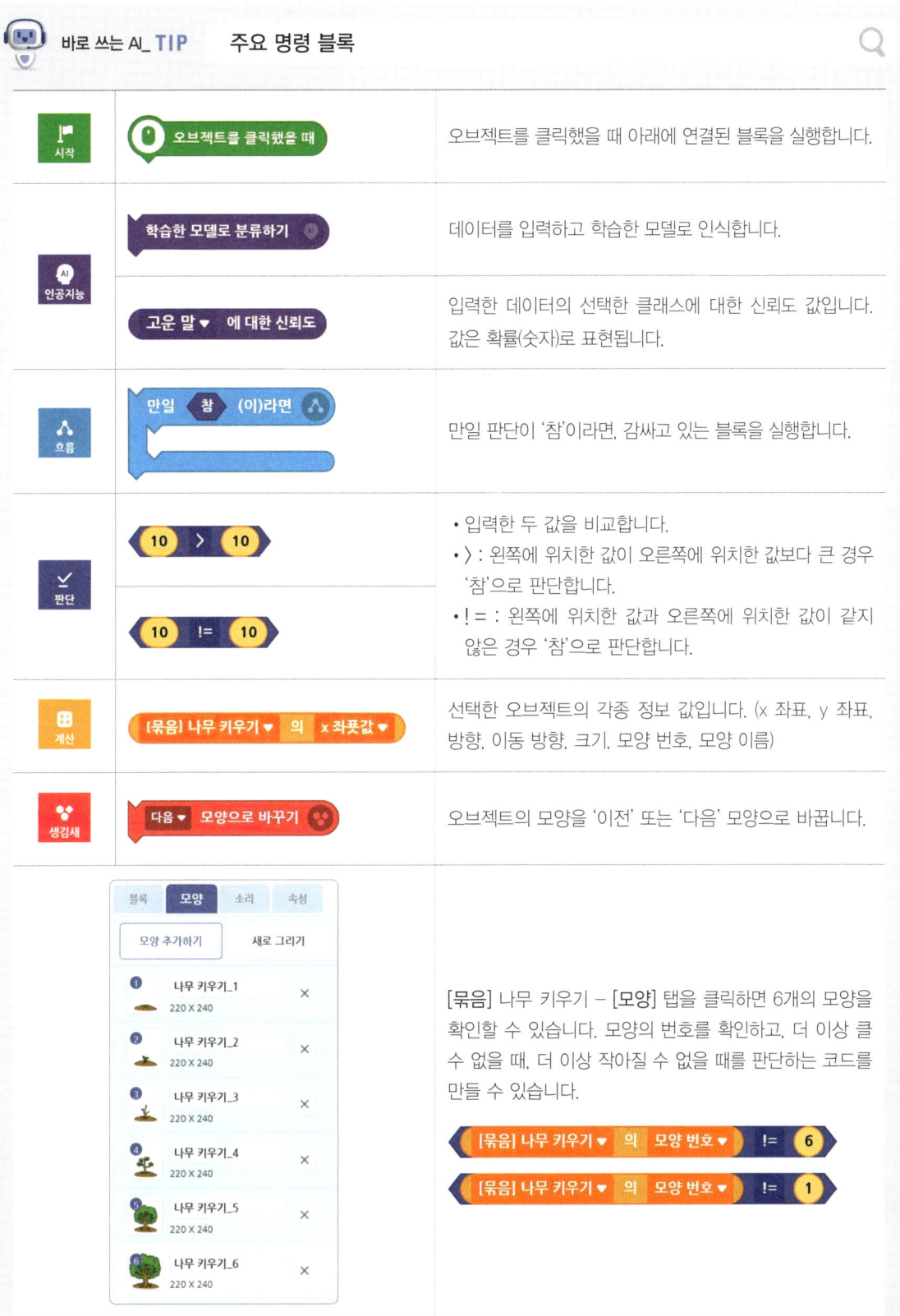

시작	오브젝트를 클릭했을 때	오브젝트를 클릭했을 때 아래에 연결된 블록을 실행합니다.
인공지능	학습한 모델로 분류하기	데이터를 입력하고 학습한 모델로 인식합니다.
	고운 말▼ 에 대한 신뢰도	입력한 데이터의 선택한 클래스에 대한 신뢰도 값입니다. 값은 확률(숫자)로 표현됩니다.
흐름	만일 참 (이)라면	만일 판단이 '참'이라면, 감싸고 있는 블록을 실행합니다.
판단	10 > 10	• 입력한 두 값을 비교합니다. • > : 왼쪽에 위치한 값이 오른쪽에 위치한 값보다 큰 경우 '참'으로 판단합니다. • != : 왼쪽에 위치한 값과 오른쪽에 위치한 값이 같지 않은 경우 '참'으로 판단합니다.
	10 != 10	
계산	[묶음] 나무 키우기▼ 의 x 좌푯값▼	선택한 오브젝트의 각종 정보 값입니다. (x 좌표, y 좌표, 방향, 이동 방향, 크기, 모양 번호, 모양 이름)
생김새	다음▼ 모양으로 바꾸기	오브젝트의 모양을 '이전' 또는 '다음' 모양으로 바꿉니다.

[묶음] 나무 키우기 – [모양] 탭을 클릭하면 6개의 모양을 확인할 수 있습니다. 모양의 번호를 확인하고, 더 이상 클 수 없을 때, 더 이상 작아질 수 없을 때를 판단하는 코드를 만들 수 있습니다.

바로 한눈에! 코드 펼쳐보기

모두 펼쳐보기

[묶음] 나무 키우기

시작하기 버튼을 클릭했을 때
- 안녕? 고운 말로 내 키가 쑥쑥 크게 해줘! 을(를) 4 초 동안 말하기▼
- 나를 클릭한 다음 고운 말을 해줘. 을(를) 4 초 동안 말하기▼

오브젝트를 클릭했을 때
- 학습한 모델로 분류하기
- 만일 〈고운 말▼ 에 대한 신뢰도 > 0.6〉 (이)라면
  - 고운 말을 해줘서 고마워. 덕분에 이만큼 성장했어. 을(를) 4 초 동안 말하기▼
  - 만일 〈[묶음] 나무 키우기▼ 의 모양 번호▼ != 6〉 (이)라면
    - 다음▼ 모양으로 바꾸기
- 만일 〈나쁜 말▼ 에 대한 신뢰도 > 0.6〉 (이)라면
  - 나쁜 말을 하지 말아줘. 고운 말로 나를 쑥쑥 크게 해줘. 을(를) 4 초 동안 말하기▼
  - 만일 〈[묶음] 나무 키우기▼ 의 모양 번호▼ != 1〉 (이)라면
    - 이전▼ 모양으로 바꾸기

바로 점프! 더 나아가기

점프 미션	오브젝트가 큰 나무가 되면 "고운 말을 해 줘서 고마워. 항상 고운 말을 써 줘."라고 말하는 코드 추가하기
[힌트 1] 완성 작품 장면	
[힌트 2] 오브젝트별 코드 추가	
[힌트 3] 추가 기능	• 기존에 있는 코드를 수정합니다. • 모양 번호가 '6'이 아니면 모양을 바꾸고, '6'이라면 "고마워." 메시지를 전달합니다.

완성 작품 : https://naver.me/5kkweUer

바로 함께! 즐겁게 배우는 챗GPT

 이번 시간에 배운 내용을 바탕으로 챗GPT와 다양한 이야기로 소통해 볼까요? 이때 부모님 또는 선생님과 함께하면 더 재미있고 안전하게 정보를 찾을 수 있을 거예요. 그럼 챗GPT와 함께 언어생활과 인공지능의 기능에 대해 알아볼까요?

프롬프트 1 챗GPT와 함께 올바른 언어생활에 대해 알아보세요.

 나는 초등학생이야. 평소에 바람직한 언어생활 습관을 갖기 위해 어떻게 해야할지 말해 줘.

 초등학생으로서 바람직한 언어생활 습관을 갖는 것은 매우 중요해. 좋은 언어 습관은 소통 능력을 향상시키고, 사람들과의 관계를 개선하며, 학업 성취도에도 긍정적인 영향을 미칠 수 있어. 여기 몇 가지 중요한 이유와 함께 실천할 수 있는 방법을 알려 줄게.

바람직한 언어생활 습관의 중요성

1. **좋은 첫인상 만들기** : 말을 예쁘게 하고, 올바른 언어를 사용하는 것은 남에게 좋은 첫인상을 주고, 존중받을 수 있게 해.

2. **효과적인 의사소통** : 정확하고 분명한 언어 사용은 의사소통을 원활하게 하고, 오해를 줄여 줘.

3. **자신감 향상** : 좋은 언어 습관을 가지고 있으면 자신의 생각을 더 자신감 있게 표현할 수 있어.

4. **학업 성취도 향상** : 언어 능력이 좋으면 학습에도 도움이 되고, 시험 성적이나 과제 수행에도 긍정적인 영향을 미칠 수 있어.

바람직한 언어생활 습관을 갖기 위한 방법

1. **올바른 말 사용하기** : 욕설이나 비속어 대신 예의 바른 언어를 사용해. 이해하기 쉽고 정확한 단어를 선택하도록 해.

2. **듣기 습관 개선하기** : 상대방이 말하는 것을 잘 듣고 이해하려고 노력해. 상대방이 끝까지 말할 수 있도록 기다리는 것도 중요해.

3. **독서하기** : 다양한 책을 읽으면 언어 능력을 향상시키고, 새로운 단어를 배울 수 있어. 이야기 책, 시, 교과서 등 다양한 장르를 읽어보는 것이 좋아.

4. **올바른 문법 사용하기** : 말할 때와 글을 쓸 때 올바른 문법을 사용해야 해. 문법 책을 읽거나 학교 수업에 집중하는 것이 도움이 될 거야.

5. **모르는 단어는 사전에서 찾아보기** : 모르는 단어가 있으면 궁금해 하고, 사전에서 찾아보며 배우려는 태도가 중요해.

6. **대화 연습하기** : 친구나 가족과 대화하면서 새로 배운 단어나 표현을 사용해 보는 건 어떨까? 이렇게 하면 자연스럽게 언어 능력을 향상시킬 수 있어.

언어는 단순히 정보를 전달하는 수단을 넘어서, 우리의 생각과 감정을 표현하고, 다른 사람과의 관계를 형성하는 중요한 도구입니다. 따라서 바람직한 언어생활 습관은 개인의 성장과 사회적 상호 작용에 있어 매우 중요한 역할을 합니다.

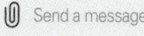

프롬프트 2 챗GPT와 함께 농업 분야의 인공지능 기술에 대해 알아보세요.

 인공지능 기술이 농업에 어떤 도움을 줄 수 있을까?

 인공지능(AI) 기술이 농업 분야에 제공할 수 있는 도움은 매우 다양합니다. 여기 몇 가지 예를 들어보겠습니다.

1. 작물 모니터링 및 관리 : 인공지능을 사용하면, 드론이나 위성 사진으로 작물을 지켜 볼 수 있어. 이렇게 하면 해충이나 병이 생겼는지, 물이 충분한지 등을 알 수 있고, 문제가 생기면 바로 해결할 수 있게 돼.

2. 정밀 농업 : AI는 땅의 종류나 물의 양, 양분이 얼마나 있는지 분석해서, 어떻게 하면 작물을 잘 기를 수 있을지 알려 줘. 이를 통해 더 많은 수확을 얻고, 자원을 아낄 수 있어.

3. 자동화된 농기계 : 인공지능으로 농기계를 스스로 움직이게 해서 씨를 뿌리고, 물을 주고, 수확하는 일을 더 잘 할 수 있어. 이건 일하는 사람을 줄이고 돈도 아낄 수 있게 해 줘.

4. 수확량 예측 : 다양한 정보를 분석해서 앞으로 얼마나 많은 작물을 수확할 수 있을지 예측할 수 있어. 이 정보는 농사 계획을 세우거나 시장에 어떻게 팔지 결정하는 데 도움이 돼.

5. 스마트 온실 관리 : AI는 온실 안의 온도, 습도, 이산화탄소 농도 등을 조절해서, 작물이 가장 잘 자랄 수 있는 환경을 만들어 줘.

6. 지속 가능한 농업 실천 : 인공지능은 땅을 잘 보호하고, 물을 잘 쓰며, 탄소 배출을 줄이는 등 지속 가능한 방법으로 농사를 짓는 데 도움을 줄 수 있어.

인공지능은 농업의 효율성을 향상시키고, 자원을 보다 지속 가능하게 관리하는 데 중요한 역할을 할 수 있습니다.

프롬프트 3 챗GPT와 함께 데이터가 인공지능의 성능에 어떤 영향을 미치는지 알아보세요.

인공지능을 학습시키기 위해 데이터의 질과 양이 왜 중요한지 말해 줘.

인공지능(AI)을 배우는 데 있어서, 데이터는 정말 중요해. 왜냐하면, 데이터가 많고 질이 좋을수록 AI는 세상을 더 잘 이해하고 똑똑해질 수 있기 때문이야. 여기 그 이유를 좀 더 쉽게 설명해 볼게.

1. **다양성이 중요한 이유** : AI가 많은 종류의 정보를 배울수록, 다양한 상황에서 잘 작동할 수 있어. 예를 들어, 얼굴 인식 기술을 만들 때, 여러 인종과 나이 대의 사람들 사진을 많이 모아야 해. 그래야 누구의 얼굴이든 잘 알아볼 수 있지.

2. **더 정확하고 믿을 수 있게 하기** : 데이터가 정확하면 AI도 실수를 덜 해. 잘못된 정보를 가르치면 AI도 틀린 답을 내기 쉬워.

3. **일반적인 것을 배우게 하기** : 좋은 데이터가 많으면, 일반적인 규칙을 배울 수 있어. 이렇게 되면 아직 보지 못한 새로운 정보도 잘 처리할 수 있게 돼.

4. **치우침 줄이기** : 다양하고 공평한 데이터를 사용하면, AI가 한쪽으로 치우치지 않고 공평하게 판단해. 예를 들어, 다양한 언어와 방언을 이해할 수 있게 훈련시키면, 어디서나 잘 쓸 수 있는 언어 처리 시스템을 만들 수 있어.

5. **복잡한 문제 해결** : 복잡한 문제를 해결하려면, 많은 정보를 배워야 해. 예를 들어, 다양한 환자 정보를 바탕으로 의료 진단을 내리는 AI는 더 정확한 결과를 줄 수 있어.

그리고 데이터를 잘 활용하면, 이 모든 건 농업 분야에도 적용돼. 예를 들어 볼게.

1. **수확량 예측** : 다양한 정보를 분석해 얼마나 많은 작물을 수확할 수 있을지 예측할 수 있어. 이건 농사를 어떻게 지을지, 작물을 시장에 어떻게 팔지 결정하는 데 도움이 돼.

2. **스마트 온실 관리** : AI가 온실의 온도나 습도를 조절해서 작물이 잘 자랄 수 있는 환경을 만들어 줘.

3. **지속 가능한 농업** : AI는 물을 아끼고, 땅을 잘 관리하며, 환경을 보호하는 방법을 찾는 데도 도움을 줘. 결론적으로, 좋은 데이터는 AI가 세상을 더 잘 이해하고, 우리가 더 나은 결정을 내리는 데 중요한 역할을 해. 이건 농업뿐만 아니라 거의 모든 분야에 해당 돼.

12 바로 알아보는 AI - 숫자(선형 회귀) 예측 모델

바로쏙쏙 AI 인공지능은 어떻게 예측할까요?

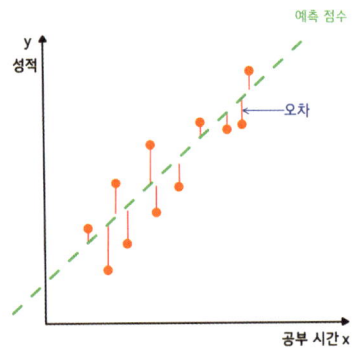

'선형 회귀'는 조금 어려운 개념일 수 있지만, 생각보다 우리 일상생활에 많이 적용되고 있습니다. 쉽게 이해할 수 있도록 '공부 시간'과 '성적'에 대한 예를 들어 알아볼까요?

선형 회귀는 한 마디로 '어떤 것과 어떤 것 사이의 관계를 찾아내는 것'이라고 할 수 있습니다. 여러분이 시험공부를 할 때를 예로 들어 보겠습니다. '공부 시간'과 '성적' 사이에 어떤 관계가 있을까요?

혹시, 공부 시간이 늘어날수록 성적이 좋아질 것 같다는 생각이 들었나요? 이것이 바로 선형 회귀의 기본 아이디어입니다. 즉, '공부 시간'이 늘어나면 '성적'도 같이 늘어난다는 관계를 찾아내는 것이죠.

이렇게 관계를 찾아내면, 우리는 앞으로의 예측을 할 수 있게 됩니다. 예를 들어, 내일 시험을 보는 친구가 오늘 5시간 동안 공부했다면, 그 친구의 성적은 어느 정도 예측할 수 있을 것입니다. 하지만, 선형 회귀는 모든 상황을 완벽하게 예측할 수는 없습니다. 왜냐하면, 공부 시간 외에도 성적에 영향을 미치는 다른 요소들이 있기 때문입니다. 예를 들어, 공부 방법이나 집중력도 성적에 영향을 끼치는 중요한 요소입니다. 그래서 선형 회귀는 '가장 잘 맞을 것 같은 선'을 그리는 것이라고 할 수 있습니다. 이 선을 통해 우리는 어떤 데이터를 예측하거나 이해하는 데 도움을 받을 수 있습니다.

생활쏙쏙 AI '선형 회귀 모델'은 어떻게 쓰일까요?

'선형 회귀 모델'이라는 것은 일상에서 무언가를 예측하고 싶을 때 사용하는 하나의 도구입니다. 우리가 궁금한 것들 사이의 숨겨진 패턴을 찾아내고, 그걸 바탕으로 미래의 일을 예측할 수 있게 해 줍니다. 우리 생활 속에서 어떻게 활용할 수 있는지 알아봅시다.

❶ **날씨 예측** : 날씨를 알려 주는 앱은 어제와 오늘의 기온을 보고 내일이 얼마나 더울지, 추울지를 예측해요. 이렇게 예전의 기온을 보고 미래의 기온을 추측하는 건 선형 회귀 모델로 분석할 수 있어요.

❷ **게임 스코어 예측** : 게임을 하면 점수를 얻게 되는데요. 이 점수는 게임을 얼마나 오래했는지, 어떻게 했는지에 따라 달라져요. 이것을 선형 회귀로 분석하면 "이렇게 플레이하면 높은 점수를 얻을 수 있겠구나." 하고 알 수 있어요.

❸ **저금 예측** : 매주 조금씩 저금하면, 시간이 지날수록 얼마나 늘어나는지 궁금하죠? 선형 회귀를 통해 "이렇게 저금하면 1년 뒤에는 이만큼 돈이 모이겠구나."를 알 수 있어요.

❹ **운동과 건강** : 운동하는 횟수, 시간과 건강(예 심장 건강, 체중 등) 사이의 관계를 선형 회귀를 통해 알 수 있어요. "운동을 하면 심장이 강해지고, 몸무게가 줄겠구나." 하고 예측할 수 있어요.

❺ **키와 몸무게의 관계** : 키가 큰 친구들이 몸무게도 많이 나갈까요? 친구들의 키와 몸무게를 조사해서, 이 관계를 선형 회귀 그래프로 그려 보면, "아, 키가 크면 몸무게도 많이 나가는 경향이 있구나." 하고 이해할 수 있어요.

'숫자(선형 회귀) 예측' 모델 명령 블록 알아보기

숫자(선형 회귀) 예측이란?

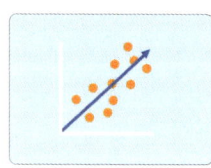

● **예측** : 숫자 모델 학습은 테이블의 숫자 데이터를 핵심 속성으로 삼아 예측 속성을 찾아내는 선형 회귀 알고리즘을 기반으로 하고 있습니다. 선형 회귀란 우리가 알고 있는 정보(x)를 바탕으로 아직 알지 못하는 정보(y)를 가장 잘 예측할 수 있는 '선'을 찾는 것입니다.

● 모델이 학습할 숫자를 테이블로 업로드하거나 직접 작성해 데이터로 입력하고, 입력한 데이터의 몇몇 속성을 바탕으로 하나의 속성을 예측하는 모델을 학습합니다.

예측 : 숫자(선형 회귀) 명령 블록 살펴보기

블록	설명
모델 다시 학습하기	인공지능 모델을 다시 학습합니다. 모델 학습 설정을 변경하거나, 테이블에 입력된 데이터가 수정되었다면 변경된 내용을 토대로 모델을 다시 학습합니다.
모델이 학습되었는가?	모델이 학습되었다면 '참'으로 판단합니다. 학습 중이거나 학습되지 않았다면 '거짓'으로 판단합니다.
모델 보이기 ▼	인공지능 모델의 상태를 표시하는 창을 실행 화면에 보이게 하거나 숨길 수 있습니다.
모델 차트 창 열기 ▼	입력한 데이터로 학습한 인공지능 모델의 속성 정보와 그래프를 보여 주는 창을 열거나 닫을 수 있습니다.
학습 조건 학습률 ▼ 을 10 으로 바꾸기	인공지능 모델의 학습 조건(학습률, 에포크, 검증 데이터 비율)을 변경합니다.
연도 10 의 예측 값	입력한 핵심 속성으로 인공지능 모델이 예측한 값을 반환합니다.
결정계수	• 모델의 결정계수를 값으로 반환합니다. • 결정계수는 선형 회귀 모델에서 독립변수가 종속변수를 얼마만큼 설명해 주는지를 나타내는 값입니다.

바로 쓰는 AI_ TIP   데이터 분석 방법

엔트리에서는 데이터 분석 기능을 제공합니다. 엔트리에서 제공하는 데이터, 우리가 수집한 데이터, 공공 데이터 등을 활용해 우리가 일상생활에서 만나는 문제를 해결할 수 있습니다.

1. 테이블 추가하고 수정하기

❶ [데이터 분석] − [테이블 불러오기] 버튼을 눌러 엔트리에서 제공하는 데이터 테이블을 불러옵니다. 그 밖에 외부 데이터를 가져오거나 새로 테이블을 만들 수 있습니다.

❷ 테이블의 가로를 '행', 세로를 '열'이라고 하며, 한 칸은 '셀'이라고 합니다.

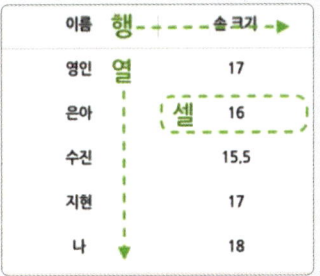

❸ '행'과 '열'의 가장 위쪽에서 마우스 오른쪽 버튼을 누르면 '열'을 추가하거나 삭제할 수 있습니다.

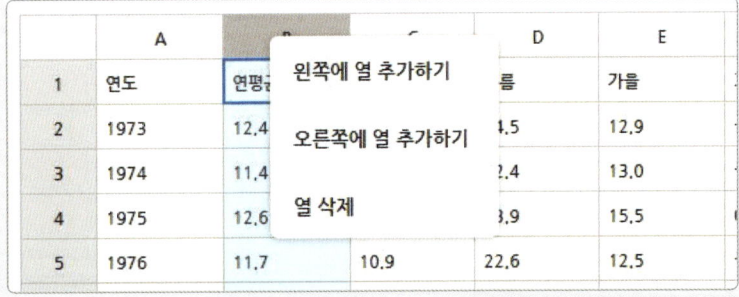

2. 데이터 테이블을 정리해야 하는 이유

'데이터 테이블'에는 빵, 우유, 달걀, 바나나, 아이스크림, 생수가 있는데요. '인공지능 예측 모델 속성'에서는 보이지 않습니다. 왜냐하면 다음의 '데이터 테이블'을 보면 알 수 있듯이 '행'과 '열'에 대한 데이터가 없기 때문입니다. 만약, 빵, 우유, 바나나 등의 데이터를 학습 모델에 사용하고 싶다면 해당 데이터의 빈 곳을 채워 넣거나 열을 삭제해야 합니다.

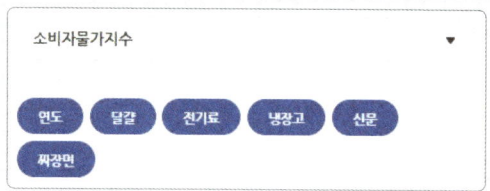

[인공지능 예측 모델 속성]

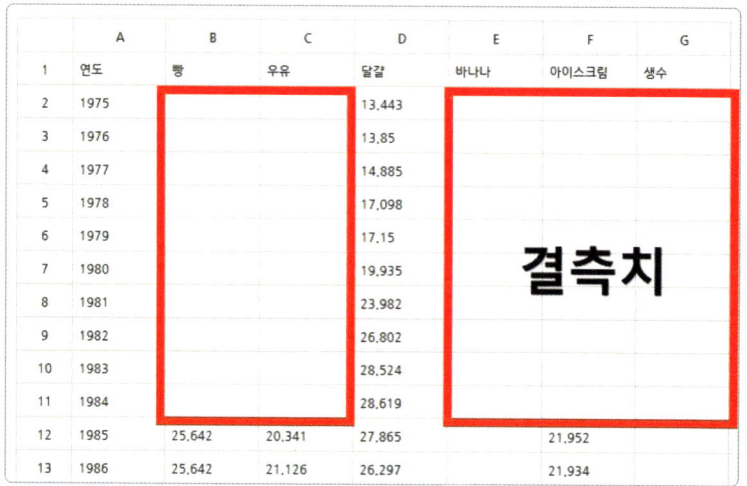

[데이터 테이블]

Chapter 12 자장면 가격 예측 AI

스타터

[AI Fn] 숫자 예측 모델　　　　　　　[바로 AI] Level ★★★★☆

'배달 음식' 하면 떠오르는 대표 음식은 뭘까요? 바로 자장면이지요? 오래전부터 국민들에게 사랑 받고 있는 자장면의 가격은 이전에 비해 얼만큼 상승했을까요? 1988년에는 1,000원도 안 하던 자장면은 현재 보통 6,000원 수준입니다. 숫자 예측 모델을 사용하여 예측 프로그램을 만든 후, 궁금한 연도의 자장면 가격이 얼마인지 알아봅시다.

완성 작품

- 완성 작품 주소 : https://naver.me/IgDL400V　　- 실습 작품 주소 : https://naver.me/xQ8hCMa9

01 완성 작품 미리보기

| 방법 설명 | 예측 프로그램을 사용하는 방법에 대해 설명합니다. |
| 가격 예측 | 예측 프로그램을 통해 '연도'를 입력하여 자장면의 가격을 확인합니다. |

02 알고리즘 작성하기

1 'AI 바로 쌤'과 함께 챗GPT 활용하기

'완성 작품 미리보기'를 확인했나요?
작품을 만들기 전에 혹시 궁금한 것이 있다면 챗GPT에게 질문해 보세요.
작품 스토리, 알고리즘, 코딩하는 방법 등 어느 것이든 좋습니다.

엔트리로 물가지수 데이터를 이용해 미래의 자장면 가격 변화를
예측해 보고 싶어요. 어떻게 하면 될까요?

그렇군요. 그럼, 챗GPT에게 다음과 같이 질문해 보세요.

당신은 블록 코딩 전문가입니다. 엔트리로 소비자 물가지수 변화 데이터를 이용해 미래의 물가를 예측하는 프로그램을 만들려고 합니다. 특히 미래의 자장면 가격에 대해 예측하고 싶습니다. 사용자가 가격이 궁금한 연도를 입력하면 인공지능이 연도별 물가지수 데이터를 분석하고, 이를 토대로 자장면 가격을 예측하여 말해 주고자 합니다. 이 프로그램의 알고리즘을 자세히 알려 주세요.

1. 데이터 수집
먼저, 과거부터 현재까지의 물가지수 데이터와 자장면 가격 데이터를 수집해야 합니다. 이 데이터는 보통 통계청이나 금융 정보 서비스에서 제공합니다.

2. 데이터 전처리
수집된 데이터를 사용하기 위해 필요한 형태로 가공합니다. 예를 들어, 연도별로 물가지수와 자장면 가격을 정리한 데이터를 기준으로 구성합니다.

3. 학습 데이터와 테스트 데이터 분리
전체 데이터를 학습 데이터와 테스트 데이터로 분리합니다. 일반적으로 전체 데이터의 70~80%를 학습 데이터로, 나머지를 테스트 데이터로 사용합니다.

4. 모델 학습

물가지수 데이터를 입력 변수(X)로, 자장면 가격을 출력 변수(Y)로 설정하고, 인공지능 모델을 학습시킵니다. 이 과정에서는 선형 회귀, 딥러닝 등 다양한 알고리즘이 사용될 수 있습니다.

5. 모델 평가

학습된 모델을 테스트 데이터로 평가하여 예측 성능을 확인합니다.

6. 미래 물가 예측

사용자가 입력한 미래의 연도에 대한 물가지수를 위의 모델에 입력하여, 예측된 자장면 가격을 출력합니다.

 Send a message

 챗GPT는 이렇게 대답해 주었어요. 혹시 더 궁금한 점이 있나요?

사용자가 알고 싶은 예측 연도는 어떻게 입력할 수 있나요?

 그렇군요. 그럼, 챗GPT에게 다음과 같이 질문해 보세요.

엔트리에서, 사용자에게 알고 싶은 미래의 연도를 물어보고 대답을 입력하는 방법을 알려 줘.

 엔트리에서는 '묻고 대답하기' 블록을 사용하여 사용자로부터 입력을 받을 수 있습니다. 이 블록을 사용하면 프로그램이 사용자에게 질문을 하고, 사용자가 답변을 입력할 때까지 기다린 다음, 그 입력값을 프로그램에서 사용할 수 있습니다.

'묻고 대답하기(O 을(를) 묻고 대답 기다리기)' 블록은 다음과 같은 방식으로 사용될 수 있습니다.

1. 사용자에게 연도를 입력하라는 질문을 합니다.
2. 사용자가 연도를 입력하면, 그 값을 변수(대답)에 저장합니다.
3. 저장된 연도 값을 사용해 물가지수 데이터에서 해당 연도의 데이터를 찾거나 예측하는 데 사용합니다.
4. 자장면의 미래 가격을 계산하여 사용자에게 보여 줍니다.

이 과정을 엔트리의 블록 코딩으로 구현하면, 사용자가 프로그램과 상호 작용하면서 필요한 정보를 얻을 수 있게 됩니다. 예측 모델을 구현할 때 이러한 방식으로 사용자 입력을 받아 처리하는 것은 좋은 방법입니다.

 챗GPT의 도움 답변을 바탕으로 알고리즘을 정리해 볼까요?

2 알고리즘 정리하기

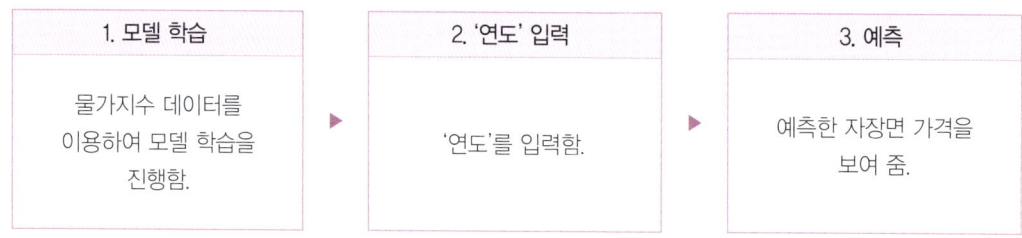

03 프로그래밍 준비하기

1 미리보기

장면	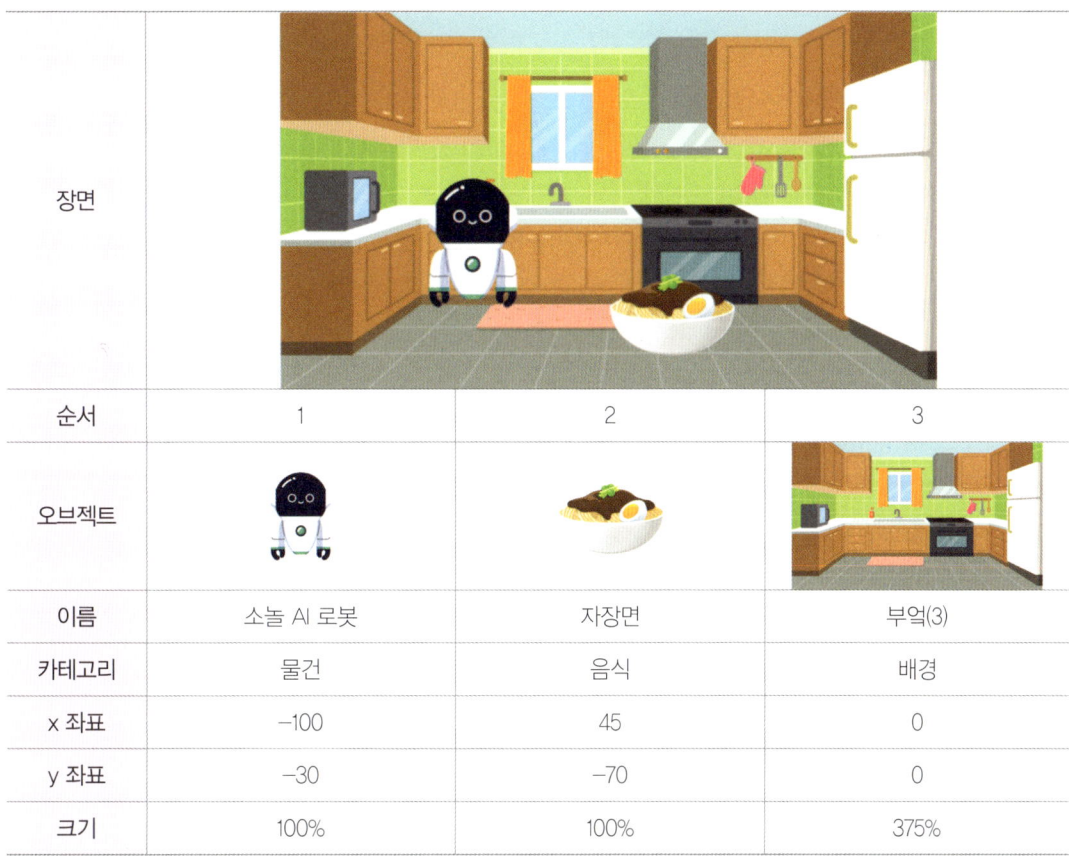		
순서	1	2	3
오브젝트			
이름	소놀 AI 로봇	자장면	부엌(3)
카테고리	물건	음식	배경
x 좌표	-100	45	0
y 좌표	-30	-70	0
크기	100%	100%	375%

2 속성(변수) 만들기

❶ [속성] 탭에서 [변수] - [변수 추가하기]를 클릭합니다.
❷ '년도' 변수를 만듭니다.

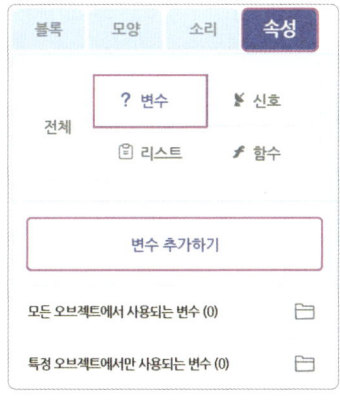
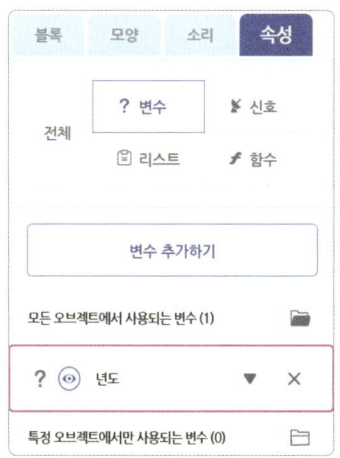

3 데이터 불러오기

❶ [데이터분석] - [테이블 불러오기]를 순서대로 클릭합니다.

❷ [테이블 추가하기]를 클릭합니다.

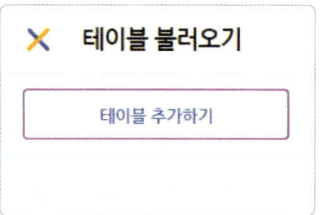

❸ [품목별 소비자물가지수]를 클릭한 후 [추가하기]를 클릭합니다.

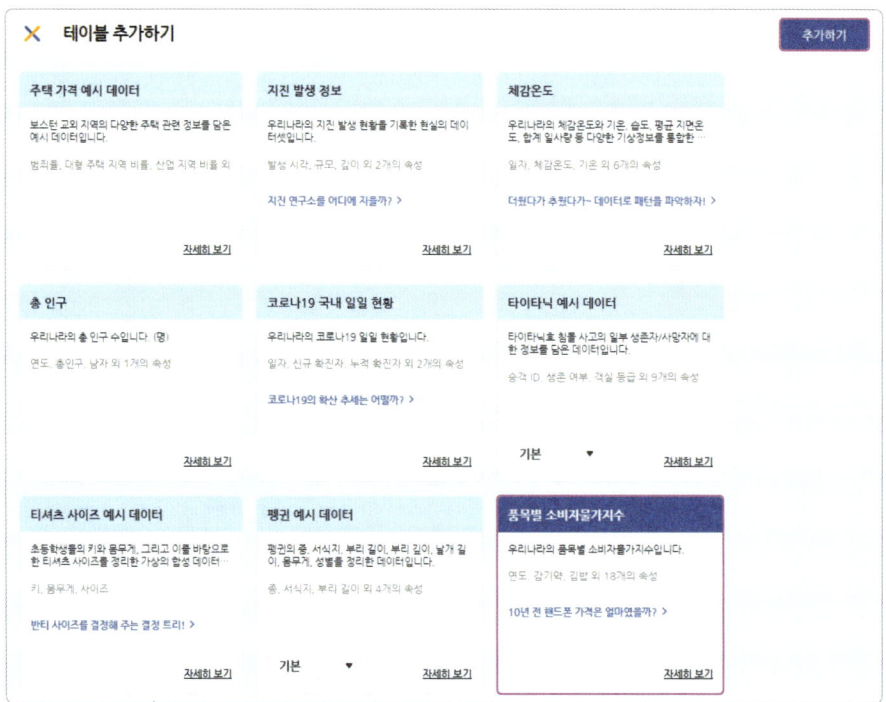

❹ 데이터 값을 확인한 후, **[적용하기]** 버튼을 클릭합니다.

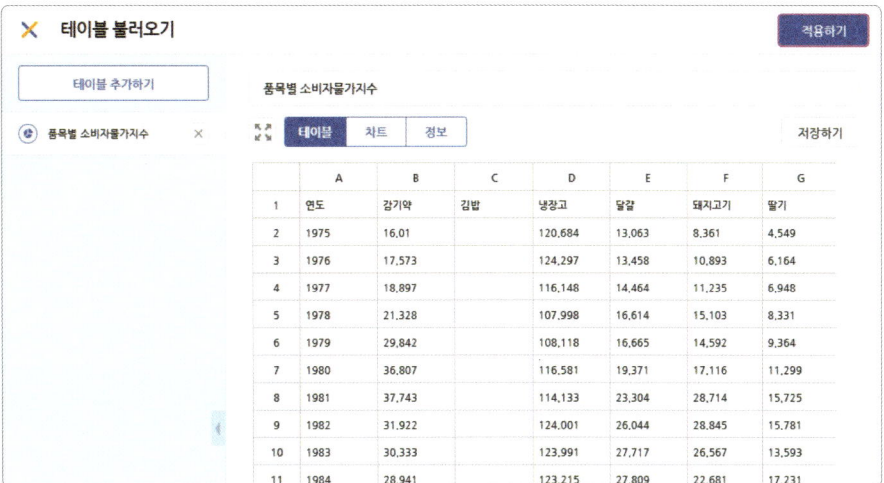

4 인공지능 블록 불러오기

❶ 블록 꾸러미에서 **[인공지능]** – **[인공지능 모델 학습하기]**를 순서대로 클릭합니다.

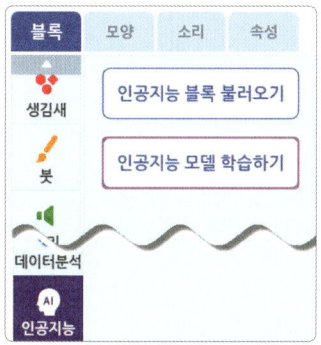

❷ **[예측: 숫자(선형 회귀)]** – **[학습하기]**를 순서대로 클릭합니다.

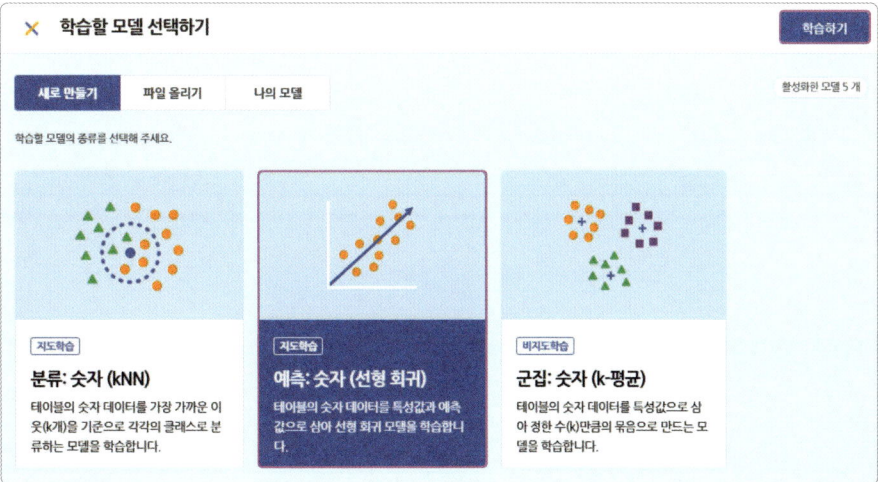

❸ 제목은 '미래의 물가 가격 예측'을 입력하고, 데이터 입력은 '품목별 소비자물가지수'를 선택합니다. 핵심 속성은 데이터 입력에 있는 '연도' 항목을 클릭하고, 클래스 속성은 데이터 입력의 '자장면' 항목을 마우스로 끌고 옵니다. 그리고 [모델 학습하기]를 클릭합니다.

❹ 모델 학습이 완료가 되면 결과를 확인합니다. 결과 확인 후, [적용하기] 버튼을 클릭합니다.

❺ [인공지능] 카테고리에 [예측: 숫자 모델] 블록이 추가된 것을 확인합니다.

04 바로 프로그래밍하기 1 : 자장면 가격 예측 안내하기

1 안내 과정에서는 무엇이 필요할까요?

처음 사용하는 프로그램은 사용 방법을 알아야 합니다. 예측 프로그램을 어떻게 사용할 수 있는지에 대한 안내가 필요합니다.

2 어떤 방식으로 안내하는 것이 좋을까요?

❶ [시작]에서 [시작하기 버튼을 클릭했을 때]를 가져옵니다. 이어서 [생김새]의 [O 을(를) O 초 동안 말하기]를 2개 연결한 후, 안내 메시지를 입력합니다.

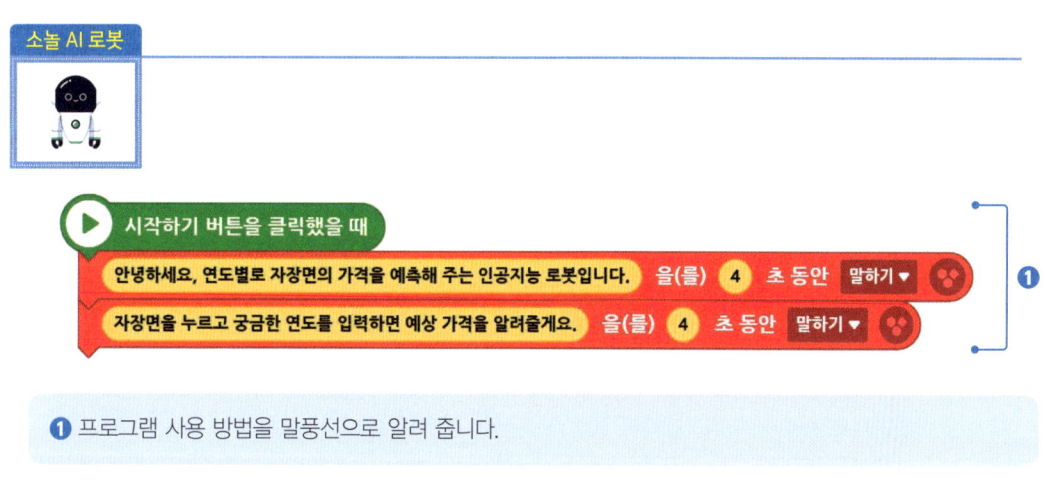

❶ 프로그램 사용 방법을 말풍선으로 알려 줍니다.

바로 쓰는 AI_TIP 주요 명령 블록

05 바로 프로그래밍하기 2 : 가격 예측하기

1 어떤 방식으로 가격을 예측할까요?

미래를 예측하기 위해서는 과거부터 현재까지 수치화된 데이터가 필요합니다. 이 데이터를 인공지능으로 학습해 미래 가격을 예측할 수 있습니다.

2 인공지능 블록은 어떻게 사용해야 할까요?

❶ [시작]의 [오브젝트를 클릭했을 때]를 가져옵니다. [자료]의 [O 을(를) 묻고 대답 기다리기]를 연결한 후, "자장면 가격이 궁금한 연도를 입력해 주세요."와 같이 요청 내용을 입력합니다.

❷ [자료]의 [년도를 O (으)로 정하기]와 (대답)을 가져와 연결합니다.

❸ [생김새]의 [O 을(를) 말하기]를 연결합니다.

❸-1 [계산]의 (O 과(와) O 을(를) 합친 값)을 3개 가져와 하나의 형태로 합칩니다.

(안녕! 과(와) 안녕! 과(와) 안녕! 과(와) 엔트리 을(를) 합친 값 을(를) 합친 값 을(를) 합친 값)

❸-2 합친 값을 다음과 같이 수정합니다.

(안녕! 과(와) 년도의 자장면 가격은 과(와) 안녕! 과(와) 입니다. 을(를) 합친 값 을(를) 합친 값 을(를) 합친 값)

❸-3 [자료]의 (년도 값)을 끼워 넣습니다.

(년도▼ 값 과(와) 년도의 자장면 가격은 과(와) 안녕! 과(와) 입니다. 을(를) 합친 값 을(를) 합친 값 을(를) 합친 값)

❸-4 [계산]의 (10 X 10)을 끼워 넣고, 오른쪽 칸을 '5276'으로 수정합니다.

(년도▼ 값 과(와) 년도의 자장면 가격은 과(와) 10 x 5276 과(와) 입니다. 을(를) 합친 값 을(를) 합친 값 을(를) 합친 값)

❸-5 이어서 왼쪽 칸에 [계산]의 (10 / 10)을 넣고, 이 블록의 오른쪽 칸을 '100'으로 수정합니다.

(년도▼ 값 과(와) 년도의 자장면 가격은 과(와) 10 / 100 x 5276 과(와) 입니다. 을(를) 합친 값 을(를) 합친 값 을(를) 합친 값)

❸-6 [인공지능]의 (연도 O의 예측 값)에 [자료]의 (년도 값)을 합친 후, (10 / 10)의 왼쪽 칸에 통째로 넣어 줍니다. 이어서 말하기 블록에 끼워 넣습니다.

(년도▼ 값 과(와) 년도의 자장면 가격은 과(와) 연도 년도▼ 값 의 예측 값 / 100 x 5276 과(와) 입니다. 을(를) 합친 값 을(를) 합친 값 을(를) 합친 값 을(를) 말하기▼)

자장면

❶ 자장면 가격이 궁금한 연도를 묻습니다.
❷ 대답한 값을 저장합니다.

❶
❷
❸

❸ 공식 : ($\frac{\text{미래 연도의 물가지수}}{\text{기준 연도의 물가지수}}$) × 기준 연도의 자장면 가격

예시 : 기준 연도는 '2020년', 이 시기의 자장면 값은 '5,276원'으로 설정합니다. 이 값을 바탕으로 2025년의 물가지수를 예측한다고 가정하고, 예측된 물가지수를 사용합니다.
• 기준 연도의 물가지수 : 2020년 물가지수(예를 들어 '100'이라고 가정)
• 미래 연도의 물가지수 : 2025년 예측 물가지수(예를 들어 '110'이라고 가정)

예측 자장면 가격 = ($\frac{110}{100}$) × 5,276   이 계산을 통해, 2025년의 자장면 가격을 알 수 있습니다.

바로 쓰는 AI_TIP   주요 명령 블록

시작	오브젝트를 클릭했을 때	오브젝트를 클릭했을 때 아래에 연결된 블록을 실행합니다.
자료	안녕! 을(를) 묻고 대답 기다리기	오브젝트가 입력한 문자를 말풍선으로 묻고, 대답을 입력받습니다. (이 블록이 실행되면 실행화면에 '대답 창'이 생성됩니다.)
	대답	사용자가 '대답 창'에 입력한 값입니다.
	년도 ▼ 값	선택한 변수에 저장된 값입니다.
계산	10 x 10	• 입력한 두 수의 사칙연산 값입니다. • x : 입력한 두 수를 곱한 값입니다.
	안녕! 과(와) 엔트리 을(를) 합친 값	입력한 두 값을 결합한 값입니다.
생김새	안녕! 을(를) 말하기 ▼	오브젝트가 입력한 내용을 말풍선으로 말하는 동시에 다음 블록을 실행합니다.
인공지능	연도 10 의 예측 값	입력한 핵심 속성으로 모델이 예측한 값을 반환합니다.

물가지수는 우리가 사는 물건의 가격 변화를 나타내는 숫자입니다. 이를 이용해 물건의 현재 가격을 계산할 수 있는데요. 이때 필요한 것은 '기준 연도의 가격'과 '현재 물가지수'입니다.

바로 한눈에! 코드 펼쳐보기

모두 펼쳐보기

소놀 AI 로봇

▶ 시작하기 버튼을 클릭했을 때
안녕하세요, 연도별로 자장면의 가격을 예측해 주는 인공지능 로봇입니다. 을(를) 4 초 동안 말하기▼
자장면을 누르고 궁금한 연도를 입력하면 예상 가격을 알려줄게요. 을(를) 4 초 동안 말하기▼

자장면

오브젝트를 클릭했을 때
자장면 가격이 궁금한 연도를 입력해 주세요. 을(를) 묻고 대답 기다리기
년도▼ 를 대답 (으)로 정하기
년도▼ 값 과(와) 년도의 자장면 가격은 과(와) 연도 년도▼ 값 의 예측 값 / 100 x 5276 과(와) 입니다. 을(를) 합친 값 을(를) 합친 값 을(를) 합친 값 을(를) 말하기

바로 점프! 더 나아가기

점프 미션	자장면 가격에 소수점이 나타나지 않게 소수점 버림 코드 추가하기
[힌트 1] 완성 작품 장면	
[힌트 2] 오브젝트별 코드 추가	
[힌트 3] 추가 기능	엔트리에는 다양한 기능의 숫자 블록이 있습니다. 소수점 버림값의 기능을 이용하여 소수점 아래의 숫자가 나오지 않게 합니다.

완성 작품 : https://naver.me/xBsKBVld

> **바로 함께!** 즐겁게 배우는 챗GPT

이번 시간에 배운 내용을 바탕으로 챗GPT와 다양한 이야기로 소통해 볼까요? 이때 부모님 또는 선생님과 함께하면 더 재미있고 안전하게 정보를 찾을 수 있을 거예요. 그럼 챗GPT와 함께 앞에서 배운 물가지수와 데이터 분석에 대해 좀 더 알아볼까요?

프롬프트 1 챗GPT와 함께 '물가지수'에 대해 알아보세요.

'물가지수'란 무엇인지 초등학생이 이해할 수 있도록 예를 들어 설명해 줘.

물가지수는 물건이나 서비스의 가격이 얼마나 변했는지를 나타내는 수치예요. 이해하기 쉽게 설명해 볼게요.

예를 들어, 당신이 좋아하는 아이스크림이 있어요. 이 아이스크림의 가격이 지난 해에는 1,000원이었는데, 올해에는 1,100원이라고 해 볼게요. 그러면 아이스크림의 가격이 100원, 즉 10% 올랐다는 걸 알 수 있어요. 이렇게 가격이 얼마나 올랐는지를 표현하는 것을 '물가지수'라고 할 수 있습니다.

하지만 실제 물가지수는 아이스크림뿐만 아니라 우리가 일상생활에서 사용하는 모든 물건과 서비스의 가격 변동을 고려해서 계산해요. 즉, 과자, 우유, 옷, 버스 요금 등 많은 것들의 가격 변동을 모두 더해서 평균을 내는 거죠.

그래서 물가지수가 오르면 일상생활에서 필요한 물건이나 서비스를 구매하는 데 드는 비용이 늘어난다는 것을 알 수 있어요. 이런 정보를 통해 우리는 경제 상황을 이해하고, 가계 예산을 계획하는 데 도움을 받을 수 있답니다.

프롬프트 2 챗GPT와 함께 데이터 분석에 대해 알아보세요.

'데이터 분석'이 우리 생활에 어떤 영향을 끼치는지 초등학생이 이해할 수 있도록 예시를 들어 설명해 줘.

데이터 분석이 우리 일상생활에 미치는 영향을 설명해 드릴게요.

- **추천 시스템** : 네가 좋아하는 동영상을 자주 보면, 유튜브는 너의 취향을 분석해서 비슷한 동영상을 추천해 줘. 이것이 바로 데이터 분석의 한 예시야. 너의 시청 기록을 분석해서 너에게 맞는 동영상을 찾아 주는 거지.

- **날씨 예측** : 우리가 TV나 스마트폰에서 확인하는 날씨 정보는 과거의 기상 데이터를 분석해서 미래의 날씨를 예측한 결과야. 이런 예측 덕분에 우리는 비 올 때 우산을 챙기거나, 추울 때 따뜻하게 옷을 입을 수 있어.

- **교통 흐름** : 네비게이션 앱은 실시간 교통 상황을 분석해서 가장 빠른 길을 알려 줘. 이것도 데이터 분석의 결과야. 많은 차량의 위치 정보를 분석해서 혼잡한 길을 피하고 빠르게 목적지에 도착할 수 있게 도와줘.

이렇게 데이터 분석은 우리가 무엇을 볼지, 어떤 옷을 입을지, 어떤 길로 갈지 결정하는 데 큰 도움을 준답니다. 데이터 분석은 우리 일상생활에서 매우 중요한 역할을 하고 있는 것이죠.

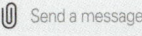

프롬프트 3 챗GPT와 함께 데이터 분석 활용 예시를 알아보세요.

 인공지능 데이터 분석을 이용해서 미래를 예측할 수 있는 다양한 예시를 소개해 줘.

 인공지능과 데이터 분석을 활용한 미래 예측에는 다양한 케이스가 있어요. 여기 몇 가지 예시를 들어볼게요.

1. 날씨 예측 : 기상 관측 데이터를 분석해서 내일이나 다음 주의 날씨를 예측하는 데 사용됩니다. 이로써 우리는 앞으로의 계획을 세울 수 있죠.

2. 주가 예측 : 과거의 주가 변동 데이터를 분석하여 미래의 주가를 예측합니다. 이를 통해 투자자들은 투자 결정을 내릴 수 있습니다.

3. 소비 트렌드 예측 : 소비자의 구매 데이터를 분석하여 미래의 소비 트렌드를 예측합니다. 이를 통해 기업들은 새로운 제품 개발이나 마케팅 전략을 계획할 수 있습니다.

4. 건강 예측 : 개인의 건강 데이터나 질병 발생 데이터를 분석하여 개인이나 집단의 건강 상태를 예측합니다. 이를 통해 예방 조치를 취하거나 치료 계획을 세울 수 있습니다.

5. 교통 상황 예측 : 과거의 교통 흐름 데이터를 분석하여 미래의 교통 상황을 예측합니다. 이를 통해 우리는 출퇴근 또는 여행할 때 최적의 경로를 선택할 수 있습니다.

이런 예측들은 인공지능과 데이터 분석의 발전 덕분에 가능해졌습니다. 하지만 예측은 100% 정확하지 않을 수 있으니, 항상 예측 결과를 신중하게 해석하고 활용해야 한다는 점을 기억해 주세요!

프롬프트 작성 아이디어 메모하기

챗GPT와 함께 창의적으로 생각하고, 새로운 것을 탐구하며, 자신만의 이야기를 만들어 보세요.

바로 점프! 정답 코드

바로 정답 확인! 더 나아가기

[Chapter 01] AI 동화 오디오북 '토끼와 거북이'

미션 코드 보기

거북이

```
거북이 대사▼ 신호를 받았을 때
1 초 기다리기
어때? 토끼야. 내가 너보다 느리긴 해도 경주는 내가 이겼지? 을(를) 말하기▼
어때? 토끼야. 내가 너보다 느리긴 해도 경주는 내가 이겼지? 읽어주고 기다리기
빠른 게 중요한 것이 아니라 꾸준히 열심히 하는 것이 중요한 거야! 을(를) 말하기▼
빠른 게 중요한 것이 아니라 꾸준히 열심히 하는 것이 중요한 거야! 읽어주고 기다리기
약속대로 앞으로 나를 놀리지 마! 을(를) 말하기▼
약속대로 앞으로 나를 놀리지 마! 읽어주고 기다리기
말풍선 지우기
종료▼ 신호 보내기
```

토끼와 거북이

```
종료▼ 신호를 받았을 때
모든▼ 소리 멈추기
```

[Chapter 02] 어린이 안전 지킴이 AI 산책 로봇

미션 코드 보기

소놀 AI 로봇

```
만일 사물 중 자동차▼ 을(를) 인식했는가? (이)라면
  소리 딩동▼ 재생하기
  앞에 자동차가 있습니다. 을(를) 말하기▼
  앞에 자동차가 있습니다. 읽어주고 기다리기
  말풍선 지우기
```

바로 정답 확인! 더 나아가기

[Chapter 03] Self Up! AI 단어장

미션 코드 보기

물음표 버튼

```
오브젝트를 클릭했을 때
단어 번호▼ 를 1 부터 영어 목록▼ 항목 수 사이의 무작위 수 (으)로 정하기
영어 목록▼ 의 단어 번호▼ 값 번째 항목 과(와) 의 뜻은? 을(를) 합친 값 을(를) 묻고 대답 기다리기
만일 대답 = 한국어 목록▼ 의 단어 번호▼ 값 번째 항목 (이)라면
    정답입니다! 훌륭해요! 을(를) 2 초 동안 말하기▼
아니면
    아쉬워요! 다시 도전해 보세요. 을(를) 2 초 동안 말하기▼
```

[Chapter 04] AI 스피커로 만드는 스마트홈

미션 코드 보기

[묶음] 마이크 버튼

```
만일 음성을 문자로 바꾼 값 = 서울 기온 (이)라면
    서울의 기온은 과(와) 현재 서울▼ 전체▼ 의 기온(℃)▼ 과(와) 입니다. 을(를) 합친 값 을(를) 합친 값 을(를) 4 초 동안 말하기▼
```

바로 정답 확인! 더 나아가기

🤖 [Chapter 05] 안전한 학교생활 안내 AI

미션 코드 보기

선생님(3)

```
식중독 신호를 받았을 때
만일 <음성을 문자로 바꾼 값 = 식중독> (이)라면
    방법 개수▼ 를 1 (으)로 정하기
    식중독 대처 방법입니다. 을(를) 말하기▼
    식중독 대처 방법입니다. 읽어주고 기다리기
    식중독▼ 에서 식중독 대처▼ 방법의 수 번 반복하기
        식중독▼ 에서 식중독 대처▼ 방법 방법 개수▼ 값 번째 항목 을(를) 말하기▼
        식중독▼ 에서 식중독 대처▼ 방법 방법 개수▼ 값 번째 항목 읽어주고 기다리기
        방법 개수▼ 에 1 만큼 더하기
```

🤖 [Chapter 06] 전쟁 반대 캠페인을 위한 다국어 AI 번역기

미션 코드 보기

궁전(2)

```
오브젝트를 클릭했을 때
한국어▼ 음성 인식하기
음성을 문자로 바꾼 값 읽어주고 기다리기
한국어▼ 음성을 문자로 바꾼 값 을(를) 러시아어▼ (으)로 번역한 값 을(를) 말하기▼
한국어▼ 음성을 문자로 바꾼 값 을(를) 러시아어▼ (으)로 번역한 값 읽어주고 기다리기
말풍선 지우기
```

바로 정답 확인! 더 나아가기

[Chapter 09] 교통안전을 위한 자율주행 자동차

미션 코드 보기

A
표지판 감지

```
만일 <분류 결과가 속도 10 ▼ 인가?> (이)라면
    확인 ▼ 를 속도 10 (으)로 정하기
아니면
    확인 ▼ 를 기타 표지판 (으)로 정하기
```

자율주행 자동차

```
만일 <확인 ▼ 값 = 속도 10> (이)라면
    속도 ▼ 를 10 (으)로 정하기
아니면
    속도 ▼ 를 0 (으)로 정하기
    식별이 어려운 표지판을 인식하여 안전을 위해 주행을 멈춥니다. 을(를) 4 초 동안 말하기 ▼
```

[Chapter 10] 학교 방문자에게 위치를 안내하는 AI 챗봇

미션 코드 보기

소놀 AI 로봇

```
오브젝트를 클릭했을 때
위치를 알고 싶은 교실을 알려주세요. 을(를) 묻고 대답 기다리기
대답 을(를) 학습한 모델로 분류하기
만일 <분류 결과가 5 학년 ▼ 인가?> (이)라면
    5학년 교실은 후관 1층 입구 오른쪽에 있습니다. 을(를) 4 초 동안 말하기 ▼
아니면
    만일 <분류 결과가 6 학년 ▼ 인가?> (이)라면
        6학년 교실은 후관 중앙계단을 이용하여 4층으로 올라가면 왼쪽에 있습니다. 을(를) 4 초 동안 말하기 ▼
    아니면
        만일 <분류 결과가 졸업식 ▼ 인가?> (이)라면
            졸업식은 2월 18일 체육관에서 진행될 예정입니다. 을(를) 4 초 동안 말하기 ▼
        아니면
            교무실은 본관 1층 입구 왼쪽에 있습니다. 을(를) 4 초 동안 말하기 ▼
다른 교실의 위치를 알고 싶으시면 저를 눌러주세요. 을(를) 4 초 동안 말하기 ▼
```

바로 정답 확인! 더 나아가기

🤖 [Chapter 11] 고운 말 AI로 식물 키우기

미션 코드 보기

[묶음] 나무 키우기

만일 〈 [묶음] 나무 키우기 ▼ 의 모양 번호 ▼ 〉 != 6 (이)라면
　다음 ▼ 모양으로 바꾸기
아니면
　고운 말을 해줘서 고마워. 항상 고운 말을 써줘. 을(를) 4 초 동안 말하기 ▼

🤖 [Chapter 12] 자장면 가격 예측 AI

미션 코드 보기

자장면

오브젝트를 클릭했을 때
자장면 가격이 궁금한 연도를 입력해 주세요. 을(를) 묻고 대답 기다리기
연도 ▼ 를 대답 (으)로 정하기
연도 ▼ 값 과(와) 년도의 자장면 가격은 과(와) 연도 ▼ 값 의 예측 값 / 100 × 5276 의 소수점 버림값 ▼ 과(와) 입니다. 를(을) 합친 값 을(를) 합친 값 을(를) 합친 값 을(를) 말하기 ▼

나만의 인공지능 프로그램을 떠올려 스케치해 보세요.

나만의 인공지능 프로그램을 떠올려 스케치해 보세요.

나만의 인공지능 프로그램을 떠올려 스케치해 보세요.

나만의 인공지능 프로그램을 떠올려 스케치해 보세요.

바로 쓰는 엔트리 인공지능 × 챗GPT 검토단

강원
박현선	SW/AI 강사
배영희	프리랜서

경기
권문옥	프리랜서
김관민	프리랜서
김덕일	고양어린이박물관
김미라	경인교육대학원
김미영	고양시청소년진로센터 협력 강사
김보영	경기미래교육
김성희	연천군 군남초등학교
김수정	프리랜서
김수현	프리랜서
김수현	역북초등학교
김숙기	SW/AI 교육 전문 강사
김승길	옥정고등학교
김시아	고봉초등학교(SW 협력 강사)
김은영	마마메이커
김정화	LG디스커버리랩
김종미	SW 교육 강사
김지형	3C·AI 융합연구소
김태익	설봉중학교
김해리	SW 강사
김희연	두메이커 소속 강사
김희영	신풍초등학교 방과후 강사
노경요	프리랜서
류은숙	군포시진로교육협력센터
문진희	김포호수초등학교
박세숙	소프트웨어 강사
박세영	소프트웨어 프리랜서 강사
박윤경	프리랜서
박주애	SW코딩 강사
박지연	오산AI코딩에듀랩
박지우	정왕어울림청소년문화의집
손은실	프리랜서
손정운	화성율목초등학교
심진희	김포호수초등학교
엄온숙	문화초등학교
오수현	SW/AI 프리랜서 강사
오한나	효명중학교
우수정	프리랜서
유지연	양주시 평생학습관
윤희경	프리랜서 SW교육 강사
이현정	효명중학교
이혜정	프리랜서
임유성	스터디모드 학원
장지연	다인교육
정미은	㈜맘이랜서
정수진	프리랜서
제유미	사단법인 조인영어도서관 IT교육팀
조선화	곡반초등학교
최선희	방과후학교 코딩 강사
최윤정	프리랜서
최지영	SW 강사
최희경	일산서구청소년수련관

한상훈	미래직업협회	이지원	대촌중앙초등학교
한영화	경기SW미래채움	장우진	효광초등학교
한은아	소화초	정다영	금부초등학교
허진아	프리랜서		
황계심	경기미래교육		
황인미	프리랜서, 송운중		

대구

김수진	대구강림초등학교
김유리	대구남동초등학교
양윤정	프리랜서
유정희	SW&과학&메이킹 융합교육 프리랜서 강사
이선영	대구경북여성과학기술인회
정나영	방과후 강사(불로초, 북부초)

황주라 죽전초
황희정 SW 전문 강사

경남

곽민진	동원고등학교
김슬기	삼정자초등학교
김유미	프리랜서 코딩 강사
남혜영	프리랜서 강사, 성산초
이진욱	STEAM융합교육센터
최은실	마전초등학교 방과후 강사
최자연	삼룡초등학교
한영옥	프리랜서 활동

대전

이도연	코딩트리에듀센터
이미정	대전 노은 초등학교

부산

강연미	경남중학교
권미정	남산초등학교
김민지	안남초등학교
김서현	용문초등학교
김영찬	당평초등학교
김예원	학진초등학교
김은정	오션초등학교
김현진	배영초등학교
이 홍	로보티즈 센텀교육원
박도현	연학초등학교
박미진	부산동평초등학교
박민영	보수초등학교

경북

강희경	포항제철지곡초등학교 방과후 강사
변현샘	프리랜서
윤선영	프리랜서
윤선정	생각더하기에듀 상주교육센터
한국희	경북SW미래채움

광주

박주영	송정서초등학교
신규식	삼도초등학교

박정희	프리랜서 (현)부산한솔학교 방과후 강사	김진숙	대진디자인고등학교
박주홍	두실초등학교	김하은	세화고등학교
방정현	광남초등학교	나성희	SW협력 강사
배성우	해원초등학교	문수연	과외
서예진	개금초등학교	박나영	G밸리4차산업체험관
서정석	센텀초등학교	박미희	프리랜서
서정희	프리랜서 강사	박선영	프리랜서
신주연	와석초등학교	박유미	프리랜서
오경서	보수초등학교	박혜상	영훈고등학교
이동규	신촌초등학교	백선희	강남미래교육센터
이원지	부산 신호초등학교	변영민	광운대학교 정보과학교육원
이현주	부산 명일초	송정은	세명컴퓨터고등학교
정인영	다대초등학교	송지후	영등포중학교
조하나	동일중앙초	신미경	SW/AI 협력 강사
조홍재	동일중앙초등학교	신성희	서초여성가족플라자 SW/AI 강사
최서현	월내초등학교	안영진	길음소리마을센터
최진영	해원초등학교	여혜경	흥인초
황혜림	구학초등학교	왕한비	해태수학
		유미선	프리랜서 활동
		유송아	밝은달
		윤정희	성북청소년미래지원센터 나비나드

서울

강영주	소프트웨어 프리랜서 강사	이경화	프리랜서, (현)청량중 교과수업 시간 강사
강지현	프리랜서	이문숙	공항초 방과후학교
곽노성	삼각산중학교	이미진	프리랜서(초중고실과자유학기동아리)
권미영	쓰리디엔 대표	이민경	개인과외
권우림	혜화초	이 정	프리랜서 강사
권지현	SW/AI 프리랜서	이정혜	수시이룸교육
김미선	프리랜서	이주원	송파미래교육센터
김은영	프리랜서	이지연	강동마을 강사
김은희	프리랜서	이지희	오름에듀테크 프리랜서 강사
김정연	서울상봉초 코딩 강사	이현민	서울농학교
김지희	역삼초등학교	이현주	프리랜서

임민희	문덕초등학교 방과후 강사	전부일	프리랜서
장승연	프리랜서	정경희	인천대 무한상상연구소
장효원	동덕여자고등학교	최민혜	프리랜서/나진초등학교
최미정	정수초등학교 방과후 강사		
최서윤	경기미래캠퍼스		
하성욱	오산고등학교		
한여경	프리랜서 강사		
허연희	프래랜서		
황인진	서초여성가족플라자 SW/AI 강사		

전남

유경희	순천신흥초등학교
유정아	광양중진초등학교
이호진	문태중학교
임혜영	매안초등학교 컴퓨터실
정미연	순천대학교
조명희	전남SW미래채움

울산

배은주	복산초등학교 방과후 강사
양혜정	울산진단과학원

전북

박미숙	변산초 방과후 강사
조인남	동신초등학교 방과후 강사

인천

김세진	허니소프트협동조합
김이현	프리랜서
김정애	부원여자중
김지현	인천SW미래채움
김혜진	코딩스터디협동조합
나소영	프리랜서(인천관내 초중고)
방서연	프리랜서
손현정	인천 예송중학교
이경미	프리랜서(인천 관내 초중)
이경아	코딩스터디협동조합
이영란	SW/3D 강사
이유정	송담초등학교
이재은	허니소프트
이혜진	비트상상 교육협동조합
임선희	SW미래채움

충남

민관식	예산고등학교
양정인	새샘초 방과후/충남SW미래채움

충북

김지윤	개인컴퓨터 강사(수곡초 등)

저자 소개

노정현
(현) 광주광역시교육청 장학관, (전) 광주교육연구정보원 AI정보부장
교사들의 디지털 교육 역량 강화를 위한 초등 AI·SW 교육 및 ICT 활용 연수, 에듀테크 활용 교육 등을 기획 운영하였으며, 지역 내 정보 교사들의 교류 협력을 증진하여 새로운 교육 현장을 이끌어 갈 현장 교사들을 지원하는 데 노력하고 있다.

정지훈
광주 글로벌디지털교육 선도교사단(LEAD) 회장, AI·SW 교육 및 디지털 선도학교 담당 교사, AI정보영재원 지도 강사, 광주교육대학교 AI융합교육 석사
나날이 발달하는 디지털 기술을 교육에 올바르게 접목하기 위해 에듀테크 및 AI·SW 교육에 대해 연구하고 있으며, 글로벌 정보 교육 격차 해소와 관련해 다양한 활동을 하고 있다.

이상경
초등 에듀테크 및 디지털 교육을 비롯해 인공지능·수학·코딩 등과 관련한 다양한 교육 연구 활동을 하고 있다. 2015 개정 교육과정 과학 디지털 교과서 자문, 2022 개정 교육과정 「수학 인공지능 디지털 교과서」를 집필하였으며, 선생님·학생·학부모 등을 대상으로 초등 정보 및 수학 강의를 하고 있다. 관련 저서로는 「초등 수학 코딩 엔트리 연산 편」, 「초등 수학 코딩 엔트리 도형 편」, 「엔트리로 시작하는 로봇 활용 SW 교육: 햄스터」 등이 있다.

장한성
인공지능 및 소프트웨어교육 선도학교 운영, 정보교육 지역운영지원단, 광주 교육정보화 연수 강사, AI정보영재원 지도 강사, 글로벌디지털교육 선도교사단(LEAD), 인공지능교육연구회 등의 활동을 통해 새로운 시대를 열어가는 융합 인재를 만들기 위한 교육에 힘쓰고 있다.

박성현
인공지능 및 소프트웨어교육 선도학교 운영, AI정보영재원 지도 강사, 인공지능교육연구회, 광주교육연구정보원 파견교사 등의 다양한 활동을 통해 디지털 시대 인재 양성을 돕고 있다. 미래 사회를 살아갈 학생들에게 긍정적인 영향을 끼치기 위해 매일 노력 중이다.

초판 1쇄 인쇄 | 2024년 6월 10일
초판 1쇄 발행 | 2024년 6월 10일

지은이 노정현, 정지훈, 이상경, 장한성, 박성현
감수 송상수
펴낸이 김선식

부사장 김은영
책임편집 조아리 | **책임마케터** 이홍규
다산스마트에듀팀장 김재민 | **다산스마트에듀팀** 조아리, 이주원, 이홍규
저작권팀 한승빈, 이슬, 윤제희
마케팅본부장 권장규
미디어홍보본부장 정명찬 | **브랜드관리팀** 안지혜, 오수미, 김은지, 이소영
뉴미디어팀 김민정, 이지은, 홍수경, 서가을, 문윤정, 이예주
재무관리팀 하미선, 윤이경, 김재경, 이보람, 임혜정
인사총무팀 강미숙, 지석배, 김혜진, 황종원
제작관리팀 이소현, 김소영, 김진경, 최완규, 이지우, 박예찬
물류관리팀 김형기, 김선민, 주정훈, 김선진, 한유현, 전태연, 양문현, 이민운

펴낸곳 다산북스 | **출판등록** 2005년 12월 23일 제313-2005-00277호
주소 경기도 파주시 회동길 490
전화 02-704-1724 | **팩스** 02-703-2219 | **이메일** dasanbooks@dasanbooks.com
홈페이지 www.dasanbooks.com | **블로그** blog.naver.com/dasan_books
다산스마트에듀 www.dasansmartedu.com
종이 IPP | **인쇄・제본** 한영문화사 | **코팅・후가공** 평창피엔지

ISBN 979-11-306-5293-1(73000)

- 책값은 뒤표지에 있습니다.
- 파본은 구입하신 서점에서 교환해드립니다.
- 이 책은 저작권법에 의하여 보호를 받는 저작물이므로 무단 전재와 복제를 금합니다.
- KC마크는 이 제품이 공통안전기준에 적합하였음을 의미합니다.
- 아이들이 책을 입에 대거나 모서리에 다치지 않게 주의하세요.